农业政策学教学案例解析

刘广东　郑世忠　编著

东南大学出版社
SOUTHEAST UNIVERSITY PRESS
·南京·

图书在版编目(CIP)数据

农业政策学教学案例解析 / 刘广东，郑世忠编著.
南京：东南大学出版社，2019.8
ISBN 978-7-5641-8518-3

Ⅰ.①农… Ⅱ.①刘… ②郑… Ⅲ.①高等学校-农业政策-教学研究-中国 Ⅳ.①F320

中国版本图书馆 CIP 数据核字(2019)第 179443 号

农业政策学教学案例解析 Nongye Zhengcexue Jiaoxue Anli Jiexi

编　　著	刘广东　郑世忠
出版发行	东南大学出版社
出 版 人	江建中
社　　址	南京市四牌楼 2 号(邮编：210096)
网　　址	http://www.seupress.com
责任编辑	孙松茜(E-mail：ssq19972002@aliyun.com)
经　　销	全国各地新华书店
印　　刷	虎彩印艺股份有限公司
开　　本	700 mm×1000 mm　1/16
印　　张	16.75
字　　数	338 千字
版　　次	2019 年 8 月第 1 版
印　　次	2019 年 8 月第 1 次印刷
书　　号	ISBN 978-7-5641-8518-3
定　　价	49.80 元

(本社图书若有印装质量问题，请直接与营销部联系。电话：025-83791830)

前　　言

我国高等教育正处于从数量增长向质量提升转型的新阶段，经济社会发展对高质量人才培养的需求也比以往任何时候都更加迫切。面对世界科技创新奔涌向前的浪潮，创新能力成为衡量一个国家、一个民族、一个企业综合竞争力的最重要标志。高等教育必须适应和积极应对这种挑战。传统“灌输式”的教学方式，注重以教师为中心，难以调动起学生的学习积极性、主动性和创造性。案例教学则适应了“以学生为中心”的现代教学理念，让学生做学习的主人，变“要我学”为“我要学”，在求解案例问题的过程中，培养学生的分析问题和解决问题的能力。

本书是《农业政策学》的姊妹篇。农业政策学作为农林经济管理专业的核心课，涉及“农业、农村、农民”的公共利益，与整体国民经济和社会发展水平息息相关。不论是我国农业政策的制定还是具体执行，都会影响世界上最大的农民群体的生产和生活状况，同时也会把这些影响传递到城市生产和生活。因此，农业政策的一举一动，在经济全球化的今天，都会带来显著的“蝴蝶效应”。这就需要农业政策决策者广泛听取社会各界的建议，在公共讨论中形成最大共识，凝聚起促进“三农”事业发展的巨大力量。农业政策学案例分析，在一定程度上复制和模仿了政策讨论的过程，把政策的利弊全方位展现出来，在必要性的基础上注重可行性，提出可操作的政策建议。

本书具有以下三个显著特点。一是全面性。本书共有24个案例，既包括大农业内部的种植业、林果业、畜牧业、渔业，又覆盖“农业、农村、农民”的各个领域。这样编写的目的，主要是为了适应我国农业经济管理专业“宽口径”人才培养的要求，使广大学生能够深入大农业的每一个细分领域，打牢知识的基础。另外，对于侧重于某一领域的学生，例如渔业，本书也可以作为合适的案例教学材料。二是趣味性。案例分析从来不是枯燥的，这是案例教学的优势所在。本书在选取和编写案例时，既注意与理论教学相衔接，又重视从社会广泛关注的热点和难点出发，通过问题驱动，进一步调动学生学习的积极性。案例的趣味性，并不否定案例本身的严肃性，只是会引发更广泛的社会关注。面对更多的社会讨论，学生需要增强辨识能力，坚持政策的科学性和合理性，这对于培养学生的政策思辨能力，既是挑战，更是机遇。三是实用性。在每一个案例之后，都附有详尽的背景信息和理论分析，以及需要回答的问题。学生可以通过自学，把理论学习和案例讨论更好地结合起来，更快地进入小组学习和课堂上案例分析的活动。

本书由大连海洋大学经济管理学院刘广东教授和郑世忠副教授合作编著，其中刘广东教授编著了案例一～十二，郑世忠副教授编著了案例十三～二十四。在本书编写过程中，参阅了大量文献和网络资料，在此对相关作者一并表示谢意。当然，本书作为一种尝试和探索，一定会存在不足之处，我们非常期待着您的批评指正和改进建议。

目　　录

案例一：村庄治理与村干部作为

（一）案例介绍

作为一名土生土长的农民，毛丰美将大半生都贡献给了山沟乡村的发展。1980年，30岁的毛丰美就任凤城市大梨树村党支部书记。他带领全村人艰苦创业几十年，把一个昔日的穷山村发展成人均年收入1万多元、集体资产3亿元的全国文明村。

实干苦干加巧干是他留给大梨树村最宝贵的精神财富

苦干，弯大腰、流大汗；实干，重规律、求实效；巧干，讲科学、闯市场。在大梨树村发展初期，村民们对毛丰美的很多决策都抱怀疑态度，“村里人进城卖东西，能行吗？”“没住过宾馆的农民开宾馆，好使吗？”“种了一辈子地办企业，能挣钱吗？”毛丰美自信地说：“我们暂时不会干，不是有会干的吗？我们可以学着干！”他带领村民外出学习、培训，回来埋头苦干，想着法儿干，不仅干得红红火火，还为村里带出了一批经验丰富的管理人才。1989年他决心向荒山开战，带领党员、干部100多人上山，一干就是40天，一口气建成了500亩标准果园。第二年春天，毛丰美趁热打铁，组织了全民大会战，当时村民都叫他“泥腿子”，因为他的裤腿总是半卷着，腿上、裤子上经常沾满泥巴。在他的带领下，大梨树人拧成了一股绳，在十多年间，先后组织了大小会战近百场，出工10万多人次，治理了20多座荒山，修建了近百公里的环山作业道，建成2万多亩果园，整治了70多条沟壑，开掘了年蓄水量40万立方米的人工运河。2008年7月，大寨村党总支书记郭凤莲到大梨树村参观后，连声赞叹：“你们大梨树村造地的规模是我们大寨当年的10倍，我向农民实干家致敬！”30多年前被称为穷山沟的大梨树村如今已成为远近闻名的“中国美丽乡村”。

“让咱村里人过上和城里人一样的好日子”是他毕生的追求

20世纪80年代初的大梨树村，“吃粮靠返销，花钱靠贷款，村干部工资靠社员交”。很多村民一年到头吃不上一顿猪肉，买不上一件新衣服。当时31岁的毛丰美已是十里八村有名的兽医，看着乡亲们过的苦日子，他不顾亲朋好友的劝阻，毅然接受上级的要求担任生产大队长和党支部书记。在村口的小广场，瘦小但结实的毛丰美顶着大雪发表就职演说："咱们村虽然现在是山穷水尽，只要大家肯干，我以一个共产党员的名义向大家保证，一定让咱村里人过上和城里人一样的好日子。"这句话成了他毕生的追求。这年冬天，村民们还习惯在家猫冬时，毛丰美揣着四处筹借的 4 万元钱，领着村干部，北上吉林、黑龙江，蹲车站、啃饼子、喝凉水，倒腾回小米和土豆，顶着寒风沿街售卖。1985 年中央出台了活跃农村经济的政策，毛丰美贷款进城建了凤城第一座宾馆；1992 年春天，受小平"南巡"讲话鼓舞，毛丰美又建起了辽东地区最大的封闭式贸易市场，此后建万亩果园、旅游风景区……毛丰美以敢想敢闯的精神和劲头，硬是在既无资源也无区位优势的山沟里，走出了一条农、工、商、贸、旅一体化发展的道路。2014 年，村集体总资产超过 4 亿元，人均年收入超过 2 万元；村里先后投入 1.5 亿元新建村民新区、文体宫等基础设施，实现集中供电、供水、供热，大梨树人初步实现了自己的梦想。

熟悉毛丰美的村干部开玩笑说，那以后，每隔几年组织部都会像"例行公事"一样想着把毛丰美"整成公务员"。组织上之所以接二连三来找毛丰美，其实是看中了他的治村之道。从 1980 年治理大梨树村开始，毛丰美做过"投机倒把"，为村干部解决工资，不再花百姓一分钱；也带着村里在凤城兴建宾馆、市场，解决了全村所有剩余劳动力的就业；还用了 10 年，发扬"干"字精神，把大梨树的 20 多座荒山治理成梯田，兴建花果山、仿古村、联珠三湖以及拍摄《小姨多鹤》《女人一辈子》等电视剧的影视基地，并使其成为名副其实的国家 4A 级旅游景区。大梨树村先后被授予中国人居环境范例奖、中国农业公园等奖项和称号。2013 年，全村实现社会总产值 14.2 亿元，村民人均年纯收入 20 300 元。毛丰美本来并不懂这些，但是他懂得学习。看果树结的果子卖不出去就去考察生态旅游和采摘，看村子依山傍水就学丽江建古城。学习之余，他更明白知人善用。村里请了几个发展顾问，认识的第二天就把来村里定居的老干部请到了自己隔壁的办公室。治村之本在于人，村里有几千人，可是提起毛丰美，每个村民都有话说。毛丰美杜绝村里的送礼、宴请之风，可是村民困难时他却自掏腰包，还叮嘱"就说是村里的心意，别说我给的"。一次，村民史淑云为了感谢毛丰美，往村里的公告栏上贴了个大报，正巧撞上毛丰美，史淑云没想到，毛丰美看见后，大声斥责道："你这是搞个人崇拜！谁让你弄的?"史淑云说她被吓了一跳，赶紧把大报撕了。很多时候，富裕是滋生腐败的温床。大梨树富了，村里兴办的大小项目不胜枚举，往来资金数亿元，村里和实业公司的副手们都管过钱，唯独毛丰美除外。按他的话说，"他们管钱我监督；我是一把手，我管钱，谁来监督我？”

“天下第一村”——华西村的富裕和转型

“华西村”，在中国改革开放的 40 年中，一直是农村富裕的代名词。这个地处长江三角洲腹地的村庄创造的“华西样本”，是中国改革开放的一个重要见证，也是中国农村改革发展的历史缩影。被华西村民至今念在口中的老书记吴仁宝，把一个贫穷落后的小乡村建成了“中国第一村”，成为“华西样本”的缔造者。如今，老书记的四子吴协恩，成为华西村的“二代掌门”，在他看来，华西的发展史是一部“改革史”，如今在他面前更是一条“转型之路”。

1978 年 11 月，安徽小岗村实行“分田到户，自负盈亏”的家庭联产承包责任制（大包干），拉开了农村改革的大幕。然而在华西，作为村支书的吴仁宝则提出全村 600 多亩粮田集体承包给村里的 30 名种田能手，把绝大多数劳动力转移到蓬勃兴起的乡镇企业工作，将农民变成工人。自此，华西村的乡镇企业“异军突起”，华西模式成为中国乡镇经济的一面旗帜。1988 年，华西在江苏省率先成为“亿元村”。

20 世纪 80 年代末，“家家万元户”，让华西引来了全国人民羡慕的目光。不满足于“村民”个人富裕的吴仁宝老书记动员村民们把年终分配的钱投资建厂，将“村民”变成了“股民”。从此逐步形成了具有华西特色的“集体控股、个人入股”的新型股份制集体经济制度。1999 年 7 月，华西村股票在深圳证券交易所上市，开创了“村庄上市”的先例。华西村走出了一条以集体经济为主，多种经济成分并存的多元化、混合型经济发展新路子。现在，华西集体所有占股比例为 75.37%，村民个人占股比例为 24.63%。“家家住别墅洋房”“户户有百万存款”是如今华西村民的真实写照。

2003 年，吴仁宝老书记隐退，吴协恩继任“一把手”，任江苏华西集团公司（下称“华西集团”）董事长、总经理和华西村党委书记。此时，华西已是一个下辖 8 大公司、年销售收入达 105 亿元人民币的大型企业集团。“我也知道‘守业难’，难就难在‘守’字上，那么我就去‘创’业。”吴协恩如是说。

钢铁是华西村从农业经济向工业时代转型的支撑。20 世纪 90 年代，在前任村党委书记吴仁宝的带领下，华西村通过引进上钢五厂因杨浦大桥建设而拆迁的线材生产车间，拉开了建设现代工业的序幕。华西村财富的积累在相当程度上要归功于钢铁产业的贡献。就如同中国经济逐渐走过重工业时代，华西村钢铁这一支柱产业面临转型。现在，钢铁仍在华西村产业中有一席之地。但华西村现任党委书记吴协恩不再将工业看作核心要务，服务和金融产业为他所看重。旧力已怠的华西村，该怎样走好后工业化之路？

在华西村工业区，成卷钢材裸露着存放在华西特种焊管厂的库房之外，库房保管人员告诉《第一财经》记者，华西村的钢铁产品滞销已经成为常态，大量的钢材原料只能扔在库房之外。而在华西五村，马口铁生产基地破败的厂房年久失修，有附近村民告诉记者，这家厂已经破产，厂房正在重新招租。华西村的钢铁产业以“华西钢铁有限公司”为最大，该公司的一位员工则说，在钢铁行业不景气的时候，很多一线工人只能在车间“磨洋工”。显然，在整个钢铁产业周期中，华西村的钢铁业未能独善其身。从 2011 年开始，整个中国钢铁行业开始进入下行周期，华西村的钢铁企业也从 2008 年的历史高点开始走下坡路。接连几年时间，华西钢铁业都在困境中挣扎。从地理位置来看，华西钢铁的区位并不占优势。在中国钢铁版图中，苏南地区地位显赫，钢铁行业的很多明星企业诸如张家港的沙钢集团、常州的中天钢铁集团和南京的南钢集团都位于这一片区，不可避免地蚕食着华西村钢铁产品的销售。华西钢铁在整个钢铁行业中既不具备规模效应，又缺乏技术引导能力。“华西村钢铁厂日子真的很难熬，市面上基本已经看不到华西村钢厂的产品了”。一位华西村钢贸商告诉记者，华西钢铁的辉煌已经过去。

在价格双轨制时期，曾经的“小五金”华西村借助钢材等物资的价差做交易完成了原始积累。20 世纪 90 年代，在吴仁宝的带领下，华西村通过引进上钢五厂因杨浦大桥建设而拆迁的线材生产车间，拉开了建设现代工业的序幕。此后 20 年间，华西村先后建起型材厂、法兰厂、带钢厂、焊管厂、弯管厂等一批企业，并由此形成以钢铁加工为主的产业结构。随着银行对于钢铁等行业放款的收紧，华西钢铁将会面临愈发趋紧的财务环境。“廉价劳动力开始远离将迫使华西村放弃之前工业时代的发展模式”。华西村两任书记，分处中国两段经济转型时期。吴仁宝生逢农业经济向工业经济转变，闪转腾挪间乘势而起；吴协恩执掌华西村之际，中国则已经走到了重工业化的末程，亟待寻找新的增长动能。吴协恩正在尝试跳出“工业强村”的思维，服务业在他眼中是重中之重。他曾表示，自 2008 年起，已经先后关闭了热轧带钢厂、老线材厂等八家相关的企业。目前，华西村已经将经济发展的重心转向旅游、金融投资、仓储物流、远洋海工、农产品批发市场和矿产资源等服务业。

转型发展也为华西引来了负债率过高的质疑，但在吴协恩看来，华西百分之五十几的负债率并不高，而这正是为了提高华西的资源配置效率。吴协恩说：“现在的华西瞄准的是国内、国外两个市场，我们不是以华西为世界，而是以世界为华西。”全球的产业布局使得华西形成了“转型空间开拓在外部,转型成果体现在本部的新格局。”吴协恩说,争取“十三五”到“十四五”期间,国外的利润要达到每年10个亿。

安徽村民联名写请愿书按手印为留村党总支第一书记姜维锦

2016年11月,安徽滁州定远县范岗乡宋府村54名村民代表联名写下请愿书、按下红手印,只为留下村党总支第一书记姜维锦。2012年,作为滁州的选派干部,从警20年的滁州市清流监狱警察姜维锦来到了定远县范岗乡宋府村,担任党总支第一书记。面对城里来的年轻人要当村里的当家人,不少老百姓也不买账。姜维锦决定从群众反映最强烈的道路建设着手。他四处奔走争取项目、跑资金,为了节约资金,他亲自带领村干部和工人一起上路干活。宋府村村民黄传清说,为了道路能早一天畅通,他从自己荷包里掏钱,来垫付工资。姜维锦进村入户深入调研,和村“两委”成员反复研究,制定出宋府村经济发展规划,同时招商引资,加大土地流转。几年来,村里引进两个生态农林业观光园项目,总投资额将达2亿元,流转土地1 200亩,村民增收明显。姜维锦的苦干实干打消了乡亲们的顾虑,也赢得了村里人的信任。2015年,姜维锦3年任期即将结束,村里54名村民代表联名按下红手印“申请书”,请求组织上让姜维锦留任。面对村里百姓的挽留、组织上的信任,姜维锦经过慎重考虑,向组织上提出留任申请,与乡亲们一起再努力奋斗3年,让旧村换新颜。姜维锦说,百姓的认可度,这种口碑、这种荣誉对我来说,是金杯银杯换不来的。

(二)案例解析

1. 教学目的与用途

通过本案例的教学,使学生较全面地了解村庄治理的基础理论和基本知识;熟悉村庄治理问题的由来和特征,能够把握村庄自治的特有规律以及加强党建的必要性和适当方式。在教学过程中,注重理论联系实际,运用所学理论知识和方法分析现实问题,及时跟踪学术发展前沿;注重培养学生主动获取知识的能力,加强专题研讨、案例研究和团队项目的内容训练,为学生将来从事相关理论和实际工作打下坚实基础。

2. 背景分析

农业、农村、农民问题是关系国计民生的根本性问题,必须始终把解决好“三农”问题作为全党工作重中之重。农耕文明在中国历史悠久,源远流长。中国现在有行政村将近60万个。在社会主义现代化建设过程当中,乡村是一个短板,城乡差距不断拉大，城市高度繁荣、繁华，农村却落后于国家的整体发展。要坚持农业农村优先发展，按照产业兴旺、生态宜居、乡风文明、治理有效、生活富裕的总要求，建立健全城乡融合发展体制机制和政策体系，加快推进农业农村现代化。社会主义新农村建设的总要求是“生产发展、生活宽裕、乡风文明、村容整洁、管理民主”。十九大报告提出，实施乡村振兴战略，到2020年，乡村振兴取得重要进展，制度框架和政策体系基本形成；到2035年，乡村振兴取得决定性进展，农业农村现代化基本实现；到2050年，乡村全面振兴，农业强、农村美、农民富全面实现。

我们国家在农村基层实行村民自治制度，由村民实行自我管理、自我教育、自我服务，实行民主选举、民主决策、民主管理、民主监督，这是十一届三中全会以后，我们党和国家推进社会主义民主政治建设所采取的一个重大举措。我们国家的村委会从1980年广西三岔公社合寨大队第一次民主选举产生了我们国家历史上第一个村委会以后，我们历经1982年宪法，确认了村委会的地位，1987年试行村委会组织法，1998年正式实行村委会组织法，到2010年进行修订，整个国家对村委会的法律地位的界定是一个逐渐完善的过程。村民委员会是在人民公社进行政社分开、建立乡政权的过程中，在全国农村逐步建立起来的。农村实行家庭承包经营等责任制形式后，对以三级所有队为基础的人民公社体制进行改革。在改革过程中，在原来生产大队（有的在生产小队）的基础上建立了村民委员会。根据第二次（2006年度）全国农业普查资料，我国共有乡镇34 756个，其中，有15 365个乡、19 391个镇；共有村庄637 011个，其中，有平原村242 474个、丘陵村197 439个、山区村196 785个、其他类型村313个。截至2008年年底，全国共有村委会60.4万个，自然村200.9万个，村民小组480.9万个，村委会成员233.9万人（其中中共党员137.3万人，女性委员50.7万人）。

乡村治理是一项系统工程，需要加强农村基层基础工作，健全自治、法治、德治相结合的乡村治理体系，培养造就一支懂农业、爱农村、爱农民的“三农”工作队伍。村干部是推进乡村治理的骨干力量。村民自治制度已经发展成为中国特色的社会主义民主政治的重要组成部分。从1987年试行到1998年正式实施的《村民委员会组织法》，规定村民自治包括四个民主（民主选举、民主决策、民主管理和民主监督）。我国农村基层民主制度体系逐步完善，组织载体日益健全，自治内容不断丰富，实践形式更加多样，村民自治制度已经发展成为中国特色社会主义民主政治的重要组成部分。目前，全国95%以上的村委会依法实行了直接选举，绝大多数村进行了7次以上村委会换届选举。在选举中，竞职演讲、治村演说等形式普遍实行，竞争日益激烈。一大批有文化、有本领、热心为村民服务的村民当选村委会成员，使村委会干部素质明显提高，村委会成员年龄结构日趋合理，形成了一支比较稳定的村委会干部队伍，村委会主任的连任比例在50%以上。

在我国农村普遍建立的村民委员会，具有以下三个特点：一是基层性。村是我国农村最基层的单位，是村民长期生产、居住、生活的单位，跟村民关系最直接、最紧密。一个村就是一个小社区，村民们在社会生活中有着共同的利益和要求。村民委员会根据村民居住状况、人口多少，按照便于群众自治的原则设立，具有基层性的特点。二是群众性。村民自治的主体是本村村民，本村村民都有权参加村民自治。村民委员会由村民直接选举产生，不得任命、委派和指定产生；村民委员会成员来自于本村村民，享有选举权的本村村民都有机会被选为村民委员会成员；村民委员会成员不脱离生产，既从事劳动生产，又从事村民委员会的工作；村民委员会代表和维护村民利益，向人民政府反映村民的意见、要求和提出建议；村民委员会进行工作，应当走群众路线，坚持说服教育。三是自治性。村民委员会是村民自治的执行机构和工作机构。村民组成村民会议，讨论决定涉及村民利益和村民普遍关心的事项，村民委员会向村民会议负责并报告工作。办什么，不办什么，先办什么，后办什么，如何办理，由村民自己决定。对于自治范围内的事项，任何组织和个人都不得干预。村民委员会的性质特点，使它区别于国家政权机关。

中国共产党在农村的基层组织，按照中国共产党章程进行工作，发挥领导核心作用；依照宪法和法律，支持和保障村民开展自治活动、直接行使民主权利。根据中国共产党章程的规定，乡、镇党的基层委员会和村党支部领导本地区的工作，支持和保证行政组织、经济组织和群众自治组织充分行使职权。乡村振兴要强化基层组织建设，加强党的领导，把村民自治的动力发挥出来，培养懂农业、爱农村、爱农民的干部队伍、经营队伍，让他们能够扎根，能够沉到基层去干工作。村支部要发挥好战斗堡垒作用。支部书记和党员都要加强学习，调动老年协会和村委会等的力量，团结广大村民，以身作则，发展村级经济，带领大家共同致富。一定要有实体经济，没有经济基础很多事做不了。

精准选配第一书记。第一书记在乡镇党委领导和指导下，依靠村党组织、带领村"两委"成员开展工作，主要职责任务是帮助建强基层组织、推动精准扶贫、为民办事服务、提升治理水平。第一书记不占村"两委"班子职数，不参加换届选举。任职期间，原则上不承担派出单位工作，原人事关系、工资和福利待遇不变，党组织关系转到村，由县(市、区、旗)党委组织部、乡镇党委和派出单位共同管理。2014年，辽宁省向1 790个贫困村选派驻村工作队。2018年，辽宁省出台了《关于大规模选派干部到乡镇工作和任村第一书记推动乡村振兴的实施方案》，从2018年2月起，选派1.2万名干部到乡镇和村工作，对全省593个经济困难乡镇和1.17万个村实现全覆盖。

大学生村官是服务乡村振兴的重要力量。2014年新春佳节来临之际，习总书记在给山东大学生村干部张广秀的回信中，希望所有大学生村官热爱基层、扎根基层，增长见识、增长才干，促农村发展，让农民受益，让青春无悔。大学生村官，是指筛选的专科以上学历应届或往届毕业生，担任村党支部书记助理、村主任助理或其他"两委"职务的工作者。1995年，为解决"三农"问题，江苏省率先开始招聘大学生担任农村基层干部。1999年，海南省推出大学生"村官"计划，定安、临高、东方等市县先后组织招聘大学生"村官"。同年，浙江省宁波市采用公开招考方式，成为全国第一个推行"一村一名大学生"计划的地区。2000年3月，广州市天河区公开招聘52名大学生"村官"，全国各地3 000多名大学生前往求职。2002年河南省鹤壁市招聘205名大学生"村官"，拉开了河南省大学生"村官"工程序幕。2004年，河北省邢台市在试点工作的基础上，决定每年选派1 000名大学生到农村工作，5年内实现全市5 200个行政村都有大学生"村官"的目标。2008年，中组部、教育部、财政部、人力资源和社会保障部联合下发了《关于选聘高校毕业生到村任职工作的意见(试行)》，决定连续用5年时间，选聘10万名高校毕业生到村任职。中央领导同志多次做出重要批示，要求建立健全长效工作机制，既注重对大学生村干部的激励保障，又要强化竞争择优，确保大学生村干部下得去、待得住、干得好、流得动，真正成长为社会主义新农村建设骨干力量和党政干部后备人才。2009年4月，中组部、中宣部、教育部、公安部、民政部、财政部、人力资源和社会保障部、农业部、国家林业局、国务院扶贫办、共青团中央、全国妇联等部门联合下发了《关于建立选聘高校毕业生到村任职工作长效机制的意见》，进一步加强和改进选聘工作，完善配套政策，健全规章制度，不断提高选聘工作的制度化、规范化水平，逐步形成选聘工作的长效机制。

3. 理论依据与分析

村庄是最基层的社会组织，血缘、地缘关系牢固，在社会治理过程中，既要加强对社会阶层的动态分析，又要发掘传统的社会资源优势，促进社会融合。村庄不属于政府层级序列，但具有政府的某些特征。中国现在有中央、省、市、县、镇五级政府，在传统上是一个中央集权的国家，但随着改革开放进程的推进和发展社会主义市场经济,适当分权和扩权已经是一个趋势。“省直管县”“强镇扩权”等行政管理体制的改革,充分调动基层的工作积极性,促进了经济和社会各方面的发展。如果说乡镇脱胎于计划经济时期的人民公社,那么村庄和村民小组就脱胎于生产大队和生产队。在历史上皇权不下县,乡镇是近现代行政管理精细化才开始出现的,这是由于政府对经济和社会的管理负有更多责任。既然对乡镇一级加强了管理,乡、村又具有密切联系,因此乡镇的某些政府职能就会向村庄延伸。

从村治的模式来看,主要有宗族主导型村治模式、家庭联合主导型村治模式、原子型村庄的村治模式等(贺雪峰,2009)。其中宗族主导型村治模式的外在标准是修有族谱、建有祠堂、重建了宗族组织并经常有共同的活动,内在标准则是当地村民认为,族人必须维护本族人的利益与荣誉,并且愿意为此而行动,例如:历史上福建、广东、江西的客家人,代表性建筑有祠堂和永定的土楼。家庭联合主导型村治模式表现为小亲族、户族和联合家庭,小亲族、户族较为类似,一般由五服内的血缘联系构成的认同和行动集团,多在十数户至数十户之间而联合家庭则是兄弟分家形成的农民行动单位。原子型村庄的村治模式表现为家庭之间难以联合起来,姻亲关系超过宗亲,兄弟关系不如郎舅关系紧密,家庭决策权掌握在妻子手中。兄弟分家以后联系并不紧密,可能不如一般村民。宗族主导型村治模式代表性地域是江西、福建农村,山东、豫东、皖北、苏北所在的黄渤海地区是小亲族主导型农村,陕西关中地区是户族主导型农村,原子型村庄村治模式的典型有湖北、辽宁、吉林农村。

村规民约作为乡村的非正式制度,对规范村民的行为、调节乡村社会矛盾、稳定乡村社会秩序起着重要的作用。村规民约具备了制度的三大基础要素,即规制性基础要素、规范性基础要素、文化认知性基础要素,它们统一为一个相互联系的整体。这三大要素外化表现为惩戒监督机制、价值导向机制、传递内化机制,三大机制相互影响、相互强化,共同推动着村规民约作用效力的发挥(周家明　等,2014)。这些非正式制度与正式制度共同作用,构成了村庄治理的制度体系。

村庄治理是一项系统工程,需要抓住农民最直接、最现实的利益问题,又要加强理想、信念教育,教育和引导广大农民在中国共产党的坚强领导下,走有中国特色的村民自治之路。实行家庭联产承包责任制以来,分散经营得到强化,传统的村庄治理受到冲击,村庄层面的公共事务弱化,出现了一系列问题。党中央决定实施乡村振兴战略,乡村发展迎来了难得的历史机遇。目前我国实行村庄自治的基本制度,自行管理村庄内部事务,包括生产、经营和公共服务等,从一定意义上说,具有“政企合一”的特点。乡镇政府既需要对村庄实行有效管理，但又不能越位。在现行体制下村委会似乎充当了政府代理人和村民代理人的双重角色。虽然村民委员会是村民自我管理、自我教育、自我服务的基层群众性自治组织，但基于社会转型期基层政府治理资源与能力的不足，现行立法上不得不规定村委会要担负起协助政府开展工作的职责。村委会除了向村内提供社会保障类公共品，还承担着较多来自政府的公共行政事务。作为村民自治组织的村委会能否完成提供村落内部的准公共品的职能，现行体制下村委会自身能够向村内提供社会保障类公共品的能力不足，而在政府主导的社会保障类公共品供给的各个环节中起到重要作用，能够部分承担起由政府委托的社会保障类公共品供给职能（高圆圆　等，2011）。而从实践中看，基于基层政府对村委会尚存在有效支配力，村委会也基本能够担负起这种职责，积极协助基层政府的行政性事务，从而被赋予了代理某些政府职能的权利。

村民委员会是村民自我管理、自我教育、自我服务的基层群众性自治组织。村委会职责的重心在于村庄自治性事务，服务于村庄、维护村民合法权益是其核心功能。目前中国农村村庄的权力分配格局实际上是乡镇政府、普通村民以及村“两委”等各方力量相互作用的结果，乡镇党委、政府对村干部的工作压力越高，权力越倾向于向村党支部集中；村民的集体上访越多，村“两委”之间的权力就越平衡（刘明兴　等，2009）。村委会是村民直选出来的公共服务机构，代表村民的意愿行使权力，受到村民的约束。同时，村委会的干部，又要接受乡镇上级部门的指导和监督。可以看出，村委会干部的眼睛，既要“对下”又要“对上”，这两方面的力量约束着村委会的工作目标和具体作为。尽管村民的诉求和上级政府的要求不能完全一致，但这只是出发点和优先次序的问题，各方的根本目标是一致的，就是建设社会主义新农村。所以，表现突出的“村官”善于在共同目标和根本利益方面，找寻各方面的最大公约数，寻求有效突破，带动村庄各方面工作的有效开展。

当然，村委会作为一个类似政府的组织机构，也要防范寻租问题的发生。个案考察显示，村委会在行使职权的过程中具有严重的选择性、自利性倾向，背离了自身职责与功能。其原因在于村民自治中决策、管理与监督环节民主建设滞后、村民自治物质基础薄弱、基层政府指导与监督职责缺失以及深层次上村庄治理中传统体制与观念的影响（刘明兴　等，2009）。为了实现自身利益的最大化，村委会往往将工作重心转向从村庄内部汲取资源，满足自身需求。所以，从对待不同事务的态度上来看，村委会总是积极地从事那些能够于其自身有利的事务，而回避那些于其利益无关特别是损害自身利益的事务（刘行玉，2011）。这都需要加强对村委会行使职权的民主监督和管理。另外，在村委会选举中，严格按照制度规定举行选举、改进选举的宣传工作、防范候选人使用不正当竞争手段，都有利于提升村民对选举公正程度的评价；提高村委会选举公正程度将显著改善村干部行为，而村干部行为的改善对农村干群关系有显著的正向影响（郑广琯，2016）。选举制度的不断完善，对于村委会成员秉公用权，具有重要的约束和激励作用。

4. 思考和讨论题

（1）村庄管理的目标是什么？面临哪些约束条件？

（2）总结优秀村干部的特点。

（3）谈谈大学生村官如何发挥优势，实现建功立业。

案例二：粮食安全与粮食安全责任制的由来

（一）案例介绍

全球气候变暖将导致农业成本大幅提高

海平面上升、冰川和常年积雪消融、极端天气气候事件频繁发生、水资源分布失衡、生物多样性受到威胁……这些词汇成为近年来百姓关心的"关键词"。2011年4月，辽宁省气象局专家团队在接受采访时表示，全球气候变暖不仅影响了人类居住环境，而且也影响了全球各地区社会经济的方方面面。对于高速发展的中国经济而言，必须全力应对气候变化所带来的负面影响，作出相应的产业结构调整。

20世纪的100年，是过去1 000年中最暖的100年；而过去的50年，又是过去1 000年中最暖的50年。以辽宁省为例，最近50年气温呈明显的上升趋势，年平均气温上升了1.5 ℃。气温上升的同时，降水量也在以每10年17.4毫米左右的速度逐步递减，降水较丰富的辽宁东南部地区，降水量每10年减少40～50毫米。上述两种原因或可直接导致极端天气和地质灾害发生。据辽宁省民政厅统计，仅2010年，因大风、冰雹以及暴雨引发的山洪、泥石流等灾害对辽宁产生的直接经济损失达176.14亿元。与2009年相比，气象灾害偏重。气温变化和降水减少对农业影响最为明显，我国农业生产将面临产量波动增大、布局与结构调整、成本与投资增加等问题。辽宁省气象局科技与预报处处长陈洪伟表示，对产量的影响可能主要决定于极端气候事件频率的变化而不是平均气温的变化。研究结果表明，气候变暖后，灌溉和雨养春小麦的产量将分别减少17.7%和31.4%。我国玉米总产量平均减产3%～6%。据估算，因全球变暖，到2030年我国种植业产量在总体上可能会减少5%～10%，其中小麦、水稻和玉米三大作物均减产。气候变暖对不同地区不同作物的产量影响不一样，我国水稻、小麦以及玉米品种多，品种间差异也很大，因此要有意识地调整农业种植制度，选育抗逆性强的品种和选择适当的生产措施以适应气候变化。如果能够对不利影响及时采取应对措施的话，未来30～50年的气候变化还不会对全球乃至中国的粮食安全、重要基础设施和自然资源产生重大影响。

中国去年粮食超量进口 1 亿吨，粮食安全指数排全球第 42 位

到 2016 年，中国粮食已经连续 12 年增收，农业部门却是喜忧参半。粮食产量、库存和进口均创历史新高，国内自产农产品与进口产品价格倒挂，在托市政策下，库存积压，补贴压力加大。在 2016 年 11 月 12—13 日的"中国粮食与食品安全战略峰会"上，中国国务院发展研究中心主任李伟透露，2015 年中国粮食超量进口 1 亿吨，"当前中国的粮食市场上各种食品供应充足，价格稳定，我国粮食和食品安全的主要矛盾，已经由总量不足转变为结构性矛盾"。此外，根据会议披露的数据，在 2015 年全球粮食安全指数的排名中，中国的综合排名为第 42 位。李伟称，"当然我们是不会，也永远不会满足于第 42 位的排名"。

据李伟介绍，中国 2015 年的粮食进口，从算数上和总供求量的平衡上看，超出了 1 亿吨，相当一部分进了仓库。会议披露数据显示，2015 年中国粮食产量为 6.2 亿吨，消费量约为 6.5 亿吨，需要进口弥补缺口的粮食算数计算是 0.3 亿吨，实际进口粮食 1.3 亿吨。李伟还称，目前中国优质化、多样化、专用化农产品发展相对滞后，国内外价格倒挂严重，导致部分产品库存过多，与部分产品进口快速增长并存。产品价格倒挂下，农民因托市收购政策而持续大量生产农产品，政府为保粮价、产量以及农民收入，仍继续采取托市补贴政策，库存由此积压。这一压力已越来越大。从产品结构看，库存积压与进口增长并存的问题日益凸显。李伟在解释超量进口粮食 1 亿吨时称，大豆国内生产量不足，国内玉米价格过高，高粱和大豆等玉米替代品受价差驱动大量进口，优质进口产品进来了，中国自产的很多产品，都只能进仓库。超量进口的结果使国内粮食库存快速增加，特别是国家托市收购的玉米问题突出。库存积压与进口增长并存，反映的是农产品质量提升的速度跟不上消费者对品质不断提高的要求。农业生产结构的调整跟不上国内外市场融合和农业比较优势变化的步伐。

目前一些主要农产品的国内价格已经明显高于国外农产品到岸的完税价格，农产品价格天花板的封顶效应开始显现。中央财经领导小组办公室副主任、中央农村工作领导小组办公室副主任韩俊也认为，由于劳动力的成本越来越高，土地的租金越来越高，农业生产中像农业机械、化肥、农药、农膜等这些现代生产要素的使用越来越广泛，中国农业正在进入一个高成本的发展阶段。韩俊认为中国人多地少的国情决定中国难以走美国、澳大利亚大规模农业经营的发展道路。他指出，中国有 2 亿多个农户，每个农业经营户的耕地面积平均只有 0.5 公顷。到去年农业

经营者的耕地规模在 2 公顷以上的农业经营户只有 1 032 万，占比不到 5%。李伟也认为，资源情况决定了中国农业经营规模特别是土地经营规模不可能达到新大陆国家甚至是欧洲国家的数量级。但他同时也指出，发展多种形式的农业适度规模经营，是应对农业人口变化、农业兼业化、农民老龄化、农村空心化的必然要求。对此李伟在会上称，到 2020 年中国确保建成 8 亿亩、力争建成 10 亿亩集中连片旱涝保收、稳产高产高标准农田。大规模推进农田水利建设，到 2020 年有效灌溉面积达到 10 亿亩以上，农田灌溉水有效利用系数提高到 0.55 以上。目前农产品库存积压，不仅增加了财政负担，而且制约了整个产业链的健康发展。要破解这一难题就必须改革农产品价格形成机制和收储制度，充分发挥市场的调节作用。总的方向是市场定价、价补分离。通过市场定价促进种植结构调整和下游产业的发展，通过价补分离保障农民收入转型时期能够基本稳定。所谓市场定价、价补分离，也就是“目标价格”制度，指的是政府不直接入市收购农产品，而是制定目标价格，再将目标价格和市场价格之间的差价直接补贴给农民。从 2014 年开始，中国政府开始对新疆的棉花和东北地区的大豆实行目标价格补贴改革试点。而从 2016 年开始，东北地区的玉米也开始实行“市场化收购＋生产者补贴”的新政策。

我国今年首次大范围试种海水稻　数亿亩盐碱地有望成粮仓

海水稻，是我国育种专家通过杂交育种技术和常规育种方法选育出来的新型耐盐碱性水稻。2018 年 4 月，海南南繁基地从上千份海水稻材料中，已挑选出 176 份优良品种，将首次在全国大范围试种。青岛海水稻研发中心副主任张国栋说，这 176 份我们会重点在全国主要盐碱地进行重点的、深入的(做)一些测试，争取今年能够拿出不低于一个可以在全国大范围推广、经过国家审定的品种。张国栋表示，我国有约 15 亿亩盐碱地分布在大江南北，气候带、光照条件都不尽相同。今年(2018 年)将首次在全国 5 个主要类型的盐碱地上同时进行千亩片的试验示范，就是为了在不同的地质条件下，检验这 176 份海水稻材料的最终产量和品质。张国栋认为，经过前期调研，我们全国 15 亿亩盐碱地当中，大概有 2 亿～3 亿亩有改良成农田的潜力，这 2 亿～3 亿亩土地大约分布在五大类型盐碱地，其中包括新疆的干旱半干旱地区，也包括东北的苏打冻土盐碱地，还包括黄河三角洲地区。除了今年试种的 176 种海水稻材料，在海南南繁育种基地，工作人员也在不断尝试通过杂交的方式，将优良基因进行重新组合，来培育更多的海水稻材料，为今后提供更多的试验品种。

1970 年以来，国际水稻研究所从 9 000 份水稻品种和家系中，鉴定出 10 份耐盐品种,为水稻耐盐性品种选育提供了技术储备,并在1979年提出了水稻耐盐鉴定标准和方法。巴基斯坦、日本、美国、英国、澳大利亚等国也相继展开了水稻的耐盐性研究。被称为我国"海水稻之父"的科学家陈日胜,1986年在广东省湛江市的海边芦苇丛里发现了一株野生海水稻,此后通过30多年潜心研究,陈日胜培育出一个耐盐碱水稻的品种"海稻86"。2014年,袁隆平团队参与改良"海稻86",成立"青岛海水稻研发中心",在简单淡化处理的海水灌溉的水稻田里进行试验,取得了阶段性成果。2016年海水稻试验种植亩产突破500公斤,2017年10月测产最高亩产达到621公斤。目前我国"海水稻"品种还处在研发培育阶段,在正式推广应用前仍需科研与观察。

中国工程院院士袁隆平表示,海水稻如果扩大到1亿亩,按最低产量(亩产300公斤),每年增产300亿公斤,可以多养活8 000万人口,相当于一个湖南省的年粮食总产量。我们原来为了保障粮食安全,主要是第一个划红线,18亿亩不能突破,再一个是提高单产,我们耐盐碱水稻可以增加种值面积,不光是提高单产。

(二) 案例解析

1. 教学目的与用途

通过本案例的教学,使学生较全面地了解粮食问题的基础理论和基本知识;熟悉粮食安全问题的重要性,能够理解粮食安全责任制的主要内容以及不断完善和改进粮食安全战略的思路。在教学过程中,注重理论联系实际,运用所学理论知识和方法分析现实问题,及时跟踪学术发展前沿;注重培养学生主动获取知识的能力,加强专题研讨、案例研究和团队项目的内容训练,为学生将来从事相关理论和实际工作打下坚实基础。

2. 背景分析

粮食安全是关系我国经济发展、社会稳定和国家自立的全局性重大战略问题,是治国安邦的头等大事。粮食安全,是经济发展、社会稳定和国家自立的基础,始终是关系全局的重大战略问题。党中央、国务院一直把这项工作摆在突出的位置。新中国成立以来,我国政府始终把农业放在国民经济发展的首位,千方百计促进粮食生产,较好地解决了人民的吃饭问题。改革开放以来,农业和粮食生产又取得了长足发展。习近平总书记指出,中国人的饭碗任何时候都要牢牢端在自己手上,饭碗里主要装中国粮。我们始终把保障粮食安全和重要农产品有效供给摆在首位,大力实施"藏粮于地、藏粮于技"战略。我们用不到世界1/10的耕地生产了世界1/4的粮食,养活了世界近1/5的人口,这是对世界粮食安全的重大贡献。中国发展粮食生产所取得的巨大成就，不仅使人民的温饱问题基本解决，让生活水平逐步提高，而且为在全球范围内消除饥饿与贫困作出了重大贡献。

与此同时，耕地淡水资源、农业的有效劳力，还有生态环境的承受能力，这些都对粮食生产有刚性约束，而且这种刚性约束越来越突出，粮食进一步增产的难度加大。我国的粮食安全还将长期面临消费刚性增长、生产硬性约束的双重挑战。因此我们说，我国粮食安全的形势不容乐观。

耕地是粮食生产的基础。多年来我国实行最严格的耕地保护制度，1986 年 3 月，中发 7 号文件《关于加强土地管理、制止乱占耕地的通知》第一次明确提出，十分珍惜和合理利用每寸土地，切实保护耕地，是我国必须长期坚持的一项基本国策。1997 年，中共中央、国务院出台了一个加强土地管理和耕地保护的文件，提出了最严格的耕地保护制度和最严格的节约用地制度。2017 年，中共中央、国务院又印发了《关于加强耕地保护和改进占补平衡的意见》，这是在承前启后的基础上进一步完善耕地保护制度，明确各级政府的主体责任的需要。从耕地资源的特殊战略地位来看，耕地是我国最为宝贵的资源。耕地减少过快的势头得到有效遏制，节约集约用地得到大力推进，补充耕地力度逐年加大，为粮食安全提供了保障，但耕地保护形势依然严峻。因此，必须始终坚持“十分珍惜、合理利用土地和切实保护耕地”的基本国策，毫不动摇坚持最严格的耕地保护制度，坚决守住耕地保护红线和粮食安全底线，确保我国实有耕地数量基本稳定。中国有约 14 亿人口，到 2012 年，耕地数据是 20.27 亿亩。美国的人口比中国少约 10 亿人，美国的耕地比中国多将近 10 亿亩；印度比我们少约 1 亿人口，但是印度的耕地比我们多 5 亿亩左右；俄罗斯的人口大约只有中国人口的 1/10，但耕地跟我们差不多一样。在中国不保护耕地的话，我们说谷物要基本自给、口粮绝对安全就很难做到。所以保障农民的土地权益不受损害，是我们历年的中央一号文件关注的重点。

布朗在《谁来养活中国?》一书中提及，到 2030 年，由于人口和收入增加，中国粮食需求量将达 4.97 亿吨～6.41 亿吨；高速工业化使耕地快速减少，到 2030 年粮食产量将下降约 20%；粮食供求缺口：2.16 亿吨～3.78 亿吨。联合国粮食及农业组织在《粮食及农业状况 2013》中表明，世界人口中约有 12.5%(8.68 亿)在能量摄入方面处于营养不足状态，全球有 26%的儿童发育迟缓，20 亿人患有一种或多种微量元素缺乏症。当前我国粮食消费量约占世界的 1/4。当前我国农业的主要矛盾已经由总量不足转变为结构性矛盾，主要表现为阶段性的供过于求和供不应求并存。我国农业尤其是粮食生产的成本高、效益低，价格缺乏国际竞争力。

中国目前是全球最大的农产品进口国。随着人民生活水平的提高，对植物油的消耗、对畜产品的消耗越来越大，在加工食用植物油和提供给畜牧业的饲料方面，大豆是一个非常关键的作物。因此，在人民生活水平提高的过程中，对大豆的需求增长是非常快的。但是由于在中国大豆属于低产作物，而且它的经济收益也不太高，所以农民不大愿意种大豆。据海关统计，2013 年我国谷物进口接近 300 亿斤，大豆进口突破 1 200 亿斤。2015 年中国谷物自给率首次降至 95%以下，为 94.6%，反映了当前我国农业的主要矛盾已经由总量不足转变为结构性矛盾，主要表现为阶段性的供过于求和供不应求并存。2015 年进口的粮食中，大豆占了 65.5%，是国内大豆产量的近 7 倍。2015 年在玉米产量总体上已经供过于求的背景下，进口 95 亿斤玉米，还进口玉米替代品约 750 亿斤。玉米出现了产量、进口量、库存量“三量齐增”的反常现象。粮食价格上有“天花板”，下有“地板”。2013 年 8 月份以来主要粮食品种到岸价格均低于国内粮价，2013 年末配额内小麦、大米、玉米进口完税价格每吨比国内低 300～500 元。

解决我国的粮食问题，必须坚持立足国内基本自给，适度进口调剂余缺。近年来，全球的小麦、大米和玉米这三大谷物品种的国际贸易量大体每年在 6 000 亿斤左右，但是我们国家这三大品种每年的消费量在 9 000 亿斤左右，假设把国际市场上的 6 000 亿斤粮食都买回来，也仅仅只够消费量的 2/3，而且这是完全不可能的。因为据联合国粮农组织的数据，现在全球还有 70 多个国家粮食严重紧缺，有 8 亿多人口还处于饥饿、半饥饿的状态。

尽管近几年粮食价格稳步上升，但农民种粮收入仍然不高，特别是与从事其他产业相比，种粮比较效益明显偏低，一些地区出现了粮食“副业化”等趋势。从发展趋势看，随着农资价格上涨、人工费用增加，种粮成本将逐步上升。同时，农村留守的劳动力接受新知识、新技术的能力相对偏弱，连续增产后有的地方出现了放松农业和粮食生产的倾向，都对进一步稳定和发展粮食生产造成不利影响。如何进一步完善粮食市场调控体系和种粮补贴制度、建立健全主产区利益补偿长效机制，充分调动农民种粮、地方政府重农抓粮积极性，还需要作进一步研究探索。

保障粮食安全是各级政府共同的责任。建立健全中央和地方粮食安全分级责任制，在国家宏观调控下，全面落实粮食省长负责制。2008 年 11 月，公布了经国务院审议通过的《国家粮食安全中长期规划纲要(2008—2020 年)》，是我国政府编制的第一个中长期粮食安全规划，是今后一个时期我国粮食宏观调控的工作的重要依据。其主要特点是战略性、宏观性和政策性。该规划纲要坚持立足当前、着眼长远，把粮食安全放在我国工业化和城镇化发展的历史进程中，作为全面建设小康社会、推进社会主义新农村建设的一项重要战略任务来定位；坚持立足粮食安全、确保食物安全；坚持立足国内、放眼世界，把国内粮食安全放在世界粮食供应的总格局中来考虑；坚持立足全局、统筹兼顾，从粮食生产、流通、加工、进出口、储备、消费等各个环节组成的产业链进行系统规划。2012 年 2 月面世并向社会各界征求意见的《中华人民共和国粮食法(征求意见稿)》，提出粮食是关系国计民生的特殊商品，为保障国家粮食安全，粮食安全实行国家宏观调控下的省级人民政府行政首长负责制。省级人民政府负责本区域粮食生产、流通、储备和市场调控，保证粮食市场供应、维护粮食市场秩序、保障粮食质量安全等。2015 年 11 月，国务院办公厅印发《粮食安全省长责任制考核办法》，明确粮食安全省长责任制考核主体、原则、内容、程序和结果运用等事项，对建立粮食安全省长责任制考核机制作出全面部署。这是国务院办公厅第一次以专门文件明确省级人民政府的粮食安全责任考核。考核内容则涵盖了各省(区、市)人民政府应承担的粮食生产、流通、消费等各环节的粮食安全责任，并且进行年度考核。由国家发展改革委、农业部、国家粮食局会同有关部门组成考核工作组负责具体实施。考核工作组办公室设在国家粮食局，承担考核日常工作。

3. 理论依据与分析

粮食是关系国计民生的重要战略物资，保障全国人民的吃饭问题始终是治国安邦的头等大事。党中央依据农业生产情况的新变化，提出了“以我为主、立足国内、确保产能、适度进口、科技支撑”的粮食安全新战略，确立了“谷物基本自给，口粮绝对安全”的国家粮食安全新目标。2013 年以来全国粮食总产量连续 5 年超过 12 000 亿斤，粮食综合生产能力跃上新台阶，2017 年人均粮食占有量超过了 470 公斤。我国粮食安全保障能力进一步增强。

民以食为天，人们是否有饭吃，是否能够吃得饱、吃得好，关系着人民群众的幸福安康，也关系到社会的和谐稳定。粮食安全事关经济发展、社会稳定和国家安全。我国粮食安全所面临的“农民之困惑、地方政府之心病、中央政府之无奈”的突出问题，关键在于国家粮食安全战略的缺失。为此，必须以综合生产力为基石、市场调节力为重点、主权控制力为保障，重构我国粮食安全的国家战略，实现从“生产粮食”向“经营粮食”的观念转变，精心设计利益协调、特殊保障两个制度，切实提高产区政府抓粮、广大农民种粮两个积极性，牢牢把握粮食收购加工、投入品经营两个主动权，积极用活粮食出口、加工转化两个调节器(廖西元　等，2011)。中国整体贸易开放程度的提高不利于农作物与谷物的生产。加入 WTO 后,各地区的粮食生产确实受到了不同程度的冲击,但总体而言影响并不大(白描　等,2011)。粮食生产并未出现预期的下降局面与加入 WTO 以后中国政府所采取的一系列支农和惠农政策有密切关系。

此外,国民经济的增长对保障中国粮食安全也起到了重要的作用。诸多不利因素都在动摇粮食稳产增产的基础,特别是水资源约束、耕地数量与质量下降将严重影响我国粮食安全保障能力(肖俊彦,2012)。必须调整国家工业化、城镇化空间布局战略以保证粮食资源,大幅度减少耕地占用指标,实行部分农田的"零"占用制度,建立粮食进口多元支撑战略。农产品进口为我国节约了大量的耕地资源。以近年来主要农作物净进口量为基础,考虑国内种植水平,2001—2010 年净进口农产品为我国节约了近 18% 的耕地,平均每年约 4.2 亿亩,且近三年呈现不断上升的趋势(马晓河　等,2012)。海洋农业为我国确保粮食安全提供了重要的战略空间。"蓝色粮仓"在食物供给方面拥有巨大潜力,能够从海洋食物生产能力增长、居民营养供给、节约资源要素以及缓解陆域生态环境压力等方面,发挥重要作用(韩立民　等,2015a)。把养殖海域设立为"蓝色基本农田",可以缓解现阶段由居民动物性食物消费增长带来的粮食安全压力,陆海统筹将进一步增强中国粮食安全保障能力(韩立民　等,2015b)。通过树立"大粮食"的视野,为粮食安全提供坚实的基础。

4. 思考和讨论题

(1) 粮食产品的特征是什么?

(2) 为什么中国格外重视粮食安全?

(3) 如何平衡粮食主产区和主销区的利益关系?

案例三：农业土地流转为什么可行

（一）案例介绍

安徽：土地流转有序加速，“农场主”“大户”渐成主体

“以天长市2013年全市451户家庭农场为例，水稻平均亩产575公斤，比当地普通农户高175公斤以上，水稻亩均收入高于普通农户650元以上。”天长市农委农经站站长房华玄介绍说。目前，安徽省各地因地制宜成立了新型农业经营主体的“联合体”，通过“抱团取暖”，不断提升其市场竞争力及经营效益。如天长市引导家庭农场组建成立的大地农业专业合作社联合社，通过搭建平台，探索家庭农场“技术服务、管理培训、资金互助、农资联购、产品联销、资源共享”模式，将分散的家庭农场组建成联合体，仅2013年该联合社为家庭农场团购肥料500吨，麦种35万斤，联销稻麦6 000多万斤，融资63万元，调剂劳力500多人次、机械500多台，为家庭农场节省100多万元成本。而农业大市宿州市则探索建立了以家庭农场为基础，以合作社为纽带，由龙头企业为引领，通过协议和合同方式组成综合性较强的现代农业产业联合体，家庭农场按统一标准组织生产和田间管理，合作社负责家庭农场的耕种收全程服务，龙头企业为家庭农场、合作社提供种苗、生产资料服务并通过订单收购农产品，目前该市这种现代农业产业联合体已发展到60多个。宿州市志诚种植养殖专业合作社王民主告诉记者，这几年农业经营效益越来越好，自己不仅种植了上千亩水稻及200亩蔬菜，还养殖了4 000余只土鸡，未来的梦想是做“直营到家”的私人订制式送菜服务。截至2013年年底，安徽省农业专业大户超过15万个，家庭农场8 185个。农民专业合作社注册登记数超过4万户，实有入社成员户占全省总农户数的25%。安徽省农委合作经济指导处调研员马燕分析说，合作社、家庭农场等新型农业经营主体的出现，有效解决了“谁来种地”的难题。

农村土地流转不能搞“大跃进”

农业部部长韩长赋2014年3月6日在两会新闻中心举行的记者会上回答中外记者提问时提出，“农村土地流转不能搞‘大跃进’，要有序地引导流转，合理地实

现它的规模。如果求急求大，可能欲速则不达。”韩长赋说，“现在有些地方下指标、定任务、赶进度，搞强迫命令，靠行政推动。所以农民不高兴。”他表示，土地流转不是越快越好，土地的经营规模也不是越大越好。流转要和当地农村劳动力、人口转出去多少、技术装备水平、社会化服务的程度相适应。韩长赋说，所谓有序流转就是依法、自愿、有偿。地是农民的，是承包农户的，流转不流转，以什么价格流转，流转多少时间应该由他们说了算。

土地流转：掀开现代农业美丽画卷

依法、自愿、有偿推进农村土地流转和适度规模经营，是国家适应城镇化发展，确保粮食安全，提高农业生产效益的导向性政策。春耕时节，莺飞草长。截至2015年5月，吉林省榆树市连续11年居全国产粮大县之首。从田间穿梭忙碌的农机身影，农民轻松耕种的笑容和经营业主自信的眼神中，感受这一农村土地“化零为整”、规模经营政策带来的革命性变化。

近四成耕地流转经营。“过去自己种地，赶上好年景，每垧地一年就挣七八千元，遇上灾年，一年就白忙活了。土地托管给合作社后，一分钱不投，一份力不出，赚的一样多。”说起合作社的好处，吉林省田丰机械种植专业合作联合社社员李明学打开了话匣子。李明学家住五棵树镇长新村，耕种4垧玉米。以前，他一年主要在地里忙活，农闲时才外出打工，贴补家用。他把地托管给合作社，去年收到租金近9万元，全年在长春打工还挣了4万元。“能否成立一个组织专门帮助农民种地，让农民从土地上解放出来，安心打工？”2008年，从供销社下岗的陈卓萌生了成立合作社的念头，他联合5个人共同创办了田丰机械种植专业合作社。田丰的模式叫“合同托管”：土地原承包权归农户，合作社负责选定作物品种及种子、化肥、农药，组织生产。“这种模式让农户得实惠。”陈卓说，不用社员拿一分钱，被托管社员年终按照本村同等级地块的上等纯收入标准，扣除生产成本获得收益。粮食全部售出后，合作社再拿出全年收入的40%给社员二次分红。同时，国家给予农民的一切优惠政策都归农户享有。去年（2014年），田丰给付农民每垧1万元的协议托管费用外，另分红5 300元。田丰的收入主要来自专业化和机械化种植带来的效益。2014年，合作社有农户384户，托管土地601公顷，盈利70多万元，加上利用机械为农民代种代收，经营良种化肥等，共收入200多万元。6年来，田丰购买播种机、收割机近100台，花费490万元，贷款只有不到30万元。田丰的托管经营是榆树市土地流转四种方式之一，它与合作社统一经营、合作社统种分管经营、农业企业＋合作社经营三种方式一道作为主要经营方式得到政府支持。榆树市以此作为推进现代农业发展的抓手，先后引导成立包括12家国家级示范社在内的合作社3 200个，合作农户占总农户数的44.4%，经营百亩以上连片土地215万亩，占全市耕地38.3%。

农民变"股民"收入多元化，江西农村土地"流转红利"喜人

2014年5月，眼巴巴瞅着隔了一道小田埂的红光专业合作社在流转耕地上支起了大棚，种上了芦笋，每亩一年净赚14 000元，58岁的江西省万载县白良镇岐里村农民叶小珠坐不住了。一咬牙，叶小珠把自家连续几年歉收的9亩多耕地，全部流转给了合作社。他还把租金折价，再拿出大部分积蓄入股，转身变成了"股民"。"以前山上全是杂灌，狗都钻不进去。"2009年，57岁的宜春丰城蛟坑村村民熊海根同意将林地流转给御润坊山茶油有限公司，"现在我们全家都在御润坊当油茶林业工人，一个人每个月工资2 800元。"让叶小珠和熊海根下定决心流转土地的，都是因为看到了实打实的实惠。"以前精耕细作干一年，收成还得看老天，稍微差点儿就要赔本，最好的时候每亩也赚不到200元。"叶小珠收起了锄头，穿起了皮鞋，当上了"跷脚农民"。他说："现在流转给合作社统一耕种了，一亩田一年最少也能分得1 000多元。"在近10米宽的山路上，熊海根稳稳地开着三轮车，只花了大半天时间就把自家承包管理的几十亩油茶林施完了农药。"要不是大公司来流转土地、规模投资，哪能铺这么好的水泥路哟！"因为"脑子活""能力强"，不再被耕地牢牢拴住的叶小珠还在合作社里竞争上岗，当上了种植基地经理，管理农田，组织劳务，每个月工资2 200元，加上绩效工资和奖金，年薪大约4万元。他说："一个壮劳力出去打工，一年也差不多这个数。"除了每年4万余元工资，叶小珠还有些"额外"收入。以2013年为例，土地流转年租金约3 000元，入股合作社分红预计能有7 000余元，农资综合补贴等1 700余元，再加上散养的一些鸡鸭，全年收入5万余元。记者调查发现，在宜春市众多乡村，像叶小珠、熊海根这样直接受益于土地流转的农民，已不在少数。"取消农业税后，农民都外出打工，宁愿让田里长草。"丰城市农业局局长刘宏宇说，"现在农民渐渐意识到耕地是块宝，纷纷向专业合作社、龙头企业等现代农业经营主体流转土地。"江西省已提出，今年(2014年)年底前要基本完成全省农村土地承包经营权确权登记。江西省社科院农村经济研究所副所长尹小健说，在土地确权的基础上，把经营权向专业大户、家庭农场、农民合作社、农业企业流转，是发展现代农业、增加农民收入的必由之路。

土地"并"出规模化　流转托起"致富梦"——一个全国农村土地改革试点县的土地流转见闻

"最近一个星期都在外地旅游,老板请我们出去玩,自己种地的时候哪有这机会。"2014年7月,土地流转后在自己"地盘"上挣老板的钱,老板有时间还"请客"旅游,说起这些,广西象州县百丈乡民进村委博厚村村民周桂斌脸上一直堆着笑。象州县位于广西中部,光热充足,雨量充沛,水稻、果蔬成为当地农民的主要种植作物。作为全国农村土地承包经营权确权登记试点县,象州县近年来土地流转加快,小块合并开启规模化经营,新型农业得以培育,农民在家门口实现了"致富梦"。周桂斌把两亩多水田全部流转到象州县百丈乡有机水稻种植示范基地,除了每亩每年收取720元租金外,一年下来每亩还能通过销售稻谷赚得1 000多元。"我每年还给老板管理70亩示范基地,每亩有1 000元管理费,全年收入比自己种田高得多。"周桂斌说。周桂斌给记者算了一笔账,土地流转前,每亩水田收入700元,两亩共计1 400元;土地流转后,两亩可收入3 440元。另外,通过管理水稻还可赚取管理费7万元。县长陈代军介绍,象州县引导农村土地有序流转,使土地向专业大户、合作社等集中,促进农业规模化,目前全县规模经营面积已达4.6万亩,土地以小"并"大,流转实现了集约化、品牌化。一些农民告诉记者,土地流转之前,每家每户都是"单干",要考虑的因素很多,粮食品种、肥料农药、播种收割、晒粮卖粮……"现在我什么都不操心,把地交给老板,按老板的规划去做就行。"周桂斌说。同村村民覃桂明同样把6.5亩地全部"并"给了象州县百丈乡有机水稻种植示范基地,每年可收入11 180元,较之土地流转前多挣6 630元,此外还有从老板手中接过来的70亩水稻的管理费。覃桂明说,以前"单干"的时候所有环节都得自己操心,收入还无保障,自己不得不再外出做些泥水工补贴家用。村民们称呼的"老板"就是该示范基地负责人黄远贤。他说,2 000亩示范基地是400多户村民将水田"并"出来的,整个村委下辖的5个村屯全部进行了土地流转,年产有机稻近160万公斤,每年还附带在田间养殖有机香鸭2万多羽。在象州县象州镇,一个以小"并"大进行土地流转创建的专业果蔬生产基地,引领该县农业朝着规模化方向迈进。象州镇石里村委石里村村民林彩铃一年有大约11个月时间在这个基地上班,家中3亩水田全部"并"到了这一基地,每个月可收入2 400元。"对于长工来说,每年都有奖励,土地流转解决了当地部分群众打工的问题,高峰期的时候,大约有80位村民来这里做工。"该专业果蔬生产基地负责人黄小龙说。博厚村村民罗永芳则是"坐收渔翁之利",全家共有水田7亩,他将6亩"并"入了黄远贤的示范基地。"生产我不参与，管理我也不参与，每年我就‘坐收’老板的租金。”罗永芳说。

河北石家庄探索土地流转：农民变工人，增收又省心

2015年8月29日，杨素环骑电动自行车上班。今年48岁的杨素环是河北省石家庄市藁城区杜村村民，3年前村里搞起土地流转，办起农业合作社，杨素环加入禾苗农业合作社，主要用大棚种植蔬菜和水果，每天工作8个小时。“棚子里有专门的技术员给指导，干起活来很省心。”说起现在的工作，杨素环十分高兴，“把五亩多地流转给合作社，一亩每年能拿到1 500元的租金，我一天工资50元，还不累，算下来一年能比过去多收入3万多元钱。”5月份，杜村围绕科技大棚建设观光生态园，开展餐饮、采摘、钓鱼、农活体验等项目，吸引更多城市里的居民到这里消费。据了解，目前杜村已有560多户加入合作社，土地效益明显提高。近年来，石家庄市藁城区积极探索农村土地流转政策，采取“农民自愿、合理流转”的原则将农田向规模特色农业、高效农业和无公害农业集中，力促农村土地规范流转带动现代农业发展。目前全区土地流转总面积已达到15.93万亩，流转土地农户约3.25万户，占农户总数20%。土地流转不仅让农民变身农业工人，更改变了他们的生产生活方式。

(二) 案例解析

1. 教学目的与用途

通过本案例的教学，使学生较全面地了解农业土地流转的基础理论和基本知识；熟悉土地流转的由来和特征，能够把握土地流转的特有规律以及政府干预的必要性和适当方式。在教学过程中，注重理论联系实际，运用所学理论知识和方法分析现实问题，及时跟踪学术发展前沿；注重培养学生主动获取知识的能力，加强专题研讨、案例研究和团队项目的内容训练，为学生将来从事相关理论和实际工作打下坚实基础。

2. 背景分析

实行以家庭承包经营为基础、统分结合的双层经营体制，是我国农民的一个伟大创举，是农村改革的重大成果，是我国《宪法》确立的农村基本经营制度。《中华人民共和国农业法》指出，国家实行农村土地承包经营制度，依法保障农村土地承包关系的长期稳定，保护农民对承包土地的使用权。小岗村，“中国改革第一村”，是中国农村改革的发源地。以前却是一个出了名的穷村。1978年，十八位农民以“托孤”的方式，冒着极大的风险，立下生死状，在土地承包责任书上按下了红手印，创造了“小岗精神”，拉开了中国改革开放的序幕。1983年中共中央颁发了《关于

印发农村经济政策的基本问题的通知》,全国农村开始普遍推行包干到户。到1983年年底,98%左右的基本核算单位都实行了包干到户,家庭承包经营的土地面积占耕地总面积的97%左右,实现了土地所有权与使用权的分离。这种模式在保证农地集体所有权的基础上保证了农户的独立经营权,并对农村土地的经营收益分配关系进行了调整,“交足国家的,留够集体的,剩下的都是自己的”。1987年,国务院批复了某些沿海发达省市就土地适度规模经营进行试验,使得土地经营权的流转突破了家庭承包经营的限制,中国土地流转制度开始进入新的试验期。1999年的《土地管理法》虽然对于农村土地使用权的自由转让依然有比较多的限制,但2003年实施的《农村土地承包法》却从法律层面体现了对于合法土地承包经营权的保护。该法中规定,通过家庭承包取得的土地承包经营权,可以依法采取转包、出租、互换、转让或者其他方式流转。而这部法律的颁布,被人称作中国土地制度的第三次创新。农村土地承包的历史可追溯到1978年年底安徽省凤阳县小岗村实行的包产到户,从那时起我国农村经历三个阶段完成了农村经营体制的根本性转变:由集体劳动到小段包工、定额计酬;由包工到包产;由包产到包干到户,逐步形成和完善了农村集体土地家庭联产承包责任制。1984年中央明确提出了“土地承包期一般确定应在15年以上”。根据这一精神,全国各地农村陆续将土地承包期确定为15年。这是第一轮农村集体土地承包。从1993年到1997年,各地第一轮承包相继到期,中央及时提出了“在原定的耕地承包期到期之后,再延长30年不变”的政策,此后,全国各地农村陆续开展土地延长承包期工作,即第二轮农村集体土地承包。1997年8月中共中央办公厅、国务院办公厅发出《关于进一步稳定和完善农村土地承包关系的通知》(中办发〔1997〕16号),针对第二轮承包工作中出现的问题,重申和进一步明确了有关农村土地承包政策。在《物权法》中已经明确,耕地承包30年到期之后,原有的承包人可以继续承包。十九大报告指出,巩固和完善农村基本经营制度,深化农村土地制度改革,保持土地承包关系稳定并长久不变,第二轮土地承包到期后再延长30年。农村的承包地确权登记颁证,是土地承包关系稳定的基础性工作,2013年中央“1号文件”要求,用5年时间基本完成农村土地承包经营权确权登记颁证工作,妥善解决农户承包地块面积不准、四至不清等问题。通过确权登记颁证把农民的土地承包经营权长期稳定下来,明确它的用益物权的性质,保障农民的财产权利。

中国土地不多,农民数量很多。在农村,承包土地的农户有2.3亿户,平均每户农户承包的土地也就是半公顷左右,所以这是世界上规模最小的农业,也就造成了中国农业生产的成本比较高。截至 2015 年末,全国共有农用地 64 545.68 万公顷,其中耕地 13 499.87 万公顷(20.25 亿亩),园地 1 432.33 万公顷,林地 25 299.20 万公顷,牧草地 21 942.06 万公顷。其中大约有 2 亿亩是不太稳定的,比如它占了林地、草地或者是一些在江河湖泊的水位线以下,涨水了可能会被淹掉等等。在相当长的一段时间,小农户还会占大多数,是整个农业生产的基本面,也是保障国家粮食安全和农产品有效供给的基础,这是我们国家的国情所决定的。中国有 2.6 亿农户,其中 2.3 亿承包农户,家家都有土地。人均耕地几乎世界上最少,我国人均耕地面积仅为 1.38 亩,约为世界平均水平的 40%。户均承包耕地 0.5 公顷,而且分布不均:东北一些地方人均耕地 0.7 公顷,南方一些省份人均耕地不足 0.07 公顷。耕地质量总体偏差,中、低产田约占 67%,且水土流失、土地沙化、土壤退化、“三废”污染等问题严重。宜耕耕地后备资源匮乏,可开垦成耕地的不足 7 000 万亩。所以要通过创新经营体制、发展粮食的规模化生产,来提高粮食的竞争力。

我们国家粮食单产的水平和其他国家比较起来并不低,效益低是因为我们的规模比较小,不足以弥补生产成本的上升。据测算,2012 年,我国第一产业劳动生产率(以现价国内生产总值计算)为 20 321 元/人,第二产业劳动生产率为 101 184 元/人,第三产业劳动生产率为 83 570 元/人。目前,我国农业人口人均耕地 2 亩多,几乎是世界上最少的,大约是美国的 1/200、阿根廷的 1/50、巴西的 1/15、印度的 1/2。我国现有承包农户 2.3 亿户,在今后相当长一段时期内,广大承包农户仍将是我国农业生产经营的重要主体,小规模经营的格局不会根本改变。2004 年我国粮食平均每亩成本收益率已高达 50%,高于工业平均成本利润率 43.75 个百分点,接近工业高垄断行业最高 64%的成本利润率水平。但是由于规模太小,2004 年我国农村劳动力人均粮食纯收益仅为 822 元,仍远低于城镇居民收入。从我国农民收入来源看,种粮收益占农民全部收入的比重一直很低。2003 年我国农村居民家庭农业收入只占总收入的 34%,比 1990 年下降了 16 个百分点。

伴随我国工业化、信息化、城镇化和农业现代化进程,农村劳动力大量转移,农业物质技术装备水平不断提高,农户承包土地的经营权流转明显加快,发展适度规模经营已成为必然趋势。实践证明,土地流转和适度规模经营是发展现代农业的必由之路,有利于优化土地资源配置和提高劳动生产率,有利于保障粮食安全和主要农产品供给,有利于促进农业技术推广应用和农业增效、农民增收,应从我国人多地少、农村情况千差万别的实际出发,积极稳妥地推进。1984 年中央的 1 号文件就已经明确,农民承包的土地在依法自愿有偿的前提下,允许流转。1990 年 3 月,邓小平在谈到农业问题时指出:"中国社会主义农业的改革和发展,从长远的观点看,要有两个飞跃。第一个飞跃,是废除人民公社,实行家庭联产承包为主的责任制。这是一个很大的前进,要长期坚持不变。第二个飞跃,是适应科学种田和生产社会化的需要,发展适度规模经营,发展集体经济。这又是一个很大的前进,当然这是很长的过程。"

党的十八届三中全会提出,坚持家庭经营在农业中的基础性地位,推进家庭经营、集体经营、合作经营、企业经营等共同发展的农业经营方式创新。坚持农村土地集体所有权,依法维护农民土地承包经营权,发展壮大集体经济。稳定农村土地承包关系并保持长久不变,在坚持和完善最严格的耕地保护制度前提下,赋予农民对承包地占有、使用、收益、流转及承包经营权抵押、担保权能,允许农民以承包经营权入股发展农业产业化经营。鼓励承包经营权在公开市场上向专业大户、家庭农场、农民合作社、农业企业流转,发展多种形式规模经营。新型农业经营主体是发展现代农业的主力军和突击队,也是实施乡村振兴战略的重要力量,在推进农业供给侧结构性改革、促进现代农业建设、带动小农户发展等方面,发挥着越来越重要的引领作用。大力培育新型农业经营主体和服务主体,加强农民合作社规范化建设,积极发展农业产业化龙头企业。截至 2016 年年底,全国纳入农业部门名录的家庭农场 44.5 万户,依法登记的农民专业合作社 179.4 万家,各类农业产业化龙头企业 13 万个。

为引导农村承包耕地经营权有序流转、发展农业适度规模经营,2014 年 11 月,中共中央办公厅、国务院办公厅印发《关于引导农村土地经营权有序流转发展农业适度规模经营的意见》。2016 年 11 月,中共中央办公厅、国务院办公厅又印发了《关于完善农村土地所有权承包权经营权分置办法的意见》。"三权分置"指农村土地集体所有权、农户承包权、土地经营权"三权"分置并行。改革开放之初实行家庭联产承包责任制,所有权归集体,承包经营权归农户,称为"两权分离"。现在顺应农民保留土地承包权、流转土地经营权的意愿,将土地承包经营权再分为承包权和经营权,形成所有权、承包权、经营权"三权分置"的格局。"三权分置"是继家庭联产承包责任制后农村改革又一重大制度创新,也是中央关于农村土地问题的又一重大政策。从"两权分离"到"三权分置",从"集体所有、农户承包经营"到"集体所有、农户承包、多元经营","三权分置"展现了我国农村基本经营制度的持久活力。"三权分置"实现集体、承包农户、新型经营主体对土地权利的共享,有利于促进分工分业，让流出土地经营权的承包农户增加财产收入，让新型农业经营主体实现规模收益，是充满智慧的制度安排、内涵丰富的理论创新。“三权分置”是在新的历史条件下，继家庭联产承包责任制后农村改革又一重大制度创新，也是中央关于农村土地问题出台的又一重大政策。

农村土地流转进程加速。截至2011年上半年，全国土地承包经营权流转总面积达2.07亿亩，占承包耕地总面积的16.2%，签订流转合同2 258.8万份，签订率为60%。到2014年6月底，全国家庭承包经营耕地流转面积3.8亿亩，占家庭承包耕地总面积的28.8%，比2008年年底提高20个百分点。农村土地流转加速的背后，是中国农业告别几千年小农经济步入规模化、现代化的现实，我国农业步入规模经营新常态。农村劳动力大量转移，新型农业经营主体不断涌现，土地流转和适度规模经营发展已成为我国农业发展新趋势。截至2016年6月底，全国承包耕地流转面积达到4.6亿亩，超过承包耕地总面积的1/3，在一些东部沿海地区，流转比例已经超过1/2；全国2.3亿农户流转土地农户超过了7 000万，比例超过30%，东部沿海发达省份农民转移多的地区这一比例更高，超过50%；家庭农场、农民合作社、农业产业化龙头企业等新型主体数量已经超过270万家。这些新型主体在推动农业适度规模经营发展、建设现代农业、保障农产品有效供给等方面发挥着越来越重要的作用。

3. 理论依据与分析

土地是“三农”的核心问题，不仅是经济问题，而且事关社会稳定和农村长远发展。要从不断健全和完善社会主义基本制度的高度，认识和推动农村土地改革。在具体实践中，既要坚持基本制度，又要适应市场经济发展的要求，推进土地流转，发展现代农业。我国地域辽阔，区域发展不平衡，推动农业土地流转，需要因地制宜，稳妥进行。土地流转涉及农民的核心利益，要在党和政府的坚强领导下，在实践中解决发展的问题。由于人多地少，中国农业经营规模几乎是全世界最小的，“小农”特征明显。城镇化进程的加快，一方面进一步减少了耕地面积；另一方面，工农业、城乡产业的收入差距更加强化了农民“离农”的步伐。这其中，经营农业的效益低下，规模不经济是主要因素。因此，除了通过调整种植结构，增加经济作物的比重之外，增加粮食作物的经营规模，是一条必由之路。这是由于粮食作物是典型的土地密集型产品，在加入WTO以后，我们必须从全球化的角度，来看待和提高粮食产业的竞争力。为了守住口粮安全的底线，确保粮食作物的生产，就要扩大土地规模。农用地属于集体所有，我国实行的是家庭联产承包经营责任制、统分结合的双层经营体制,因此农用地的所有权、承包权和经营权三权分离,为土地流转提供了坚实基础。在土地流转过程中,除了考虑农民的意愿,还要结合村集体的因素。村集体应支持而不干预农业土地流转,为市场化的土地流转提供优良的环境。

小农经济是我国农业生产经营的主体,但在市场经济条件下,经济效益是农业发展的内生动力,当前粮食生产的收益并不乐观。在计划经济时期,农民城镇化的实质是“弃地”城镇化。在市场经济体制下,“弃地”城镇化的合理性基础已经丧失,有必要让农民“带地”城镇化(李飞　等,2013)。粮食生产的成本利润率、亩净收入、亩利润大大低于蔬菜和水果生产。中国粮食生产效益较低的核心问题是粮农全年总收益较低,主要原因是粮农时间和空间上的不充分就业,提高粮食生产全年收益的根本途径是扩大经营规模,以规模优势来抗衡高价值作物的单位效益优势(李首涵　等,2015)。影响农业生产效益的短板是规模不经济,只有把农场规模扩大到具有农场经济可持续性的底线之上,才有机会再来缓解农业中的一系列其他问题,否则任何农政措施实际上只会治标不治本(何秀荣,2016)。总体上传统家庭承包经营户在加速分化,许多从商品生产者逐渐衰退为生计型小农,而种养大户、农民专业合作社和龙头企业等新型农业经营主体大量涌现,将逐渐发展成为现代农业建设的“主力军”,但仍面临土地稳定流转难、融资贷款难等问题,亟须加大扶持力度(钱克明　等,2013)。与小农户相比,家庭农场劳动生产率显著提升,土地生产率略有下降。家庭农场经营面临过度规模化、雇佣劳动力缺乏、生产成本上涨、经营结构单一、社会化服务落后、议价能力低等诸多风险。家庭农场间成本收益率和人均年纯收入有较大差异,其中土地租赁和雇工费用上的差异是主要原因(张悦　等,2016)。迄今为止,在世界农业发展史上家庭农场模式被证明是农业生产中最有效率的经营模式,但是,家庭农场模式并不等于小生产模式,发达国家在其工业化过程中家庭农场规模呈不断扩大的趋势。经济发展水平、技术进步、制造业—农业工资比及劳动—资本价格比的提高是家庭农场规模不断扩大的主要决定因素。经济发展程度是各国家庭农场规模扩大的基础条件;制造业工资高于农业工资是农村劳动力转移的驱动力,而农村劳动力转移是家庭农场规模扩大的前提条件;随着技术的不断发展,农用机械对劳动力的有效替代,使得家庭农场生产机械化程度不断提高,技术进步成为家庭农场规模不断扩大的有效手段。但是,美国的经验表明,当一国实现了工业化之后,家庭农场规模的变化不再由劳动—资本价格比和制造业—农业工资比决定(郭熙保　等,2015)。要从经济、社会、文化等各方面,综合考虑确定家庭农场的合理规模。

在坚持集体所有制的原则下开展农村土地流转，有利于实现农业集约化、规模化和现代化。但需要厘清的是，集体所有制下的家庭承包经营制使农民实际的土地经营呈现“碎片化”“分散化”“条块化”的特征，这成为阻碍农业规模化和现代化的一人障碍。土地流转有利于生产要素自由流动，为形成统一的要素市场创造条件，刺激农业剩余劳动力的转移，为现代农业建设创造了条件，推动土地规模化集中经营，赋予了农民一定程度的财产权，使农民的基本权益得到保障，为农民增加收入扩大了制度空间，为农民问题的解决提供了制度激励。现有土地制度还存在一些制度设计缺陷，包括农村土地所有权主体虚置，土地所有权人的权益难以得到保障，土地承包经营权的法律地位不稳定，政府对农民社会保障责任缺失，强化了土地的社会保障功能，制约了土地流转(杨守玉　2009)。虽然农民土地使用权的现实变迁与国家政策的演变方向基本一致，但农民土地使用权稳定性的现实状况不容乐观，现实与政策还有一定差距，需要加强既定政策的执行力度(冀县卿　等，2013)。当前农村土地流转中存在着强行政色彩、弱市场因素等共性问题，阻碍了农村土地的有效流转(罗玉辉　等，2016)。农民对土地的依赖程度、村庄资源、农业社会化服务水平以及基层组织的动员能力等，是土地集中流转能否顺利实施的决定性因素。受区位、发展历史等因素影响，各地城镇化、工业化水平不尽相同，很多地区并不具备土地集中流转的条件。土地集中流转在部分村庄的成功，往往得益于区位优势和强大的内外部资源，其经验可能并不具有普适性与推广价值。政府强行干预土地集中流转，既可能造成新的不公，加剧村庄的社会分化与矛盾冲突，也将使不同利益主体面临巨大的经济社会风险。因此，政府的干预应有限度(黄忠怀　等，2016)。要创新土地流转制度，赋予农民土地物权权利，剥离土地的社会保障功能，还原其生产要素属性，建立和完善土地流转市场及相关法律制度。

当前的农地流转总体上呈现出流转比例逐渐上升、流转形式和对象日趋多样的局面。地权稳定性预期是影响农户参与农地流转的重要因素。劳动能力是影响农户农地流转决策的一个重要因素，年龄越大的经营者越愿意转出并且越不愿意转入土地，这是他们劳动能力受限的一个表现，在一定程度上也意味着中国的农业经营者已有老龄化的迹象(黎霆　等，2009)。不同兼业程度农户土地流转意愿存在显著差异，纯农户(非农产业收入占家庭总收入比重小于10%)流入意愿和二兼农户(非农产业收入占家庭总收入比重超过50%)流出意愿相对较强，户主年龄和社会养老保险是影响兼业农户土地流转意愿的决定性因素(张忠明　等，2014)。

生产效率较高的农户更倾向于转入土地，且农户土地流转对其长期生产效率更为敏感,说明土地是从低致率的农户转到高效率的农户(陈海磊　等,2014)。这说明,土地流转是有效率的。实际耕种面积在2公顷以上的稻农的平均技术效率显著较高;发生土地流转的稻农的技术效率高于未发生土地流转的稻农(黄祖辉　等,2014)。当搜寻、解读和利用土地经营权流转政策信息的成本过高,却能够从社会网络信息中获取足够的土地经营权流转信念时,农户仍具有高程度的土地经营权流转意愿,表现出羊群行为。农村土地经营权流转对于农户来说是复杂性决策行为,大部分农户没有足够的能力结合自身情况分析其中的利弊,往往出现盲目跟风、流转后后悔等现象(杨卫忠,2015)。因此,有必要针对不同情况,合理、有效地引导农户,使其做出符合自身效用最大化的土地经营权流转决策。

在追求土地流转效率的同时,有必要强化"农地农用"的约束机制。在流转后农地的经营结构发生了较显著的变化,表现出"去粮化"的趋势(黎霆　等,2009)。农地流转实现了土地的规模化、集约化利用,是实现现代农业、保障粮食安全的前提。但新型农业经营主体的"非农化""非粮化"生产行为已对我国粮食安全构成了新的威胁(曾福生,2015)。为此,需要从粮食生产功能区分类管理、生产体系任务分解等方面构建保障粮食安全的约束机制;从社会化服务、财政补贴、科技支撑等方面构建了"农地农用""农地粮用"的粮食生产激励机制。

4. 思考和讨论题

(1) 土地流转的动力是什么?

(2) 各地在土地流转中有哪些好的做法?

(3) 土地流转的障碍有哪些方面? 如何克服?

案例四:粮食价格改革的市场化探索

(一) 案例介绍

2004年,我国全面放开粮食收购市场和收购价格,粮食价格由市场形成。粮食价格放开后,为保护农民的利益和种粮积极性,2004年、2006年起国家在主产区分别对稻谷、小麦两个重点粮食品种实行最低收购价政策。据国家发展和改革委员会介绍,国家每年综合考虑粮食成本收益、供求情况、市场价格、宏观调控等因素,确定小麦、稻谷各品种最低收购价格水平,并于作物播种前向社会发布,引导农民种植,促进粮食生产。新粮上市后,农民随行就市出售粮食。当主产区市场价格下跌较多、低于最低收购价时,国家指定企业(中储粮公司)按照最低收购价格入市收购,引导市场粮价合理回升。2008年以后,针对粮食生产成本上升较快的情况,国家连续6年提高粮食最低收购价格。2013年稻谷、小麦最低收购价分别提高到每斤1.39元、1.12元,6年累计分别提高0.67元、0.41元,提高幅度分别为92%、57%。2005—2006年、2009年和2012年,国家启动了籼稻最低收购价执行预案,2007年、2012年启动了粳稻预案,2006—2009年、2012年、2013年启动了小麦预案。

粮价平稳上升,农业农民增产增收。在国家稳步提高粮食最低收购价的政策引导和市场调控措施的综合作用下,几年来,尽管国际市场粮价大幅震荡,国内粮价始终保持平稳上升的良好态势,较好地保护了农民的种粮积极性,促进了粮食生产稳定发展。这为增加农民收入、保障国家粮食安全、稳定价格总水平发挥了重要作用。来自物价部门的信息表明,2004—2012年,国际市场粮价年均波动幅度在20%左右,特别是2008年、2012年两次大幅震荡,全年波动幅度在40%以上,而国内粮价始终保持平稳上升的良好态势,原粮收购价格平均每年上涨10%左右,成品粮零售价格年均上涨8%左右,且年度之间、月度之间变化幅度不大。粮食最低收购价是市场"托底价",在充分发挥市场机制主导作用的基础上,引导粮食和其他农产品价格适度上涨,促进了粮食和农业增产、农民增收。全国物价系统农产品成本调查结果表明，2007—2012年，农民种植稻谷、小麦、玉米三种粮食平均每亩现金收益累计增加62%，年均增加10.3%。发展改革委价格司有关负责人表示，粮价是百价之基，粮价稳步上升带动了其他农产品价格合理上升，促进了农民收入较快增长。2007—2012年，农村居民人均纯收入年均增长9.9%，高于城镇居民人均可支配收入增长，增幅为1.1个百分点。

从2014年起，中国对大豆实行目标价格补贴政策

国家发展和改革委员会2014年5月17日宣布，根据今年中央1号文件关于启动东北和内蒙古大豆目标价格改革试点的要求，发展改革委、财政部、农业部联合发布2014年大豆目标价格为每吨4 800元。发展改革委称，实行大豆目标价格政策后，取消临时收储政策，生产者按市场价格出售大豆。当市场价格低于目标价格时，国家根据目标价格与市场价格的差价和种植面积、产量或销售量等因素，对试点地区生产者给予补贴；当市场价格高于目标价格时，国家不发放补贴。

在中国大豆主产区黑龙江省采访了解到，今年(2014年)黑龙江大豆获丰收，但购销市场清淡，大豆价格下跌趋势十分明显。市场观望情绪浓厚。豆农和贸易商期待大豆目标价格补贴细则尽快出台。黑龙江省同江市大豆种植面积在36万亩。同江市街津口赫哲族乡卫明村村民刘刚今年种了120亩大豆，收获的大豆在他家院落里堆成了小山包。刘刚告诉记者，大豆一般年每亩300斤就不错了，今年达到400斤。黑龙江省海伦市素有"中国优质大豆之乡"之称，海伦市乐业乡南阳村王会庆今年种了100多亩大豆。王会庆说，今年大豆收成是近几年来最好的一年。在大豆获得丰收的同时，由于今年中国取消大豆临储政策，实行大豆目标价格新政，目前黑龙江大豆收购价格走低，购销市场冷淡。海伦市天德农副产品经销有限公司经理于春龙说，目前已收购3 000多吨大豆，新豆价格在2.15元/斤，比十一之前下降0.04～0.06元/斤。"我们收上来如果不能及时出手，就得赔钱，因为价格还在降，所以都不敢收。"往年11月中国大豆收购已进入高峰期，目前大豆交售高峰尚未到来。齐齐哈尔讷河市第三良种场豆农景雨说，目前大豆仅卖了一部分，去年同期差不多都卖完了，今年春节前都很难卖出去。

从黑龙江省大豆协会获悉，受低价进口大豆冲击以及内外价差等因素的影响，黑龙江省内绝大多数规模以上的大豆加工企业均处于停产状态。国产大豆需求动能不足，基本维持去年需求水平。多数贸易商和豆农持观望态度。于春龙、刘刚均表示，大豆目标价格补贴细则没有公布，农户的销售价格、品质和产量如何确认，这些均没有基数，且操作难度较大，对未来市场的走向，还需要进一步观察。银行对

收购大豆的信贷也大大减少。农发行黑龙江省分行客户一处处长朱德发说，大豆收购放贷去年农发行放贷130多亿。而今年到目前为止农发行黑龙江省分行只向两三家大豆收购企业放贷，放贷规模在2 000多万元。业内人士预计，由于直补政策细节尚未公布，并且国储大豆储备充足，后期国产大豆价格易跌难涨，还将持续走低。中国豆农和经销商希望尽快出台具体的大豆补贴办法，以保障农民对种植大豆的积极性。

吉林省启动大豆目标价格改革

按照国家统一部署，自2014年起吉林省启动大豆目标价格改革。2014年12月，《吉林省大豆目标价格改革试点工作实施方案》经国务院批准，由国家发改委、财政部下发执行。为了使市场交易各方特别是广大农民，全面、准确了解大豆目标价格改革政策，有关部门对该项政策作出了解读。(1) 大豆目标价格政策的主要内容是什么？吉林省大豆目标价格改革的主要内容：一是在全省范围内取消大豆临时收储政策。政府不干预市场价格，价格由市场供求决定，生产者按市场价格出售大豆。二是吉林省实行大豆目标价格补贴政策。以国家公布大豆目标价格为标准，当市场价格低于目标价格时，根据目标价格与市场价格的差价对生产者给予补贴；当市场价格高于目标价格时，则不发放补贴。三是吉林省大豆目标价格补贴额采取与种植面积挂钩的方式核定。(2) 今年大豆的目标价格是多少？国家公布，2014年大豆目标价格为4 800元/吨，即每斤2.40元。(3) 今年与大豆目标价格对应的市场价格会是多少？大豆的市场价格是在市场中形成的，是通过监测得到的当年10月到次年3月期间全省大豆的平均市场价格，而不是某个种植者出售的具体价格，那么，与大豆目标价格对应的市场价格水平，会在3月底后，国家汇总平均吉林省所有监测点数据后得出结果。(4) 如果启动补贴，会补给谁？大豆目标价格补贴是发放给大豆实际种植者的，而非土地所有者，也就是谁种地谁受益。(5) 依据什么把国家的补贴发放到每个种植者手中呢？依据乡(镇)政府调查统计，建立的种植面积花名册中的统计数据。这个数据由种植者据实申报，村委会(农场)负责登记、核实、公示，报乡(镇)政府核查。但在有些土地上种植的大豆面积不予核定，如国家、省明确退耕的土地上的种植面积；在未经批准开垦的土地或者在禁止开垦的土地上的种植面积。(6) 种植者什么时候能够得到补贴？在相关部门调查、核实大豆种植面积，测算市场平均价格等项工作的基础上，于5月底前将补贴资金足额发放给大豆实际种植者。(7) 种植者怎么领取补贴？通过财政部门建立的资金账户发放。发放程序为各市(州)、县(市)财政部门按照统计部门提供的大豆种植面积，将补贴资金发放给各乡（镇）；乡（镇）财政所按照大豆种植面积调查统计的花名册将补贴资金发放给大豆实际种植者。（8）对种植者来说，同样的种植面积收益水平会一样吗？同样的种植面积得到的补贴是一样的，但收益水平与生产成本、产量及出售价格密切相关。因此，种植者要尽可能降低生产成本，提高大豆品质，并努力抓住市场机遇，争取将自己的大豆卖个好价钱，这样才可确保自己收益更大。

中农办主任解读一号文件：以目标价改破解农产品暴涨

2015年2月4日，陈锡文透露，近年来粮食生产成本快速上涨、价格高企。“我国对小麦和稻谷，政府是实行最低收购价的。如果拿目前的最低收购价和2010年的价格相比，小麦的价格大约提高了60%多，稻谷的价格差不多提高了100%，也就是六七年的时间”。农业生产投入品、劳动力、土地租金等要素成本在近十年来快速上涨，而农产品生产价格的涨幅已经超过了食品消费价格的涨幅。六七年前，每亩土地租金只需要200元，而现在则需支付500～1 000元；这指出一个现象，虽然新型农业经营主体通过规模化种植提高了土地生产率、降低了成本，但是却没有跑赢要素上涨速度，导致农产品成本逐年上升，农产品价格逐年上涨。

价格改革势在必行。农产品价格高企之下，已入库的农产品待抛售，价格居高难下，2014年下半年屡次发生的粮食拍卖流拍现象亦说明这一点。而下游加工行业“空虚”之际，低价进口农产品涌入，致使库存农产品更难售出。陈锡文认为，要解决这个问题，需要实现价格形成机制的改革，目前国际通行的做法是实行目标价格改革。对于已经实行目标价格改革的棉花，此前有调查显示全国平均棉花种植意向下降了25.4%。陈锡文说，“正是采取目标价格改革这样一种办法，实际上使得国内的棉花销售价格是在不断下降。据了解，从种植意愿来说，棉农自己愿意少种一些棉花，去生产别的市场需要的产品，这样会适当减少无效的供给，保证市场供求的平衡。”李国祥表示，当初政府实行最低价收购和临时收储的初衷，是在丰收时避免市场价格下跌过多、农民损失过大。然而，在棉花等产品的托市收购价已经超过以按配额外税率计算的到岸税后价格的情况下，维持或提高托市收购价，收储企业和下游企业都无法承受；下调或维持托市收购价，种植户又会有意见。因此以目标价格取代过去的临时收储、最低价收购势在必行。

中国三大主粮收购价全线下跌，农民收入恐损失千亿元

2015年10月，《华夏时报》的一篇报道称，今年，中国三大主粮收购价全线下跌，这可能会造成农民收入损失千亿元。这篇报道称，今年入秋以来，粮食主产区

的玉米、小麦价格均出现不同程度下跌。玉米价格下跌明显，农户价格平均下跌20%以上，最高跌幅相比去年达30%，而小麦在国庆前也经历了一轮断崖式下跌。水稻今年的行情也不怎么样，多地的数据显示水稻价格稳中有跌。《中国青年报》的一篇报道援引的一组监测数据也显示，截至9月18日，全国小麦市场均价在1.17元/斤左右，比去年同期下滑了8%。全国玉米均价1.06元/斤左右，比去年下调幅度达16%。这与国际粮食价格走势也相一致。世界银行日前发布的一期《粮食价格观察》称，国际市场粮价在2014年8月～2015年5月期间下跌14%，跌至5年最低。这期间，小麦价格下跌18%，大米价格下跌14%，玉米价格下跌6%，大豆价格下跌17%。三大主粮全线下挫这在往年并不多见，《华夏时报》认为，国际低粮价与国内库存积压均被视为本轮粮价下跌的主要原因。《中国青年报》的报道也分析称，我国粮食的产量不断增加，库存量不断增加，但进口量却也不断增加，这样的现象近来越发明显。粮食连年增产，粮食价格却跌至5年最低，粮农不断承受着价格下跌的压力。10月8日，国家粮食局发布的通知也让外界注意到了形势的严峻性。这份通知称："目前我国粮食库存达到新高，各类粮油仓储企业储存的粮食数量之大前所未有，储存在露天和简易存储设施中的国家政策性粮食数量之多也前所未有。"库存大幅增加的同时，粮食进口却仍在增长。中国海关最新统计数据显示，2015年9月份我国谷物及谷物粉进口量为313万吨，1—9月为2 608万吨，与去年同期相比增加81.2%。大豆前9个月累计进口5 964吨，去年同期5 274吨，同比增加13%。艾格农业分析师马文峰在接受记者采访时说，今年要格外重视粮价大跌对数亿农民收入的影响，千亿级的收入负增长会影响到消费市场，预计会影响1%的GDP增长。

2016年粮食最低收购价政策：小麦、稻谷等口粮品种明年继续实行最低收购价政策

国务院总理李克强2015年11月11日主持召开国务院常务会议。会议指出，我国粮食连年增产，今年再获丰收，有力支撑了经济社会发展和民生改善，但也存在库存大幅增加、价格下降等问题。要改革粮食价格形成和收储机制，完善玉米、大豆补贴政策，小麦、稻谷等口粮品种明年继续实行最低收购价政策。

粮价改革共识已成——市场定价、价补分离

中央农村工作领导小组副组长、办公室主任陈锡文2016年1月10日表示，农业供给侧改革将是今年农村改革的大头。今年还要推进粮食供给制度方面的改革，基本的共识已经形成，改革的基本方向就是"市场定价、价补分离"。他指出，当

前粮食问题面临一个突出矛盾是供给结构和需求结构存在明显的偏差。他举例说，“进入 21 世纪以来这 15 年，粮食的生产结构上出现明显的变化：大豆的产量不断降低，但需求增长最快正是供求缺口最大的一个品种；玉米的产量急剧增长，15 年来翻了一番。增产的未必是需要的，减产的恰恰是需求必须满足的。”因此，“中央农村工作会议明确要推进供给侧的结构性改革。明年的农村改革在这方面是一个大头，也是要解决中国农业在自己的道路上实现现代化、提高自己效率的一个非常重要的方面。”陈锡文说。他还透露，今年还要推进粮食供给制度方面的改革，基本的共识已经形成，改革的基本方向就是“市场定价、价补分离”。“价格要由市场来决定，价格不再承担补贴农民的功能，所以价格和补贴分离，这个基本思路大家都已经形成共识，具体怎么向前推进，涉及的问题非常复杂。”他说，总体来看，这一轮的改革至少要实现这样四个重要的目标：一是必须“挡住进口”，这并不是说拒绝进口，而是要国内的市场价格回归到市场需求的水平，能顶住进口；二是不能增加新的库存；三是要搞活市场，实现多元化主体、多渠道流通；四是在改革过程当中维护农民的合理收益。

玉米价补分离只是一个开始！其他农产品改革陆续进行

“围绕玉米进行的改革只是一个开始，对于推进我们整个农产品价格改革将发挥重要作用。”2017 年 3 月 6 日，全国政协常委、全国政协经济委员会副主任陈锡文说，我国有上千个农产品，真正由政府定价的主要是小麦、稻谷、玉米、大豆、棉花、油菜籽这 6 个品种。“新疆的棉花已经按照目标价格方向改革了，大豆的价格机制还会继续调整，长江流域的油菜籽也进行了价格竞争机制改革，去年玉米价格也开始改革。”陈锡文说，那么现在大家更关心小麦和稻谷这两个品种。中央一号文件明确，要坚持和完善小麦、稻谷的最低收购价政策，所以至少今年不会改。但是，陈锡文也特别提示，“必须让农民兄弟了解一点，今年稻谷的最低价是整体往下走的，要从这个价格变化中读懂市场，就是稻谷也存在着供过于求的状况，适当的时候也要进行调整，更加稳妥地向前推进。”玉米价格改革取得了三个明显效果：生产总量调整了、价格合理回归了、农民得到比较合理补偿了。“第一是生产总量调整了。政策出台之后，东北四省区玉米播种面积下降了 10%以上，减少了 2 300 万亩，面积下来了供给就下来了，也就更加符合现在的市场需求。”“第二是价格明显向合理方向回归。收储最低价最高的时候达到平均每斤一块一毛二，2015 年主动调减到一块钱，现在大概平均价在七毛五上下。这个价格是市场可以接受的价格，而且和国际进口玉米及玉米替代品的完税成本价格大体一致。那么进口价就没有优势了,又夺回了自己的市场。""第三是农民得到了比较合理的补偿。实施价补分离政策后,东北玉米价格下降了 25%～30%,但是政府建立了玉米生产者补贴制度,去年补贴了 390 多亿元,平均一亩地可以补贴 150～180 块钱。如果是种自家地的农民,有了这个补贴,还是有赚头;租地的农民,租地价格比较合理的话,大体上也能保本。"很多农产品价格高于国际市场,普遍认为是政府定价的结果,陈锡文说:"无论是最低价也好、零售价也好,其初衷是托底的市场最低价,给农民一个承诺,让农民放心。""但是,自 2008 年第一次开始提高最低价起,慢慢地最低价就不再是一个托底价了,因为最低价包含了对农民补贴的成分。提到后来,东北的玉米零售价,成了东北玉米市场的最高价了,到了这个程度不改革就不行了。"陈锡文说。因此,改革要发挥市场机制的作用,就必须把补贴从价格里拿出来。"拿出来的同时仍然要给农民,只是要换一种方式,就像东北玉米价补分离的改革。"

(二) 案例解析

1. 教学目的与用途

通过本案例的教学,使学生较全面地了解粮食价格改革的基础理论和基本知识;熟悉由来和特征,能够把握粮价变动的特有规律以及政府干预的必要性和适当方式。在教学过程中,注重理论联系实际,运用所学理论知识和方法分析现实问题,及时跟踪学术发展前沿;注重培养学生主动获取知识的能力,加强专题研讨、案例研究和团队项目的内容训练,为学生将来从事相关理论和实际工作打下坚实基础。

2. 背景分析

粮食属于战略物品和特殊商品,特别是对于拥有世界 1/5 人口的中国而言,不能依靠贸易解决粮食安全问题,必须把饭碗端在自己手里。在推进粮食价格改革的进程中,要把发挥市场决定性作用和更好地发挥政府作用,更好地结合起来。"粮贱伤农",就会影响农民种粮的积极性;"粮贵伤民""粮价为百价之基",粮食价格上升不仅增加以农产品为原料的产品价格,还会抬高生活成本,带动整个社会成本水平的提高,不利于整体经济的竞争力。所以,粮食价格不能大起大落,保持粮价的平稳运行,对于国民经济和社会的平稳运行至关重要。

在加入世界贸易组织背景下,不能再采用扭曲市场的保护价收购政策。与此同时,我国进入了社会主义市场经济发展的新阶段,市场在资源配置中发挥决定性的作用。因此,即使在政府介入较多的粮食市场,也要树立市场的主导作用,同时要发挥好政府的作用。我国对农业实行支持保护的时间并不长,可以说尚处于探索阶段。1998年,中国即将加入WTO,根据其农业协定,成员须按规定口径通报本国农业国内支持水平,即政府用于农业的财政支出。由此,"农业支持保护"一词进入人们的视野。2006年,全面取消农业税、屠宰税、牧业税和农业特产税等。截至2015年,"四补贴"的总量已经达到1 600多亿元。2004年国家开始实施种粮农民直接补贴、良种补贴和农机购置补贴;2006年针对化肥价格大幅上涨、种粮成本增加的情况,又实施了生产资料价格综合补贴。

2004年,全面放开粮食收购市场和价格,积极稳妥推进粮食流通体制改革。目前,粮食购销市场化和市场主体多元化的格局基本实现,以市场供求为基础的粮食价格形成机制逐步建立,统一、开放、竞争、有序的粮食市场体系初步形成。加快国有粮食企业改革,转换经营机制,提高企业市场竞争能力,在粮食收购中继续发挥主渠道作用。农产品流通政策的目标包括稳定农产品市场供给和市场价格;维持生产者的价格水平,保证农民收入稳定或降低消费者的食品支出价格,保护消费者的利益;保护国内农产品市场和农业生产;增加农产品出口,获取更多外汇收入;增加国家财政收入和促进工业化进程。

我国农业尤其是粮食生产的成本高、效益低,价格缺乏国际竞争力。多年的经济高速增长,带动了土地、资金、劳动力等要素价格的快速上涨,导致农业生产成本持续攀高。2015年国内玉米产量总体上已经供过于求,当年进口95亿斤玉米,还进口大麦、高粱、木薯干(粉)、玉米干酒糟等玉米替代品约750亿斤,玉米出现了产量、进口量、库存量"三量齐增"的反常现象。2016年1月30日,中农办负责人陈锡文表示,是粮食总供求失衡,价格下跌,进口和库存都创新高,需要调整农业生产结构。国内外粮食价格倒挂,而且出现了粮食产量、进口量和库存量三量齐增的复杂现象。国内粮食供给的品种结构和市场需求的品种结构存在着不适应的方面,比如说有的品种例如大豆,市场需求增长很快,但国内生产满足不了对大豆的需求。粮食产需矛盾引发进口。大概国内的供求缺口在400亿～500亿斤,需求大于供给,也就是说必须通过国际市场进口一部分粮食。针对国内外粮价倒挂情况,从2014年开始,中央政府已经对一些重要农产品价格形成机制进行改革。2014年新疆的棉花以及东北和内蒙古的大豆实行了目标价格改革,2015年夏天在长江流域实行了对油菜籽收储制度的改革,2015年9月份明确提出了对玉米临时收储价格的调整,需要研究怎么让价格的形成回归市场。应当明确的是,价格应由市场决定,同时政府必须保障农民获得合理收益。

农产品的价格完全由市场形成,没有政府定价项目。政府为了保护农民生产积极性，提高农民收入，采取了一些价格干预。现在稻谷、小麦实行的是最低收购价政策，棉花和大豆实行目标价格补贴办法，生猪也制定了市场价格调控预案。粮食等重要农产品价格形成机制和收储制度改革，总的改革思路是“分品种施策、渐进式推进”。从2007年开始实行了玉米的临时收储价，2008年开始实行大豆的临时收储价，这两个品种的临时收储价都只在东北三省和内蒙古东北地区实行，其他地区对这两个品种没有临时收储价。过去，玉米实行临时收储制度，2016年就取消了，实行“市场定价、价补分离”改革，对农民进行生产者补贴。玉米收储制度实际上是2007年制定的政策，为了保证农民能够有个比较好的收益，每年在玉米上市之后，政府制定一个玉米的临时收储价格，对农民的玉米由国有的粮食部门实行收储的办法，每一年收储价格都有所提高，保障农民的收入，也调动了农民生产玉米的积极性，所以这些年玉米的增产非常快，玉米也成为中国五个粮食品种中数量最大的一个品种。伴随玉米临时收储价格不断地提高，国内的加工企业和饲料企业都不用国内的玉米做原料。导致“国货入库、洋货入市”，直接后果是国内政策性玉米库存越来越庞大。2016年下决心要实行“市场定价、价补分离”改革，给农民直接补贴。农民种玉米的基本收益可以得到合理保障的。过去的收购价是不可持续的。

小麦和稻谷是口粮，重要性和玉米不一样。粮食价格的形成应当贴近市场，同时要兼顾农民的合法收益。这是我们未来形成中国粮食价格的一个非常重要的原则。从2004年开始我们对稻谷和小麦的主产区实行了最低收购价的政策，至今还在实行中。小麦和稻谷要坚持和完善最低收购价政策，合理调整最低收购价水平，形成合理比价关系。要让今后价格更加准确的体现市场供求关系。无论怎么改，必须要保护农民种粮的积极性，必须要保护地方重农抓粮的积极性，必须要保障农民种粮的基本收益。

无论是最低收购价，还是临时收储价格，一定程度上是把价格和补贴合在一起，把价格和补贴分开之后，价格主要是由市场形成，市场主体才会活跃。过去把补贴和价格弄在一起，价格就高于市场价，于是粮商粮贩、加工企业就不活跃了。把价格和补贴分开之后就可以激活市场，农民按市场价卖粮，经营主体按市场价收粮，这样就把粮食市场搞活了。“价补”分开，贴近市场的价格，价格的形成机制是贴近市场，注意保护农民的合理的利益。

从2014年开始，中央政府已经在一些重要的农产品上开始实行了目标价格的改革制度，比如新疆的棉花以及东北和内蒙古的大豆。实行目标价格改革，这也是国际上通行的办法,政府颁布一个目标价格,但实际的市场价格,是根据全球、全国的供求关系形成的均衡价格,农民按照市场价格去销售,中间差的一块,由政府进行补贴。

关于目标价格运行的机理,补贴是一种最终的表现方式。最根本的就是价格要由市场决定,在这个过程中按照农民的种植成本加基本收益,确定一个目标价格。按照这个原则2014年确定的新疆棉花目标价格为19 800元/吨。国内的棉花价格是14 000元/吨,差价是5 800元/吨,就是应该补贴给农民的金额。当然,最后市场价格是14 000元/吨还是15 000元/吨,要根据农民交售棉花9月、10月、11月三个月的平均价格计算实际价格,目标价格与实际价格的差距就是我们应该发放给农民的补贴额。这个补贴不是每年发,当市场价格低于目标价格时,差额是发给农民的;当市场价格高于目标价格时,国家不发补贴,这就是我们现在实行目标价格制度跟以前的临时收储政策的重要区别。

2014年12月31日,《国务院关于建立健全粮食安全省长责任制的若干意见》指出,2004年我国全面放开粮食购销市场以来,各地区按照党中央、国务院的决策部署,积极履行粮食生产、流通和储备责任,粮食工作总体情况较好。但是,随着国内粮食生产实现"十一连增",一些地方存在放松粮食生产、忽视粮食流通、过度依靠中央的现象,自觉承担维护国家粮食安全责任有待进一步加强。为加快构建国家粮食安全保障体系,进一步明确地方政府维护国家粮食安全的责任,就建立健全粮食安全省长责任制提出意见。包括强化粮食安全意识和责任、巩固和提高粮食生产能力、切实保护种粮积极性、管好地方粮食储备、增强粮食流通能力、促进粮食产业健康发展、保障区域粮食市场基本稳定、强化粮食质量安全治理、大力推进节粮减损和健康消费、强化保障措施和监督考核等十个方面。

3. 理论依据与分析

2004年以来,我国粮食宏观调控政策在调动农民种粮积极性、促进粮食生产稳定发展、维护粮食市场稳定、保障粮食安全等方面发挥了重要作用。然而,调控政策目标的两重性加大了政府对粮食市场调控的难度;粮价上涨的预期也隐含着较高的市场风险,高额的国内外价格差使我国承受着巨大的进口压力(谭砚文等,2014)。因此,需要构建以市场配置粮食资源为主、政府宏观调控为辅的粮食市场调控机制。粮食价格调控,还存在政府失灵的问题。2005年以前世界市场粮食价格上升的原因是过去近40年粮食生产较快增长导致实际价格下降,进而降低了粮食增长速度,而长期积累的库存扭曲了市场价格信号,延缓了农民、公共部门和科技工作者的反应;2007—2008年粮食价格暴涨暴跌的直接原因则是热钱的投机;粮食危机的本质是收入问题而不是价格问题,因此政府应该用收入政策取代价格管制(钟甫宁,2009),逐步改变之前实施的最低收购价政策,更大力度发挥市场对资源配置的决定性作用。

实行"托市收购"后,国内粮食市场面临着价格刚性化、国内外粮价倒挂和下游加工业成本高企等突出问题,以直接收入补贴为特点的目标价格符合中国粮食价格支持制度的改革方向。然而,粮食生产与流通的复杂性,使实行这一制度存在着技术操作和风险防控两大难题,应该在坚持"市场引导、护民兴粮、试点先行、简便易行"的基本原则下,从完善基础数据信息、建立"三价一储备"多元价格支持体系以及灵活运用粮食期货市场等方面来寻求突破和创新,加快建立中国的粮食目标价格制度(詹琳　等,2015)。严重扭曲市场的农产品价格支持政策难以为继。2014年,国家启动了新疆棉花目标价格改革试点。棉花目标价格改革试点完善了棉花价格形成机制,保护了试点区棉农的利益,稳定了新疆棉花生产,基本达到了预期改革目标。但是,研究也发现,目前的棉花目标价格改革试点也存在许多问题:财政成本和风险巨大;政策执行成本高昂;影响地方政府的日常中心工作;容易滋生腐败现象和引发社会不稳定(黄季焜　等,2015),政府要慎重出台目标价格政策;如果要执行目标价格政策,其政策目标应以抵御市场价格风险为主,实施产品不宜过多,政策实施与操作须进一步完善。

最低收购价格和临时收储价格刚性提高,国内外价格长期"倒挂"。2014年,政府启动东北和内蒙古大豆、新疆棉花目标价格补贴试点。目标价格补贴政策作为一项过渡政策,合理性表现为:一是政府不干预市场价格,企业按市场价格收购,有利于恢复国内产业的市场活力,提高国内农产品的市场竞争力;二是将政府对生产者的补贴方式由包含在价格中的"暗补"变为直接支付的"明补",让生产者明明白白得到政府补贴,这有利于减少中间环节,提高补贴效率;三是充分发挥市场调节生产结构的作用,有利于使效率高、竞争力强的生产者脱颖而出,提高农业生产组织化、规模化程度,激励农业技术进步,控制生产成本;四是有利于保护环境。由于历史原因,我国普遍存在"黑地"现象,特别是北方地区,许多"黑地"占用的是林地、草地等不适合耕种的土地。目标价格补贴发放的依据是目标价格与市场价格的差价和种植面积、产量或销售量,这些指标都要以统计部门公布的数据为基础;如果执行方式可行,农民种"黑地"的积极性降低,贫瘠的土地渐渐退出生产(卢凌宵　等,2015)。日益严重的粮食高库存、进口激增等问题凸显了改革临储等粮价政策的紧迫性。目前我国粮价政策调整的倒逼机制已经形成,正处于改革的重要关口。2015年调低临储价格属于过渡性调整,虽然有利于保护种粮农民利益,但可能无助于缓解当前玉米高库存问题,政策调整远未到位。与此相反,若不及时采取配套措施,2015年玉米库存可能会继续增加,而且还可能引发更加严峻的新问题。程国强(2016)建议按照“定向施策、价补分离,创新调控、综合配套”的思路,采取“退出粮价支持”+“种粮收益补贴”组合改革方式,创新粮食调控体系,用两三年时间使粮价调整到位,形成以市场定价为基础的粮食价格形成机制,以直接补贴为主体的农民利益保护机制。要当机立断,按“分类处置、分期消化”的思路,降价销售处理粮食临储库存。

4. 思考和讨论题

(1) 最低收购价、目标价有什么区别?

(2) 为什么要推进玉米“价补分离”?

(3) 小麦和稻米的价格改革会有哪些突破?

案例五：农业污染与治理前景

（一）案例介绍

农业部：当前中国农业面源污染问题比较严重

2012年7月30日，农业部副部长张桃林就农业面源污染相关情况答记者问时指出，当前中国农业面源污染问题比较严重。农业面源污染发生在农业和农村区域，没有明确排污口，主要借助降雨或排水将地表存留的有机物、肥料、农药等带入水体，引起水体污染。2007年全国农业源的化学需氧量(COD)排放达到1 320万吨，占全国排放总量的43.7%，农业源总氮、总磷分别为270万吨和28万吨，占全国排放总量的57.2%和67.4%。这些数据说明当前中国农业面源污染问题比较严重，值得引起高度重视。农业(种植业、畜牧业和水产养殖业)的集约化程度不断提高，客观上带来了化肥、农药、农膜等农用外部投入品使用量的增长以及畜禽粪便、秸秆等农业废弃物的增加。

中国农业污染总量超过工业

2015年4月，中国农村环境正拉响警报。一方面，工业和城市污染正向农业农村转移排放；另一方面，来自农业本身的污染也相当惊人：化肥、农药等农业投入品过量使用，畜禽粪便、农作物秸秆和农田残膜等农业废弃物不合理处置，曾经的“田园净土”正经历各类污染的侵害。目前，农业已超过工业成为我国最大的面源污染产业。“农业面源污染量大类多、分布广，总体状况不容乐观。”农业部副部长张桃林说。据环境保护部和国土资源部此前公布的《全国土壤污染状况调查公报》，全国土壤环境状况总体不容乐观，部分地区土壤污染较重，耕地土壤点位超标率为19.4%，主要污染物为镉、镍、铜、砷、汞、铅、滴滴涕和多环芳烃。专家指出，“看不见”的重金属污染，正在扮演农产品质量安全的“隐形杀手”，不仅可能影响到农田和农村周边环境，也让普通消费者对农产品质量安全产生疑虑。“除了工业废弃物排放造成的土壤重金属污染，农业化学品的大量投入会导致土壤中养分、重金属以及有毒有机物富集引起的土地污染，直接威胁农产品质量安全。”中国农业大学教授张福锁说。在西北干旱地区，覆膜可以控温保墒，具有显著的增产效果，是我国旱作农业的一项核心技术。然而，由于超薄地膜的长期使用并缺乏回收机制，大量地膜一揭就碎，残留在农田里，“白色革命”带来了“白色污染”。甘肃省通渭县李家店乡一位在田里捡拾地膜的村民告诉记者：“这些膜要是烂在地里，过几年庄稼就长不出来了！”西部干旱地区的白色污染只是农业面源污染的一个方面。根据农业部的一份调查，全国一些省份存在的农业面源污染问题具体表现在：中东部省份主要是化肥、农药过量施用造成水体环境富营养化，南方省份主要是畜禽和水产养殖过程中的排泄物对土壤和水体环境造成的污染。“这些年来，中国化肥、农药用量相当大，生产和使用量都是世界第一。但是化肥、农药的利用率比世界发达国家却低15%到20%左右，降低使用量、提高利用率势在必行。”中国社科院农村所研究员李国祥建议。“关键是要转变农业生产理念和生产方式。”农业部环境保护科研监测所所长任天志表示，过去粮食生产的压力很大，各地在具体操作中可能不惜任何代价以取得最高的产出。这种不惜环境代价来实现农业增长的理念必须转变，要杜绝欠新账，逐步还旧账，真正实现可持续发展。

化肥施用现状

2013年化肥生产量7 037万吨，农用化肥施用量5 912万吨。专家分析，我国耕地基础地力偏低，化肥施用对粮食增产的贡献较大，大体在40%以上。当前我国化肥施用存在四个方面的问题：一是亩均施用量偏高。我国农作物亩均化肥用量21.9公斤，远高于世界平均水平（每亩8公斤），是美国的2.6倍、欧盟的2.5倍。二是施肥不均衡现象突出。东部经济发达地区、长江下游地区和城市郊区施肥量偏高，蔬菜、果树等附加值较高的经济园艺作物过量施肥比较普遍。三是有机肥资源利用率低。目前，我国有机肥资源总养分7 000多万吨，实际利用不足40%。其中，畜禽粪便养分还田率为50%左右，农作物秸秆养分还田率为35%左右。四是施肥结构不平衡。“重化肥、轻有机肥”“重大量元素肥料、轻中微量元素肥料”“重氮肥、轻磷钾肥”的“三重三轻”问题突出。传统人工施肥方式仍然占主导地位，化肥撒施、表施现象比较普遍，机械施肥仅占主要农作物种植面积的30%左右。

施用农药现状

农药是重要的农业生产资料，对防病治虫、促进粮食和农业稳产高产至关重要。但由于农药使用量较大，加之施药方法不够科学，带来生产成本增加、农产品残留超标、作物药害、环境污染等问题。多年来，因农作物播种面积逐年扩大、病虫害防治难度不断加大，农药使用量总体呈上升趋势。据统计，2012—2014 年农作物病虫害防治农药年均使用量为 31.1 万吨，比 2009—2011 年增长 9.2%。2016 年已在全国实现农药使用量零增长。

农业部部长韩长赋谈农业环境问题

2017 年 3 月 7 日，农业部部长韩长赋答中外记者的提问时提出，农业的环境问题已经成为一个突出问题，摆在我们面前。2015 年，我们提出并打响了农业面源污染防治攻坚战，提出“一控两减三基本”的目标。所谓“一控两减三基本”，就是控制农业用水总量，减少化肥和农药使用量，实现畜禽粪便、废旧农膜、秸秆等得到基本处理，主要是资源化利用。经过努力，效果还是比较明显的。2016 年，已经在全国实现了农药使用量零增长，这也是第一次，以后还要降。化肥使用量接近零增长，因为化肥一直是增加的，有些省化肥使用量已经实现了零增长。粪污的处理和利用率也从 2012 年的 50%达到了去年的 60%。下一步，要推动开展五大专项行动。第一个行动是畜禽粪污治理行动。去年，习近平总书记主持召开的中央财经领导小组会议讨论了六件关系民生的事情，其中一件就是养殖业的粪污处理。怎么改善民居环境？我们的目标是从今年开始，一年试点、两年铺开、三年大见成效、五年全面完成。就是说，要经过五年的努力，使全国的规模养殖场粪污都能无害化、资源化利用。今年我们采取几项措施：一是首先在 100 个畜牧养殖大县开展试点。二是正在研究出台制度性措施，就是规模养殖场必须承担治理污染的责任，把它作为一个市场准入，当然国家会支持建设这方面的设施和开展处理工作。三是在财政上采取先建后补，支持第三方治理等措施，进行粪污收集、储存、运输、处理，包括怎么样把它施用到农田里去的一些措施。第二个行动是果菜茶有机肥替代化肥行动。我们化肥用得多，主要是园艺作物用得多，水果、蔬菜、茶叶这些园艺作物化肥用量占比达到了总用量的 40%，就是大概 40%用于园艺作物，40%不到用于粮食和大田作物，还有接近 20%用在绿化、工业方面。所以，推进这些方面的化肥减量是一个重点。另外，大家最关心的是菜篮子产品、水果、蔬菜，我们把它们作为农产品质量提升的抓手。今年，首先在果菜茶的核心产区、知名品牌的生产基地来推广，力争到 2020 年使果菜茶的化肥施用量比目前减少 50%以上。第三个行动是东北地区秸秆处理行动。东北是玉米主产区，东北人讲，苞米秆子漫山遍野，怎么处理？我们进行专项研究，通过机械化还田，支持开展饲料化、基料化，比如搞食用菌，还有能源化，比如支持秸秆发电，支持企业探索产业化的利用机制。第四个行动是以长江为重点的水生生物保护行动。大家都知道，长江经济带发展是我国新的发展大战略，习近平总书记强调要把修复长江生态环境摆在压倒性位置，共抓大保护、不搞大开发，就是首先要保护环境、保护生态。这些年来，长江的水源生态、鱼类生态还存在很多问题，渔业的过度捕捞、运输方面的采矿、工业污染等都对水生生物有影响。从农业方面来说，要完善休渔禁渔制度，推进渔民转产转业。从今年开始，率先在长江流域水生生物保护区实行全面禁捕，然后在长江干流和重要支流进行全面禁捕；在通江湖泊和其他重要水域实行限额捕捞制度。第五个行动是农膜回收行动。在一些地区减少地膜使用，推广使用适当加厚、便于机械化回收的地膜，同时采取以旧换新的财政补助政策，鼓励农民回收地膜。总之，农业生态环境问题关系农产品质量安全、关系城乡居民的居住环境，也关系农业的可持续发展，我们会放在突出位置，采取切实、有效、可操作的措施，来努力加以解决。

(二) 案例解析

1. 教学目的与用途

通过本案例的教学，使学生较全面地了解农业面源污染的基础理论和基本知识；熟悉农业污染的由来和特征，能够把握农业污染治理的特有规律以及政府干预的必要性和适当方式。在教学过程中，注重理论联系实际，运用所学理论知识和方法分析现实问题，及时跟踪学术发展前沿；注重培养学生主动获取知识的能力，加强专题研讨、案例研究和团队项目的内容训练，为学生将来从事相关理论和实际工作打下坚实基础。

2. 背景分析

1987 年，以布伦特兰夫人为主席的联合国世界与环境发展委员会发表了一份报告《我们共同的未来》，正式提出可持续发展概念，把可持续发展定义为“既满足当代人的需要，又不对后代人满足其需要的能力构成危害的发展”。

农村面源污染比较严重。根据 2014 年全国土壤污染状况调查公报，全国土壤点位的总超标率达到 16.1%，耕地点位超标率 19.4%，土壤镉超标率 7.0%，重污染企业及周边土壤超标点位 36.3%，固体废物集中处理处置场地土壤超标点位 21.3%。在农业生态环境保护方面，“重发展、轻保护，重城市、轻农村，重工业、轻农业，重点源、轻面源”的情况较为普遍，化肥、农药的过量和违规使用，污染土壤和水体；农膜、秸秆、农药包装废弃物多采用焚烧方式，严重污染环境。其次，随着工业化的推进，工业污染也在向农村转移，污水废气的排放，导致大气、水、土壤的污染严重，威胁着农民及农业的安全。资料显示，由于化肥、农药及农膜等生产资料的过量投入和不当处理方式，目前农业已超过工业成为我国最大的面源污染产业。

农业是高度依赖土、水、气候等自然资源的产业，其产品生产周期长，自然风险高，市场风险大。农业资源环境约束日益趋紧。化肥、农药过量施用，畜禽粪污排放，农膜等废弃物残留，造成严重的农业面源污染，资源开放强度过大，弦绷得越来越紧，生态环境严重受损，承载能力越来越接近极限。中国耕地的土壤质量呈下降趋势。全国耕地有机质含量平均已降到1%，明显低于欧美国家2.5%～4%的水平，土壤侵蚀、盐碱化和荒漠化造成的土壤退化约占土地面积的40%，东北黑土地带土壤有机质含量由刚开垦时的8%～10%已降为目前的1%～5%。中国耕地的土壤结构呈现为多氮缺磷少钾，缺钾耕地面积已占耕地总面积的56%，50%以上的耕地微量元素缺乏，70%～80%的耕地养分不足，20%～30%的耕地氮养分过量。2005年氮肥、磷肥、钾肥、复合肥施用量分别相当于1980年的2.4倍、2.7倍、14倍和48.3倍。化肥的国际标准，安全上限是每公顷225公斤，现在我们国家用的是大于400公斤，是国际安全上限标准的1.93倍，小麦、水稻用肥量大大高于世界平均水平。我国化肥的使用量占全世界的1/3，而利用率仅为33%。通过测土配方施肥可以减少不合理的施肥，2007年测土配方施肥项目区共减少不合理施肥110万吨(折纯)，降低了农业的污染，一定程度上缓解了化肥供应的压力。

畜禽粪污是农业面源污染的一个最大的来源，在COD里面大概占到90%以上。我们现在饲养生猪12亿头，每年出栏7亿头左右，而且现在规模化养殖的速度比较快，规模化养殖500头以上的，可以达到40%左右。规模化养殖之后，做得好可以集中处置，提高利用效率，提高产业化水平，但是如果处置不当，或者配套设施跟不上，那么可能甚至会产生环境事件。高密度的畜牧业生产和工业化，增加了畜牧患病、新抗生素耐药疾病以及动物粪便污染的可能性。畜禽养殖由过去的分散经营、饲养头数少、主要分布在农区转变为现在的集中养殖、饲养数量多、分布在城市郊区和新城区。规模化畜禽养殖造成的有机污染相当于全国工业污染的总量，成为最严重的污染问题之一。

农业资源环境是农业生产的物质基础，也是农产品质量安全的源头保障。目前，我国农业资源环境遭受外源性污染和内源性污染的双重压力，已日益成为农业可持续发展的瓶颈约束。一方面，由于工矿业和城乡生活污染向农业转移排放，导致农产品产地环境质量下降和污染问题日益凸显；另一方面，在农业生产内部，由于化肥、农药等农业投入品长期不合理过量使用，以及畜禽粪污、农作物秸秆和农田残膜等农业废弃物不合理处置等，形成的农业面源污染问题日益严重。秸秆的问题还是比较突出的。秸秆如果不能得到有效处置，秸秆焚烧导致的环境问题比较严重。这些都加剧了土壤和水体污染,以及农产品质量安全风险。

我们农膜使用量是 250 万吨,其中地膜是 140 万吨。但是地膜残留在土壤里,一方面影响土壤的结构,包括土壤的养分、水分,还有土壤的通透性,另外还有一些动物的误食中毒这种现象。本来“白色革命”是为了大力促进生产发展,但却导致了白色污染问题确实是非常严重的。

农药是一种特殊的生产资料,对于保障农产品免受病虫害侵害,保障农产品稳定增产发挥着重要的作用。与此同时,农药有两面性,是影响农产品质量安全和环境生态安全的重要因素,使用不当或未严格农药安全生产和环境保护,可能造成农药残留超标或增加社会和环境的风险。特别是近年来,农药尤其是高毒农药,对农产品质量安全的影响日益成为社会关注的焦点。农药主要包括杀虫剂、除草剂、杀菌剂和植物生长调节剂。近代农药在世界上有 150 年历史,起源于第二次产业革命。我国的农药真正发展开始于 20 世纪 50 年代,1950 年农药产量 500 吨,1960 年农药产量 1.6 万吨,1985 年农药产量 21.1 万吨,1995 年农药产量 41.7 万吨,2005 年农药产量 114.7 万吨。1999 年以前,杀虫剂占农药产量的 70%以上,2005 年杀虫剂所占比例不足 40%;除草剂在农药产量中的比例,1985 年为 8.5%,1995 年为12.7%,2005 年为 26.3%。2010—2014 年全国农作物农药年使用量为 31 万吨(折纯),单位面积用药量偏高,利用率偏低。我国农药利用率跟发达国家比较,我们还有较大差距。解决这个问题,主要是要通过新型的高效低毒低残留的农药,包括生物农药的研制,和农药统防统治技术相结合。

《中华人民共和国农业法》规定,各级农业行政主管部门应当引导农民和农业生产经营组织采取生物措施或者使用高效低毒低残留农药、兽药,防治动植物病、虫、杂草、鼠害。

农产品采收后的秸秆及其他剩余物质应当综合利用,妥善处理,防止造成环境污染和生态破坏。全国秸秆的总量在 7 亿~8 亿吨,现在只有 40%左右能够处理,还有一多半没有得到处理。有几个难点,一是量广面大,非常分散;二是处理方法上缺乏特别有效的技术和政策,以便处理得既经济又合理。这些年相关部门都做了大量的工作,其中一个重要方向是就地转化,秸秆还田,在收割的过程中通过在机械后面加上秸秆还田的装置。

2015 年 4 月,农业部制定出台了《农业部关于打好农业面源污染防治攻坚战的实施意见》,明确要求加强组织领导、强化工作落实、加强法制建设、完善政策措施、加强监测预警、强化科技支撑、加强舆论引导、推进公众参与,确保到 2020 年实现“一控两减三基本”（“一控”是指控制农业用水总量和农业水环境污染，确保农业灌溉用水总量保持在3 720亿立方米，农田灌溉用水水质达标。“两减”是指化肥、农药减量使用。“三基本”是指畜禽粪污、农膜、农作物秸秆基本得到资源化、综合循环再利用和无害化处理）的目标，有效保障我国粮食供给安全、农产品质量安全和农业环境特别是产地环境的安全，促进农业农村生产、生活、生态“三位一体”协同发展。

农业面源污染是个长期累积的问题，有其特殊性和复杂性，不可能在一朝一夕得到完全解决，需要长时期的不懈努力。2015年7月，国务院办公厅印发《关于加快转变农业发展方式的意见》，提出实施化肥和农药零增长行动。坚持化肥减量提效、农药减量控害，建立健全激励机制，力争到2020年，化肥、农药使用量实现零增长，利用率提高到40%以上。

3. 理论依据与分析

我国在城市环境日益改善的同时农村环境污染问题却越来越严重。与点源污染不同，农业面源污染具有分散性、隐蔽性、难以监测、随机性和不确定性等特点。控制和解决农业面源污染不仅仅是技术问题，也是社会经济问题，更是发展问题，需要多学科综合解决。“追求增长”的发展观、“城乡二元经济社会结构”、农业面源污染的负外部性、治理成本高及多元化的农户生产行为是造成农业面源污染的主要原因（饶静　等，2011）。农业污染加重，表现为农用化学品的过量和不合理使用，利用率低，残留严重。工矿污染凸显，表现为乡镇“工业三废”剧增，有毒有害的污染物超标排放。生活污染加剧，表现为产出量增加、成分复杂化、处理率低。畜禽养殖污染增加，表现为粪尿、污水产出量大，随意堆放，恶臭四溢、蚊蝇滋生。畜禽养殖是一个污染物排放量巨大的行业。水污染日趋严重，表现为河水水质恶化，部分农村饮用水不卫生。农村生态失衡，表现为水土流失日趋严重，土地荒漠化加速扩展，植被受损。

当前农村环境问题加重的原因，包括环境意识淡薄，是造成农村环境问题加剧的思想根源；粗放型的经济增长方式是造成农村环境污染加重的根本原因；政府投资严重不足、环保设施匮乏是造成农村环境问题加重的基础原因；农村环保机构不健全是造成农村环境问题加重的体制原因；农村环保法律法规缺少是造成农村环境问题加重的制度原因（刘兆征，2009），提高环境保护意识是解决农村环境问题的关键；转变农村经济增长方式是解决农村环境问题的根本；按照“公共服务均等化原则”加大农村环保投入、改善农村环保设施是解决农村环境问题的基础；重视农村环境管理机构建设、培育农村民间环境保护组织是解决农村环境问题的组织保障;建立独立的农村环保法制体系是解决农村环境问题的制度保证。

当前,中国农村的生态环境问题日益严重。通过对苏北、苏中和苏南三个地区的农民环境意识的调查发现,江苏省不同地区农民环境意识的差异性与地区经济发展的不同阶段相关联;农民环境意识的薄弱和环境知识的贫乏,与农民受到的环境教育程度较低相关;农民环境意识与其环境行为之间存在不一致性(周锦　等,2009)。从苏州市的问卷调查情况看,村民的环境知识掌握程度、环境态度的积极程度、环境行为的自觉程度三者之间不总是一致的。环境知识掌握程度较差的是40岁以上的群体、女性群体和高中以下文化水平的群体。环境态度积极程度以及环境行为自觉程度较差的是40岁以下的群体、男性群体、高中以下文化水平的群体;各个群体获取环境知识的渠道以及关心环境的目的不同,是造成这种差异的主要原因(宋言奇,2010)。要在普遍提高农民环保意识的基础上,加大对不同群体更有针对性的环保知识教育。

农业已经成为水体污染物排放的重要来源。从表面上看,农户过量使用化学投入、不合理处置畜禽粪便等行为是农业面源污染的直接原因,但是从农业行为到面源污染中间有较为复杂的转化过程。传统农耕文化的迅速瓦解、制度环境、农业经营方式、市场的逆向激励等因素都是面源污染产生的制度原因(金书秦　等,2013)。客观认识农业面源污染产生机理、制度背景以及存在的长期性与治理的艰巨性,有助于制定科学合理的应对之策,完善的制度设计与环境友好型技术进步是未来农业面源污染防治的有效路径。

我国耕地和农产品重金属污染形势严峻,工业排污是重要来源之一。通过对第一次全国经济普查和近期全国规模以上工业企业数据的分析,发现我国农村地区重金属污染企业数量多、增长快、技术水平低、布局分散(李玉红,2015)。土壤重金属污染具有不可逆性,各级政府必须彻底转变"先污染、后治理"的常规思路。重金属污染企业须集中布局,从源头上扭转土壤重金属污染的扩散态势;加强对企业重金属污染排放的监测,激励企业通过治污革新技术工艺;治理农村污染须多部委协作和地方政府切实转变发展观念。

农业经济规模扩大、农业结构中养殖业比重上升和种植业比重下降、种植业结构中经济作物比重上升和粮食作物比重下降以及农村人口规模扩大均会增加农业面源污染物排放量。但是,农业技术进步以及农业面源污染治理政策的实施却能够有效降低农业面源污染物排放量,这说明,农业经济增长与环境质量相互协调是可以实现的(葛继红 等,2011)。农村环境问题主要来自农村内部,主要原因是:缺少污染治理设施和农村环保监管机构或人员,基层干部解决农村环境问题、参与农村环境综合整治的意愿非常迫切;是否接受过环保培训、当地群众对环境问题反映是否强烈、是否设立了乡镇环保机构、是否设有专(兼)职环保工作人员、地方财政是否给予农村环保支持和县级环保部门农村环保工作力度这6个因素对乡镇领导干部是否愿意本乡镇参与农村环境综合整治有着显著影响(李君 等,2011)。为此,应当从加大投入、加强能力建设、开展宣传教育等方面推进农村环境综合整治工作。长三角地区农用土壤污染形势呈现出三个重要特征:一是污染范围大,出现了复合型高风险污染土壤区;二是污染种类多,形成了重金属污染与有机污染物并存局面;三是污染途径多,呈现出种养业、工矿企业和生活污染叠加态势(虞锡君 等,2011)。加强长三角地区农用土壤污染防治,应在借鉴发达国家成功经验的基础上,着力构建土壤质量监测与普查制度、土壤生态直接补偿制度、土壤生态标记制度、土壤绿色保险制度、土壤保护押金返还制度、土壤特种基金制度、土壤污染防治共同参与制度等七项基本制度。

一般而言,一个地区的畜禽饲养模式若全部为规模化养殖,那么,由此产生的类似于工业企业的点源污染,往往易于治理;相反,一个地区的畜禽饲养模式若全部为散养,那么,由此产生的分散的面源污染,也往往有足够的农地资源吸纳畜禽粪便中的有机质及氮磷钾成分。但是,若一个地区的畜禽养殖既有点源污染,又有面源污染,规模化养殖场将很可能会对该地区处理散户面源污染的能力产生挤出效应。以畜禽标准化养殖扶持项目为例,为加快畜牧业生产方式转变,中央财政从2010年开始采取“以奖代补”的方式支持畜禽标准化生产改造,补贴方案对畜禽养殖场(区)的养殖规模、占地面积、配套设施、区位布局、粪便处理技术等方面都有较高要求,补贴对象皆为规模化、规范化、组织化、示范化程度较高的畜禽养殖场(区),畜禽标准化养殖扶持项目驱使大量人力、财力、物力及土地资源向规模化养殖场(区)集中,致使散户越来越缺乏相应的土地、设备、技术、资金以及专业技术人员以处理畜禽养殖污染,在政府部门对散户面源污染缺乏监管的条件下,将会产生一种污染水平更高的“点面结合”型畜禽养殖污染,可以称之为“半点源污染”。目前,畜禽养殖半点源污染主要存在于肉牛、奶牛、蛋鸡行业;导致畜禽养殖半点源污染的产业集聚,并非是因为区域间差异化的环境规制水平,而是基于比较优势的主导作用;随着环境规制水平、畜禽消费总量、居民生活质量、交通便利程度、劳动力价格水平逐步提升,畜禽规模化养殖已是大势所趋;生猪和肉鸡养殖污染将逐步减少,奶牛和蛋鸡养殖污染将经历小幅上升后逐步下降,而肉牛养殖半点源污染仍将在长期内持续增加(周力,2011)。生态环境的容纳能力有限给我国乳业持续发展带来压力。目前国际社会对环境保护高度重视,而在我国奶牛养殖模式中,占奶牛养殖比例较大的散养和养殖小区饲养模式大部分还未完全进行粪污无害化处理,奶牛养殖对周边环境的污染日益严重,中小型养牛场排放的废水已经接近或超过国家防治污染的最低标准(王胜雄,2012)。通过提高规模化畜禽养殖规模和水平,推动养殖污染治理取得更多实效。

化肥施用在提高中国农业产出的同时也带来了严重的环境污染问题,并威胁到中国农业的可持续发展。家庭非农就业人数、户主性别、户主受教育程度、土地是否租用、户主从事农业生产年数、是否接受过科学施肥技术培训等是农户过量施肥风险认知及规避能力的主要影响因素(巩前文　等,2010)。国家对化肥行业的价格管制政策以及国家对农民实施补贴的财政支农政策导致了化肥要素市场扭曲的存在。截至2009年,中国化肥要素市场扭曲程度一直呈现出上升趋势,中国广泛存在的化肥要素市场扭曲对化肥农业面源污染物排放有显著的激发作用(葛继红　等,2012)。农户风险规避是导致化肥过量施用的重要原因,农户风险规避程度越高,越倾向于施用更多化肥以避免潜在的产量损失,劳动力机会成本、户主受教育程度、土地质量等也是影响农户过量施肥行为的重要因素(仇焕广　等,2014)。通过微观经济机制的合理化,引导农民自发降低化肥施用量。

过量施用农药现象在中国农作物生产中普遍存在。地域的差异性以及农药施用者的性别、年龄、受教育年限、外部培训、对粮食安全性的认识均不同程度地影响其对农药残留的认知(吴林海　等,2011)。因此,提高农户成员的受教育水平,建立完善的农业技术推广体系,有效提升农户家庭总收入等,对规范农户农药施用行为、提升农户对农药残留的认知水平、改善农产品质量安全水平具有基础性的作用。销售者提供的经权威机构检测的农药残留信息对消费者意愿支付价格的影响极其有限,消费者的支付意愿不会发生显著变化;一旦掌握准确的食品安全信息,消费者愿意为带有质量安全标签的农产品支付更高的价格(卿树涛　等,2011)。因此,必须为消费者提供准确可靠的食品质量安全信息。农民的风险规避程度对其农药施用行为具有三个方面的重要影响:① 具有较高风险规避程度的农民会施用更多的农药来避免可能发生的虫害损失;② 具有较高风险规避程度的农民会选择更多种类的农药来避免农业生产的不确定性,以保证农药施用能够有效控制虫害和减少损失;③ 具有较高风险规避程度的农民会选择购买价格较高的农药(米

建伟　等,2012)。农民对病虫害防治知识的掌握程度对其农药施用行为也有一定影响,因此,提高农民的农业技术知识水平有助于减少农药施用量。农户认知是影响其安全农产品生产用药意愿的主要因素;农药补贴对农户安全农产品生产用药意愿具有重要影响,在得到农药补贴以后,农户的安全农产品生产用药意愿增强;特别是,农产品商品化程度对农户安全农产品生产用药意愿具有正向影响(李世杰　等,2013)。肥沃土地比例低、农业收入比例高以及兼业的农户,其过量施用农药的可能性较高;参加过政府(组织)举办的农药知识培训、知道禁用农药种类的农户,其过量施用农药的可能性较低(朱淀　等,2014)。导致农户过量施用农药的本质原因是损失厌恶。经济作物种植户农药过量施用现象较为普遍;参加培训对种植户过量施用农药有显著的负向影响;培训效果也因种植户基本特征的不同而不同,培训的影响程度随农药过量施用户农药过量施用水平的升高而下降,在农药过量施用水平较低时,不同机构组织的培训和不同模式的培训均降低了种植户农药过量施用水平,其中村委会组织的培训和田间指导的培训效果较好(李昊　等,2017)。可见,加强用药知识培训,是降低农药施用量的一条捷径。

现代农业循环经济是我国加快农业现代化和低碳经济发展的一条可行道路。现代农业循环经济发展应与新农村建设相结合,坚持以循环经济园为载体,以适度规模种养殖业为核心,以标准化生产为基础,以产业化经营为手段,以种养结合、能源平衡为重点,构建现代农业循环经济的长效发展机制(郭晓鸣　等,2011)。例如,江苏省农业面源污染防控具有巨大的经济价值。江苏省安全农产品生产户一次性愿意支付的农业面源污染防控金额现值为250 603.92万元;农业面源污染防控的经济价值呈现出显著的地区差异,苏北地区农业面源污染防控的经济价值为125 930.74万元,高于苏中、苏南两地农业面源污染防控经济价值之和(124 673.18万元)(唐学玉　等,2012)。79.9%的农户愿意接受一定金额的受偿作为参与农业废弃物资源化的激励,农户愿意接受的受偿金额期望值为281.59~352.44元/(年·户);性别、耕地面积、人均年收入、农业废弃物资源化前景预期、信息获取容易程度、农村环境满意程度是影响农户受偿意愿的关键因素(何可　等,2013)。还田仍是目前中国畜禽粪便处理的主要途径,但是,过去五年间畜禽粪便的还田比例明显下降,而废弃比例明显上升。环境污染治理政策、饲养规模、人均播种面积、收入水平等因素影响农户畜禽粪便处理方式(仇焕广　等,2012)。未来随着中国农村居民收入水平提高和人均耕地面积下降,畜禽粪便的废弃比例可能进一步上升,并对环境造成更大压力。

农民的思想观念并非盲目落后,只有给予追求个人或家庭效用最大化的农民充分尊重,秸秆还田才可能取得预期成效。农户秸秆处理行为主要受到投入要素价格和农户所拥有的资源状况的影响,降低农户实际支付的要素价格以及改善农户的资源状况将有助于促进农户对秸秆资源的综合利用(黄武　等,2012)。在现行农业经营制度下,农户对资源节约型与环境友好型技术普遍采纳不足。资源节约型与环境友好型技术的农户采纳限定因素包括需求意愿、政府驱动式推广体系以及学习能力等。突破既有限定,发挥资源节约型与环境友好型技术的福利效应,需政府、市场、涉农组织、农技推广机构以及农户自身各方面因素复合发生作用(周建华　等,2012)。农民对秸秆还田的生态和社会福利认知水平成为影响其还田决策的重要因素,还田经济福利认知的影响不显著。相对于个体和家庭特征,外部环境对农民秸秆还田意愿作用更明显,其中种植大户的示范带动作用十分显著,但补贴与处罚措施却对农民还田意愿呈负向影响,现有的奖惩机制有待完善(颜廷武　等,2017)。据此,需要培育新型农业经营主体,健全农村社会化服务体系;强化绿色化理念宣传教育,增强农民综合福利认知;完善农村环境保护制度,提高奖惩政策瞄准精度等政策建议,以提升并推进作物秸秆还田利用的效率水平与实践进程。

4. 思考和讨论题

(1) 农业污染的危害有哪些?

(2) 我国农业污染的原因是什么?

(3) 如何治理农业污染?

案例六：职业农民向我们走来

（一）案例介绍

陕西认定首批84名高级职业农民

2014年11月，作为农业部确定的新型职业农民培育整省推进省份，陕西从2011年至今，全省已认定各级职业农民3 835人，探索着新时期“谁来种地”“如何种地”。随着城镇化推进，“谁来种地”“如何种地”日益受到关注，一方面指向“饭碗能否端在国人手里”的粮食安全大计，另一方面则是关系千家万户的农业食品安全，“安全不是管出来的，而是种出来的，需要从生产经营者的源头解决。”陕西省农业厅科教处处长戴建昌说。传统的所谓“农民”，往往是以户口和身份来区别的劳动者。近年来，在我国传统农业向现代农业发展过程中，随着劳动分工进一步细化、专业化程度不断提高，“职业农民”这一新型职业群体呼之欲出。

“农民”不再是身份，而是职业，划分为四种类型三个级别。陕西将本省新型职业农民分为了生产经营型（种养大户、家庭农场主、农民专业合作社骨干等）、专业技能型（农业产业工人、农业雇员等）、社会服务型（农村信息员、农产品经纪人、农机手、代耕手、机防手、动物防疫员等）和新生代型（农科大中专毕业生、返乡青年农民工、复转军人等）四类。《职业农民培育认定管理暂行办法》首先划定了新型职业农民的标准：16岁到55岁之间，分为初级、中级和高级三个级别；初级职业农民应具备初中以上文化程度，中级职业农民要求高中或农科中专以上文化程度，高级职业农民则应具备农科大专以上文化程度；收入主要来源于农业，初级职业农民收入应达到当地农民人均纯收入的5～10倍，中级应达到10～20倍，高级应达到20倍以上；有较强的经营管理能力，具备现代农业理念知识和专业技能，应对市场变化能力强，实践经验丰富，能够合理配置农业资源，掌握先进生产经营模式，具有示范带动效应，带动当地农民致富。每年认定一次，按指标计分，制定培训教材与课程。认定之前，培育是关键。陕西省农业厅成立了职业农民培育工作领导小组，以省农业广播电视学校为主体，“目前，陕西省12个市107个县区均已成立了专门工作机构,有6个市正式发文成立了培育领导小组”,陕西省农广校副校长杨建军说。在此基础上,调查摸底,“初步统计,全省符合职业农民特征的培育对象达到20多万人”,戴建昌介绍。同时,对省内农民教育培训机构、人员等进行了摸底统计,指导市县认定了一批实训基地;此外,制定了《新型职业农民教育培训大纲》,设置了公共基础课、专业技能课、能力拓展课和实训操作课四大模块共计560门课程,组织400余名专家编写了第一批41套教材,目前已出版21套,其余正在出版印制中。2014年以来,陕西省市县各级陆续开展了第一批职业农民资格认定,按照高、中、初三级分别由省、市、县认定的原则,每年认定一次。主要评价指标包括综合素质、专业技能、经营规模、生产效益和职业道德等5项,实行百分制评估,前三项各占20分,生产效益占30分。资格认定实行逐级推荐,获得初级证书方可考核认定中级,以此类推。前不久,陕西省认定了84名首批高级职业农民。截至目前,当地市级认定中级职业农民55名,区县认定初级职业农民3 696人。

职业农民需要技术、理念指导,更需要产业扶持。“经过区、市笔试、面试和评审,认定为中级,又推荐我到省上参加考试,可惜没考过”,宁蒋娟略有遗憾。据她介绍,近几年,农广校、农技中心一直指导她更新设施、引进品种,帮她掌握种植技术、农业法规、市场营销知识,还帮她注册了“瓜大姐”品牌,同时对土壤产地进行品质认证,“如今咱自家经营了110亩地,去年果蔬种植收入达160多万元。”尝到甜头的宁蒋娟告诉记者,“认定为职业农民不仅是一种荣誉,更希望自己在这个过程中学到更多。”“对职业农民的培育,不仅是传授技术、指导思路,更得在产业扶持上下功夫”,戴建昌向记者强调。此次获评为中级职业农民的刘楠,去年开始攻读农广校继续教育大专文凭,是典型的新生代职业农民,“我想建一个物流冷库,但需投资40多万元,找银行贷款难度很大。”他期望有关部门给予职业农民更多资金扶持。今年,陕西省职业农民培养任务为1.5万人,预计2020年总数将达20万人。目前省财政资金已配套8 580万元,其中已拨付500万元资金用于贷款贴息,引导小额贷款向职业农民倾斜。“培育职业农民绝不等同于以往的农民培训,是升级版而不是加长版”,戴建昌告诉记者,“目前的难点在于,全社会职业农民培育的氛围还没有形成,特别是部分市县一级农业负责人员,本身就对职业农民的概念不清晰,对其意义认识不清楚、不到位。”杨效宏也认为,“推进职业农民培育并非农业部门一家的工作,还需要制度的顶层设计。”

新型职业农民向我们走来

农业发展到今天,“农民”的内涵已经发生了很大变化,从“世袭”的身份向全新的职业转变是无法阻挡的历史大势。2012 年,“新型职业农民”首次写入中央一号文件,同年农业部在全国启动了 100 个县的新型职业农民培育试点,目的就是培养有文化、懂技术、会经营的新型农民,解决“谁来种地,如何种好地”这个既迫在眉睫又事关大局的问题。从某种程度上说,农业的未来,国家的粮食安全,就寄托在新型职业农民身上。

让“身份农民”退场,让“职业农民”登场。“我们现在农村大部分农户就是七八亩地,十几亩地,一户就种这么一点地,靠这一亩地赚的钱跟在城里打工一个礼拜赚的钱差不多”。2015 年 11 月 5 日,中央农村工作领导小组办公室副主任韩俊表示,怎么样能够让务农真正成为一个有吸引力的职业,让从事农业生产经营的人也能够过上体面的生活,是“三农”政策当中要破解的一个大的难题。在本质上,农民本来只应代表一种职业,唯一的区别就是:农民是种田种地的,而厨师是烧菜烧饭的,政府官员是服务公众的……要让农民成为体面的职业,首先要让种田种地有利可图。让农民能够靠土地致富,能够靠种粮挣钱,“发展多种形式的农业适度规模经营”是必行的路径。“如果种地的话,达到一两百亩才能够有像样的收入,可能跟打工的收入差不多。”这意味着,将来的职业农民其实更像是现代“农场主”。同时可以肯定的是,现代农业需要的从业者数量会越来越少,更多人会离开乡村落户城镇,“职业农民”则需要从“身份农民”中剥离开来。现在一提到农民,似乎仍然代指一种身份,与工人、知识分子等等相对;而要解决农民问题,需要让农民重新归为职业,而不再是身份。为此,不仅要在公共福利上抹平差距,实现公共服务的均等化,更重要的是,要让土地能够成为农民改变身份的本钱,就像当年住公房的城镇居民无不因为房子获得一笔巨大收入。农民在农村的土地与落户城镇需要的房子,两者之间如何发生合理关联,如何赋予农民更多财产权利,让农民真正分享土地增值收益,这或许才是“身份农民”退场“职业农民”登场的关键。

根据美国人类学家沃尔夫的经典定义,传统农民主要追求维持生计,他们是身份有别于市民的群体;而职业农民则充分地进入市场,将农业作为产业,并利用一切可能的选择使报酬极大化。传统农民是社会学意义上的身份农民,它强调的是一种等级秩序;而职业农民更类似于经济学意义上的理性人,它是农业产业化乃至现代化过程中出现的一种新的职业类型。国外职业农民培养起步较早,例如英国,其职业农民培养可以追溯到 1601 年,经过多年的发展,国外职业农民培训体系已相当完善,形成初、中、高三个互为补充的有机系统。国外初等职业农民培训主要是通过阶段性的培训课程、技术指导等方式,提高现有农民的知识水平和农业技术水平，改善其农业经营管理能力的一种普及型的职业教育培训。初等职业农民培训的主要特点为培训普及范围广。韩国的“4H 教育”就是这样一种初等职业农民培训。韩国政府将“4H 教育”用于初等职业农民培训中，主要目标是通过培训课程的讲授，使农民具有聪明的头脑、健康的心理、健康的身体和较强的动手能力。美国除了公立学校开展的培训之外，在秋冬季的农闲时期，也会开展初等职业农民培训，培训对象是成年农民，一般都是由当地高中教师在夜校进行培训。英国的农民职业教育与技术培训突出强调中等职业农民培训的重要性。目前，英国有农业高校 57 所、近 100 所农业专科学校、200 多个农业培训中心和约 2 000 所农场职业技术中学，基本满足了不同层次人员的需要。英国提供中等职业农民培训的学校类型多样，学制种类和学习期限灵活，正规教育与业余培训相互补充，分别提供学位证、毕业证、技术证等满足各类各种教育目标的认证，形成多样化的中等教育培训体系。美国的中等职业农民培训主要在公立学校内开展，是美国农民教育培训的最主要形式，大部分是在农村地区的高中开设农业课程，培训对象一般为青年学生和准备务农的青壮年农民，主要教授种植养殖技术和农机具的使用方法，以此提高农民的整体科技素质。培训方式主要有三种类型：一是辅助职业经验培训。正规农民职业培训的一种典型形式，授课者多为一些专家学者，主要教授有关生产管理和农业投融资方面的技巧。第二种为“未来美国农民”培训。主要帮助农民培养创业能力、领导能力及团队合作能力，给青壮年农民建立自信，拓宽其在农业领域的就业渠道。第三种为农技指导。高等院校和科研机构是高等职业农民培训的主体力量，这在美国的农民教育体系中尤为突出。美国的农民教育培训体系是在一系列法案颁布实施的基础上逐步建立和完善起来的，按照《雷莫尔法案》规定建立起来的“农工学院”则成为美国农业科研、教育和推广的主要部门，负责全州的农业教育、科研和推广工作，三位一体，使高等农业职业教育、中等农业职业教育和各类农业短期培训班有机结合，农民能够参加各类层次的教育培训，掌握最新的科研成果和农业技术。国外高等职业农民培训不仅需要进行一定课时的课堂理论学习，还要求在农场实践中获得学分，实践教学也成为教育的重要环节。以德国为例，“实践式教学”和“学徒式培训”是德国农业教育的显著特征，且随着年级的提高，在教学中理论教学比重逐渐下降、农场实践和操作教学课程比重逐渐增加，农场实践成为德国高年级农业学生的重要学习内容。

国外职业农民有严格准入门槛。世界许多国家的职业农民培养初期，都注重通过立法手段推进职业农民教育培训，重视立法，通过立法促进农民参加职业农民培训，规范培训市场，保障农民在职业培训中的基本利益不受侵害。在欧洲国家，英国和德国长期保持着重视职业教育立法的传统。1982 年，英国政府颁布了《农业培训局法》，1987 年对其进行了相当大的修改和补充，从而大大加强了农民的职业教育与技能培训。同时，英国政府还不定期地对农民培训工作进行有组织的调查研究，针对调查中发现的问题及时制定改进措施。1995 年英国先后发表和颁布了五个与农业职业教育有关的白皮书和政策法规。德国 1964 年和 1973 年颁布实施的《产业训练法》及《就业与训练法》，对职业教育机构的设置和管理、职业培训的设施与质量控制作出了制度上的明确规定。德国农业行业中共有 14 个国家承认的职业培训行业，对名称及职业方向、不同职业的具体职业技能和培训要求均作了严格规定，并由主管部门依据《职业教育法》对实施情况进行监控，违反规定或不合要求者将受到严厉处罚。

建立准入制度。农业职业准入制度在发达国家职业农民培养体系中已很普遍，而我国尚没有开展职业农民相关的认定工作。农业职业准入制度的建立一方面能够进一步完善职业农民教育培养体系，另一方面可以强化职业农民扶持政策的“瞄准程度”，使优惠政策真正被从事农业生产、拥有农业技能的新型职业农民获得，增强优惠政策的使用效果。因此，我国需要逐步建立起严格的职业农民准入制度，为职业农民提供制度保障。

（二）案例解析

1. 教学目的与用途

通过本案例的教学，使学生较全面地了解农民素质的基础理论和基本知识；熟悉农民的特征，能够把握农民素质变化的内在规律以及政府干预的必要性和适当方式。在教学过程中，注重理论联系实际，运用所学理论知识和方法分析现实问题，及时跟踪学术发展前沿；注重培养学生主动获取知识的能力，加强专题研讨、案例研究和团队项目的内容训练，为学生将来从事相关理论和实际工作打下坚实基础。

2. 背景分析

随着规模经营和现代农业的快速发展，传统的农户经营逐渐不相适应，因此，需要借鉴国外成功经验，把农民培养成专业人士，使农业成为有竞争力的产业。农民是在农村地缘关系的基础上，通过各种社会关系和联系而组成的农村社会各类社会集团、群体及社会组织的农村居民。农民的特征方面，在马克思、恩格斯看来，农民不是一个统一的阶级，具有私有性、分散性、保守性，眼光狭隘；列宁认为，农民狭隘、保守、自私，较资产阶级更难改造。

目前的农业生产被称为留守人员的农业，曾被称为“386199部队”的农村留守妇女、儿童和老人农村妇女劳动力约占农村劳动力总数的65%；农村留守儿童有6 100多万(参见：“‘386199部队’的你——农村留守妇女、儿童和老人问题备受代表关注”，2014-03-04，新华网)。农村的老龄化可以说速度比城市还要快，妇女也越来越成为中老年妇女，中老年农民越来越成为我们农业劳动力的主力。在发达国家的农民是职业化的，农场主很多都是大学本科毕业。现在日本200万农民中平均年龄是67岁，三分之二以上的人是70岁以上，三分之一的人已经超过75岁。

乡村振兴为一切有志于“三农”的各类人才提供了广阔的天地，亟须打造一支结构合理、素质优良、能力突出的乡村振兴人才队伍乡村振兴需要进一步创造更好环境，来吸引人才，留住人才。既要加快改善乡村人居环境、基础设施、交通信息等硬件条件，更要创造良好的营商环境，打造“永久牌”的乡村振兴人才队伍。要实现吸引人、留住人，人才或者人，必须要有平台、有产业，让农业成为有奔头的产业，让农民成为体面的职业，让农村有钱可赚，这样才能吸引人、留住人。

随着我国工业化、城市化的发展，我国农业的劳动生产率仅仅相当于第二产业的八分之一，第三产业的四分之一左右，导致农业产业的要素不断流失。解决这些问题的根本出路在于科技创新。要吸引高端的人才，有了高端的人才，产业才能向高端走，这是我们基本的思路。通过培训的职业农民，收入普遍比较高。要培养职业农民的话，我们的农业职业教育一定要跟上，要发挥我们的农业院校，很多职业院校的作用。要采取定向的方式培养越来越多的符合现代农业发展需要的新型农民，这是一个很艰巨的任务。2015年7月，国务院办公厅印发关于加快转变农业发展方式的意见，提出大力培育新型职业农民。加快建立教育培训、规范管理和政策扶持“三位一体”的新型职业农民培育体系。建立公益性农民培养培训制度，深入实施新型职业农民培育工程，推进农民继续教育工程。加强农民教育培训体系条件能力建设，深化产教融合、校企合作和集团化办学，促进学历、技能和创业培养相互衔接。鼓励进城农民工和职业院校毕业生等人员返乡创业，实施现代青年农场主计划和农村实用人才培养计划。

党中央、国务院高度重视返乡下乡人员到农村创业创新。2015年6月，国务院办公厅印发了《关于支持农民工等人员返乡创业的意见》。该文件指出，要有留住人的环境，要有留住人的产业。农村紧缺的是各种服务类的人才；两个带头人缺乏,一是村级班子带头人的问题,二是致富带头人的问题。到 2017 年,农民工返乡创业以及其他方面的人士到农村创业已经超过了 700 万人。

中国农村人力资源的政策目标,必须紧紧围绕提高农村劳动力的就业水平,提高农业劳动生产率来考虑,稳定农村人口,降低就业压力,提高劳动力利用率;通过调整宏观经济结构,大力发展不同所有制类型的经济,改变农村劳动力所从事的产业活动过多集中于农业的单一就业结构;鼓励农民跨区域流动就业,调节和平衡各地区之间人力资源与物质资源空间分布不平衡的状况,实现人力资源在全国范围内的合理利用等。

3. 理论依据与分析

农村改革开放以来,中国农民为经济社会发展作出了不可磨灭的贡献。但是,农民发展也面临着诸多现实问题,如农民长效增收机制尚未建立,农民组织化程度不高,农业转移人口"半城市化",新生代农民工难以融入城市,农民财产权利部分缺失,大规模失地农民群体引发社会问题。随着农村青壮年劳动力大量流出,务农劳动力老龄化、低素质化、女性化、兼业化的趋势明显,务农群体的整体素质面临进一步下降的可能(李明贤　等,2013)。应积极探索破解农民问题的改革路径,培育新型职业农民,构建新型农业经营体系,运用底线思维稳妥推进土地制度改革,完善对被征地农民的保障机制,赋予农民更多财产权利,推进以人为核心的新型城镇化(李文明,2014)。较高的农民素质也是乡村振兴战略的应有之义。

回归农民职业属性是新型工业化、新型城镇化及农业现代化发展的必然趋势,也是促进农村经济协调发展的重要措施。因此,必须通过回归农民职业属性来保障发展现代农业对高素质农业劳动力的需求。农民职业是社会分工的必然抉择,回归农民职业属性是"否定之否定"规律的再现(杨继瑞　等,2013)。为此,就需要加强系统谋划和有序推进,以卓有成效的系统工程来培育新型职业农民或农业工人,包括大力发展农业科技,不断加大强农、惠农、富农政策力度,加强对农业的支持和保护,大力发展生态农业、都市农业、"三高两低"农业,探索建立职业农民注册登记制度,加大新型职业农民培养力度,以及吸引社会与民间资本进入农业领域,鼓励有志青年投身农业,成为新一代职业农民等。职业农民是现代农业建设的主体,农民职业化是农业劳动主体由传统农民向职业农民转变的过程,一方面通过劳动力转移、新型主体培育、社会化服务体系建设等为农民职业化创造环境和条件,另一方面通过农民准入及农民培训等提高劳动者素质(洪仁彪　等,2013)。围绕农民职业化的环境培育和劳动者素质提高两个方面,农民职业化应符合国情、重视规模经营、提高农民素质、培育其他农业主体、强化组织化和政府引导等。农业现代化关键依靠农业科技进步与培育新型职业农民,培育新型职业农民就是培育现代农业的现实和未来。提出坚持走“内生主导、外生推动”的新型职业农民培育之路(徐辉,2016)。新型职业农民培育一方面应以现有新型农业经营主体的经营者为主要培育对象,另一方面要通过政府政策引导一部分有志于到农村发展的新生代农民工和农科大中专毕业生到农村创业就业并扎根农村。

技能培训是影响农民工正规就业更为直接和有效的人力资本要素,其作用远远高于正规教育,但技能培训相对于正规教育的作用优势存在着明显的代际差异和职业分化特征。将农村社会救助家庭成员再就业培训策略的实施作为一个切入点。再就业培训策略使得社会救助家庭中不同性别的再就业行为均得到了显著提高,特别是在再就业率方面得到了大幅度提高(王增文,2012)。民政部门应通过积极的再就业方式来强化受助家庭成员的主动脱贫行为,从而提高其家庭收入,最终使受助家庭成员的被动接受救助金行为转化为积极的再就业行为。在代际差异上,对于两代农民工而言,技能培训的作用均高于正规教育,但在第一代农民工的就业中表现得更为明显。在职业分化上,技能培训所发挥的作用仍然高于正规教育,并且前者相对后者的优势会随着农民工“去体力化”的职业分化过程表现得愈发突出(王建,2017)。接受过非农技能培训的农民工比未接受过技能培训的农民工月工资高 136.8 元,培训使农民工人力资本净收益提高了近 8.24%,明显高于教育回报率;与此同时,受教育程度对培训也具有显著的正向交互效应(屈小博,2013)。因此,通过培训提高农民工的专业化人力资本积累,是相关政策应当关注的重点和优先序所在。中国农民职业技能培训主要由政府组织,多种主体积极参与;从事农业和畜牧业的农民大部分参加过农业技术培训,而兼业和从事非农行业的农民参加非农技能培训的比重比较大;农民主要在本村参加农业技术培训,在村外参加非农技能培训,政府和村委会组织的培训主要在本村进行;农民培训形式以课堂授课为主;农民参加农业技术培训负担较轻,但参加非农技能培训负担较重;非农技能培训效果比较显著,培训对受教育水平较低的培训者实现就业帮助较大;大部分参加培训的农民对培训表示满意,但农民职业技能培训还存在培训内容和需求脱节、培训次数少等不少问题。农民参加职业技能培训的意愿强烈;农民所从事的行业对其培训需求排序影响很小,农民对种植业技术和养殖技术需求较大(罗万纯,2013)。为促进农民职业技能培训的健康发展,政府要加大对农民职业技能培训的财政投入;要根据农民的需求组织培训;要注重培训效果,特别是要帮助参加培训的农民实现就业。

4. 思考和讨论题

(1) 农民素质与传统农业是如何相互适应的?

(2) 与发展现代农业相适应,怎样提高农民素质?

(3) 我国职业农民的发展方向是什么?

案例七：精准扶贫与脱贫的空前投入

(一) 案例介绍

深山小村脱贫记："精准扶贫"点亮村民致富梦

2013 年 11 月 3 日下午，习近平总书记来到地处武陵山区中心地带的湘西土家族苗族自治州考察。沿着狭窄山路辗转后，习近平走进花垣县十八洞村特困户施齐文家。木屋四壁黝黑，一盏节能灯是唯一"电器"。老人老伴石爬专问："怎么称呼您?"村主任说："这是总书记。"习近平握住老人的手询问年纪，听说老人 64 岁了，他说："你是大姐。""当时进村还是狭窄颠簸的泥泞山路。村里的房子基本上都是用泥巴和竹篾、木板糊起来的墙壁，一到冬天，就四处漏风。"施全友回忆说，寨子里 40 岁没结婚的单身汉就有 20 多个，"外面的姑娘根本就不愿意嫁进来嘛!"低保户施成富家的院子里，也是泥巴满地，凹凸不平，还堆着两三堆牛粪。习近平和村干部、村民代表就是在这里围坐一起，亲切的拉家常、话发展。村民们谈变化、讲困难、道实情，习近平边听边问。十八洞村位于武陵山腹地，因村内有 18 个天然溶洞而得名，是一个纯苗族村寨。全村 989 人，人均耕地 0.83 亩，2013 年人均纯收入仅 1 668 元，为当年全国农民人均纯收入的 18.75%，是一个典型的贫困村。在座谈中，习近平明确提出："我们抓扶贫的时候，切忌喊大口号，也不要订那些好高骛远的目标，扶贫攻坚就是要实事求是，因地制宜，分类指导，精准扶贫。一个是发展生产，实事求是地讲能抓什么，实实在在地抓起来；一个从公共服务的角度，像这种贫困村，应该给它得到什么保障，切切实实地保障起来；第三个，就是为了下一代做些什么事情。我想，我们现在到 2020 年以前，把这些事情做实就行。"从那一刻起，"精准扶贫"从大山飞出，传遍中国。

这个深藏在大山里的苗寨，也随着习总书记的到访考察备受关注。十八洞的村民们备受鼓舞，大大加快了扶贫攻坚的脚步。自从"精准扶贫"提出后，湘西花垣县这个隐藏在山窝窝里的小村庄——十八洞村发生了翻天覆地的变化。"你看，土坪换成了石板，还多了游道跟护栏……"十八洞村邻近的澎湖村的主任田贵典边走边对未来网记者说道。被习总书记亲切称作"大姐"的石爬专家，堂屋原来凹凸不平的泥巴地，现在变成了水泥地；原先土砖搭建的灶台，变成了白瓷砖灶；新添的液晶彩电挂在墙上，水冲式厕所取代了简陋的茅坑。据田贵典介绍，原本在外地打工的村民看到了十八洞村发展的新气象，也纷纷回到家乡创业。施全友便是其中之一，他还是全村"第一个吃螃蟹"的人。他在村里开设了首家"农家乐"。主打的招牌菜是苗家豆腐、腊肉和酸菜。一年下来能纯赚五六万元。目前村里农家乐已经开了 5 家，具有苗族特色、山村特点、以农家乐为主要形式的观光休闲游在十八洞村逐渐起步。"我现在哪儿也不想去了，就在家里把日子过好了，什么都不愁。"施全友兴奋地说。

2014 年 5 月，十八洞村苗绣特产农民专业合作社成立，施全友的妻子孔铭英与村里及附近村寨 92 名妇女一起，参加了合作社。合作社采取"公司＋合作社＋农户"的经营模式，与多家经营研发苗绣产品的企业签订了订单，公司提供绣品，负责收购，合作社农户负责加工。现在，孔铭英除了帮助丈夫经营农家乐，会苗绣的她，晚上总会在灯光下飞针走线。"一个月下来，能增加 1 500 元左右的收入。"孔铭英说，"以前做梦都没想到这些。"

"不知该怎么称呼你，你千里万里来到苗寨里；不知该怎么称呼你，你风里雨里走进我家里……"如今，这首讲述习总书记考察湘西花垣县十八洞村的歌曲《不知该怎么称呼你》在十八洞村乃至湘西大地广为传唱。听着歌曲的旋律，看着热闹的场景，花垣县委驻十八洞村精准扶贫工作队队长龙秀林的眼眶湿润了："不仅是贫困户收入增加了，更重要的是精神面貌改变了，激发出了内生动力。"现在每天来十八洞村"重走习总书记考察之路"、进行乡村体验旅游的游客近 200 人。截至 2016 年，十八洞村累计接待游客 20 万人次。

2014 年 1 月，习近平离开十八洞村两个多月后，花垣县委宣传部副部长龙秀林受县委指派，带着 5 名干部进了村。他了解到，十八洞村 10 年前由两个村合并而成，多年来，这两个村落连红白喜事都不来往，"村合心不合，表面上是一个村，实际上没什么沟通"。龙秀林在村里成立了一个艺术团，组织两个村落的村民参加一些文艺活动，加强各寨之间的沟通。随着村支两委班子的配合，全村在精准扶贫的理念上逐渐形成共识。"总书记说了，我们不能搞特殊化，但一定要有变化。"村党支部第一书记施金通介绍，经过扶贫工作队的思想工作，村民"等靠要"的观念慢慢转变了。在做村民工作时，施金通形容龙秀林的口才是"铁齿铜牙"。村民认识提高后，工作队和村支两委班子先后争取资金，进行了自来水安装、农网改造、道路扩宽、民居改造等基础设施建设，两年多来投入资金约1 200万元。此外，十八洞村还在外面流转土地1 000亩，与县里一家农业龙头企业合股种植猕猴桃，村里占49%的股份，其中贫困户股份最多。在扶贫工作队的帮助下，十八洞村村民的增收途径多了不少。除了务工外，开农家乐、卖苗绣产品、养殖和种植，都是致富的门路。2015年，十八洞村的人均纯收入是3 668元，比2013年增加了2 000元，减贫223人。“这两年，我们的收入实实在在增加了，更重要的是看到了希望。”年过花甲的村民隆巴秀、石女金夫妇，是村里条件最差的特困户。他们算了去年的收入账：老两口都享受低保，两人一年2 400元；石女金苗绣收入2 000元；对口帮扶的苗汉子合作社，给每人发放帮扶资金500元。加上退耕还林、种田收入等，夫妇俩去年人均纯收入超过3 200元，高于2 880元的贫困线标准。而且，村里投入8 000元，对他们家实施了民居改造。今年春节前，隆巴秀爽快地在《贫困户退出确认书》上签了字。更多的贫困户，2015年人均纯收入达5 000元甚至上万元。“过两年，猕猴桃那边还有不少收入呢！”隆巴秀憧憬着好日子。村民收入增长了，龙秀林等人却更加清楚肩上的重任，“如果把十八洞村比作一辆汽车，现在还只是开到了高速公路的入口，只有鼓足干劲，踩好油门，把好方向盘，才会进入发展的快车道。”龙秀林说。

凉山：坚持精准扶贫精准脱贫基本方略 全力推进脱贫攻坚

2018年3月1日，在大凉山腹地的昭觉县三岔河乡三河村，驻村干部和村民们一道播种马铃薯，村民曲木子刀说，今年不仅要住新房，还要在增收上迈上新台阶。凉山州是全国最大的彝族聚居区，是全国全省脱贫攻坚的主战场。近年来，凉山州坚持精准扶贫精准脱贫基本方略，把攻克深度贫困作为解决区域性整体贫困、发展不充分不平衡问题的头等大事，紧紧围绕“两不愁、三保障”和“四个好”目标，大力推进“七个一批”行动计划和23个扶贫专项的各项工作落地落实。通过努力，凉山脱贫攻坚取得了重大阶段性成效，实现了贫困山区翻天覆地的变化。全州贫困人口从2014年的94.2万人减少至49.07万人，贫困发生率从19.75%降至11.03%。

从州府西昌到昭觉县解放乡，一路都是宽阔的柏油马路，在一些山高坡陡的路两侧，还安装有保护行车安全的防护栏。火普村村民吉地尔子说，大家真真切切感受到了脱贫攻坚带来的便利。凉山州坚持把基础设施建设作为脱贫攻坚的先导工程，深入实施“交通大会战”、水利工程建设、农村电网改造升级、“宽带乡村”建设等项目，统筹推进贫困地区水、电、路、讯等基础设施建设，全面改善贫困地区发展环境和贫困群众生产生活条件。以公路建设为例，近年来，凉山州围绕“出行难”问题补齐交通发展短板，完成投资 99.28 亿元，建成 11 个国省干线项目 1 611.9 公里，全面实现西昌到县主干线公路畅通目标。凉山州还把锁定住房安全作为重要脱贫目标，全力改善贫困群众居住条件，让贫困群众“住上好房子、过上好日子”。易地扶贫搬迁方面，按照“突出重点、先难后易，因地制宜、分类实施”原则，3 年来投入资金 60.41 亿元，建设安置点 774 个，搬迁安置 2.83 万户，安置 1 191 万人。凉山州还坚持把彝家新寨建设作为加快改变彝区群众生产生活方式、整体改善彝区贫困面貌的重要抓手，突出新村、新居、新产业、新农民、新生活“五新一体”推进彝家新寨建设，3 年来投入资金 3 336 亿元，累计建成彝家新寨 622 个，涉及农户 4.19 万户，18.85 万名群众受益。

2 月 25 日，昭觉县农牧局从成都、西昌请来多位马铃薯种植方面的专家，会同当地的农技员一起，在该县洒拉地坡乡尔打火村小烂坝组“农业科技示范园”基地，开展了马铃薯机械化播种示范、马铃薯新品种展示示范的现场培训会。在培训会上，四川省麦类创新团岗位专家李发良、四川省薯类创新团岗位专家徐成勇，分别对马铃薯机械化播种示范、马铃薯新品种展示示范方面的相关技术进行了详细讲解。县农技人员为农户实地操作了标准化栽培技术，展示了机械化播种新技术。凉山州坚持将产业扶贫作为主攻方向，围绕建基地、创品牌、搞加工，因地制宜发展区域特色产业，拓宽贫困群众增收渠道、增强“造血”功能，推动贫困人口实现稳定脱贫。大力发展“果薯蔬草药”富民产业，3 年来，水果、马铃薯、蔬菜、中草药种植面积分别新增 24.5 万亩、12.52 万亩、17 万亩、2.76 万亩，烟叶产量累计达 782 万担。大力推进以核桃为主的“1＋X”生态产业发展，累计建成“1＋X”林业生态产业基地 1 685 万亩。2018 年，凉山州将聚焦产业富民，大力发展“1＋X”生态林业、特色农牧业，推进特色农产品精深加工，扩大“以购代捐”覆盖面，多渠道增加贫困群众收入。

3 月 1 日上午，凉山州昭觉县解放乡火普村阳光明媚，一座座充满民族特色的新居映入眼帘，白色砖墙、青瓦屋顶的彝家新寨整洁美观，平整干净的水泥路蜿蜒至家家户户。2018 年，火普村将实现整村脱贫“摘帽”。脱贫后如何实现致富增收、长期发展？旅游专家认为，火普村有良好的基础设施和区位优势，很适合打造彝家乐等旅游产业。火普村距离西昌约 1 个小时的车程，从西昌出发往东，一路上可串联起观看邛海全景、博什瓦黑岩画、谷克德湿地公园等景点，形成一条精品旅游线路。此外，每年 5 月开始，就有漫山遍野的索玛花，让人大饱眼福。“夏天来可以避暑，冬天来可以赏雪，我们村将打造成为彝家旅游新村，带动村民致富，让游客体验火普村彝族风情。"驻村第一书记马天说。火普村有着独具特色的自然条件，村庄常年笼罩在白色的云海中。春夏季节，这里郁郁葱葱，秋日里，一片金黄。据悉，火普村准备将旅游培训机构请到村里，对村民们进行旅游方面的培训，并打造两户彝家乐，以点带面将旅游产业发展推广开来。同时，还将加大对村貌环境的打造，建设停车场、观景平台、旅游厕所以及标示标牌等旅游基础设施。"明年再来我们村，这里将会有更大的变化和惊喜。"马天发出了热情邀请。凉山州将精心打造"五大精品旅游线路"，加快创建国家全域旅游示范区、国家级旅游业改革创新先行区、中国旅游扶贫示范区，实现旅游总收入 420 亿元以上。同时，围绕乡村振兴战略，推进乡村旅游和旅游扶贫工程，力争昭觉县、越西县创建省级旅游扶贫示范区，建设旅游扶贫重点村 41 个、示范村 15 个。

凉山是我国典型的"直过民族"特困地区，"曾经一步跨千年，而今跑步奔小康"。经历了几千年奴隶制社会之后，大凉山彝族同胞在新中国成立后短短几十年间经历巨大变迁，但经济社会发展还有一定差距。在脱贫攻坚中，凉山州聚焦移风易俗，深化"四好"村、"四好"文明家庭创建，深入开展感恩教育，引导群众摒弃陈规陋习和"等靠要"思想。治贫先治愚，扶贫先扶智。凉山州把教育扶贫作为治本之策，全力改善办学条件，全面落实民族地区 15 年免费教育，创办"一村一幼"幼教点 3 070 个、招收幼儿 11.5 万名，帮助彝区孩子从小养成良好习惯；过好"语言关"，不让孩子输在起跑线上，举债 24 亿元新建乡镇幼儿园 450 所，改扩建寄宿制学校 475 所、新建 158 所，学前教育毛入学率及小学、初中适龄人口入学率分别达 83.35%、99.54%、93.17%；3 047 名彝区"9＋3"职业教育毕业生实现就业。此外，凉山州还在全省首创"农民夜校"，组织群众学普通话、学政策、学法律、学技术，为打赢脱贫攻坚战提供智力支持，充分激发群众自力更生、勤劳致富、脱贫奔康的内在动力。2018 年，凉山州将大力兴教，新建标准版村级幼教点 88 个、中心乡镇幼儿园 347 所，全覆盖资助贫困家庭学生，严格落实控辍保学"六长"责任制，确保适龄儿童少年全部入学。

"扶贫车间"建村口，就业脱贫有奔头

近年，产业转移的市场风向被政府敏锐捕捉并巧妙运用，从河南台前县一带发展起来的"扶贫车间"星火燎原，正在改变我国农村生产生活方式。以"归雁经济"领航农村发展方向，从农村留守人员中挖掘人口红利，产业发展倒逼技术下乡、资本涌入。伴随人才、技术、资本向农村流动，"扶贫车间"逐渐成为乡村振兴和脱贫攻坚的重要载体。

10 年前，周庆强、张春华夫妇在外做汽车配件生意，2008 年，他们回到家乡台前县后方乡武口村办起了农机发电机小作坊，到 2014 年，周庆强急需土地扩大规模时，台前县政府依政策帮助周庆强解决了厂房用地，还提供了政府贴息贷款和奖补资金。2018 年，这个就在村头的公司常年有 20 名左右贫困户在车间务工，2017 年帮助 8 人脱贫。在帮助一批像周庆强一样的创业者过程中，台前县政府意识到劳动密集型企业带动贫困群众就业的模式可以复制，而台前县有羽绒制品加工和汽车配件、相框等产业基础。于是，台前县就通过“扶贫车间”模式引导产业转移、返乡创业。2016 年 5 月起，台前县仅用两个月时间，新建和改扩建“扶贫车间”124 个，并使其迅速发挥扶贫效益。台前县委书记常奇民说：“部分产业基础好的村会有 10 多个‘扶贫车间’，这充分挖掘了农村人口红利，留守妇女和有劳动能力的老人被激活了，返乡创业者被激活了。”技术是实现可持续发展的保障，也是乡村振兴的重要手段。河南濮阳市扶贫办主任李金明说：“技术人才的回流是广泛开设‘扶贫车间’过程中出现的可喜现象，同时，吸纳的农村就业群众也通过培训掌握了产业技能，车间里有了技术，会逐步创造更高的价值。”“创业者群体性归来也没空着手，他们将投资的方向瞄向了农村。”台前县人力资源和社会保障局局长侯召芳说，依托大量社会资本的涌入，以及政府各项资金的倾斜，“扶贫车间”得以如火如荼发展起来。

“扶贫车间”不局限在加工车间一种方式，还包括种植车间、养殖车间等多种方式。以河南濮阳市的台前县、清丰县、范县为例：台前县汽车配件、羽绒、相框产业基础好；清丰县依靠食用菌产业在农村广泛设立食用菌大棚；范县则莲藕产业基础较好。只要符合当地产业基础，企业有吸纳农村劳动力的意向，群众能就近就业，均可通过“扶贫车间”模式加以引导。71 岁的李风田是河南清丰县马庄桥镇赵家村村民，她把自己家的 3.3 亩地全流转给了赵家村食用菌基地，1 亩地一年能获得 1 540 元土地流转费。前几年，李风田的手意外受伤，加上腰也不好，家里经济有点紧张，被评为贫困户。李风田说：“土地流转费比以前我们自己种庄稼收入还多，在这里打工，一天还能赚五六十元。”不久前，李风田家已经成功脱贫，儿子孙女都在外打工，家里刚刚还添置了小轿车。“扶贫车间”不仅是脱贫的捷径，还不耽误持家。23 岁的范闯是河南省沈丘县石槽集乡虎头村“扶贫车间”的一名员工，2016 年 9 月，他来这里上班时还是贫困户，如今他脱贫了。“父亲患病，弟弟在上学，自己人生大事要操持，我既不能外出务工，又需要一份稳定的工作，‘扶贫车间’就像是为我量身定做的。”范闯说。

(二) 案例解析

1. 教学目的与用途

通过本案例的教学,使学生较全面地了解贫困问题的成因和表现;熟悉贫困治理问题的难点所在,能够把握党和政府坚定战胜贫困问题的决心和信心,明确全面精准脱贫的具体内容。在教学过程中,注重理论联系实际,运用所学理论知识和方法分析现实问题,及时跟踪学术发展前沿;注重培养学生主动获取知识的能力,加强专题研讨、案例研究和团队项目的内容训练,为学生将来从事相关理论和实际工作打下坚实基础。

2. 背景分析

由于历史及自然原因,会有一些地区处于严重的贫困状态;国家一般都制定一些标准,划出一些贫困地区,如我国的国家级贫困县。这些地区的农业及其他方面都严重的处于落后状态,如果政府不预支持和干预,这些地区的人们很难维持文明社会的基本生活,资源环境会不断地恶化。所以政府一般都必须在财政、税收、投资、科技引进等方面给予倾斜,对他们予以扶持,以便能消除贫困,逐步走向可持续发展的道路。

新中国成立后,中国政府一直致力于发展生产、消除贫困的工作。但真正严格意义上的扶贫,是在改革开放以后提出并大规模实施的。中国成为世界上减贫人口最多的国家,也是世界上率先完成联合国千年发展目标的国家,为全球减贫事业作出了重大贡献,得到了国际社会的广泛赞誉。

1978 年,全国农村有贫困人口 2.5 亿,占当时农村总人口的 30.7%。从 1978 年年底开始,农村改革激发和调动了广大农民生产积极性,农产品产量大幅增加,农民收入迅速提高,大大缓解了农村贫困问题。到 1985 年年底,全国农村贫困人口减少到了 1.25 亿人,贫困发生率下降到 14.8%。从 20 世纪 80 年代中期开始,我国开始在全国范围内有计划、有组织、大规模地开展扶贫开发工作。1986 年成立了专门机构——国务院贫困地区经济开发领导小组及办公室,安排专项扶贫资金,制定专门的优惠政策,并对传统的救济式扶贫进行改革,确立了开发式扶贫的方针。到 1993 年年底,全国农村贫困人口减少到了 8 000 万人,贫困发生率下降到 8.7%。1994 年 3 月国家颁布了《国家八七扶贫攻坚计划(1994—2000 年)》,要求集中人力、物力、财力,用 7 年左右的时间,基本解决 8 000 万农村贫困人口的温饱问题。2001 年,我国颁布实施《中国农村扶贫开发纲要(2001—2010 年)》,扶贫工作重点与瞄准对象做出重大调整。扶贫工作重点县放到中西部地区；贫困村成为基本瞄准对象，以村为单位进行综合开发和整村推进。这一阶段把稳定解决扶贫对象温饱、尽快实现脱贫致富作为首要任务。到 2010 年底，以当时扶贫标准 1 274 元计算，农村贫困人口 2 688 万人，贫困发生率为 2.8%。2011 年，国家颁布实施《中国农村扶贫开发纲要(2011—2020 年)》，提出的目标是："到 2020 年，稳定实现扶贫对象不愁吃、不愁穿，保障其义务教育、基本医疗和住房。贫困地区农民人均纯收入增长幅度高于全国平均水平，基本公共服务主要领域指标接近全国平均水平，扭转发展差距扩大趋势。"此时，新型农村合作医疗制度、农村最低生活保障制度已普遍建立，因此，这一阶段的扶贫开发工作重点，开始从以解决温饱为主的阶段转入巩固温饱成果、加快脱贫致富、改善生态环境、提高发展能力、缩小发展差距的新阶段。国家大幅度提高了扶贫标准，明确以在扶贫标准以下具备劳动能力的农村人口为扶贫工作主要对象，以连片特困地区为主战场，围绕实现两不愁(吃、穿)、三保障(看病、子女上学、住房)为中心推进扶贫开发。党的十八大以后，以中共中央办公厅、国务院办公厅 2013 年年底印发《关于创新机制扎实推进农村扶贫开发的意见》为标志，我国扶贫开发进入精准扶贫新阶段。近年来，脱贫攻坚取得决定性进展：全国现行标准下的农村贫困人口由 2012 年年底的 9 899 万人，减少到 2017 年年底的 3 046 万人，5 年累计脱贫 6 853 万人，减贫幅度达到 70%左右。贫困发生率由 2012 年年底的 10.2%下降到 2017 年年底的 3.1%。

《中华人民共和国农业法》第八十五条提出，国家扶持贫困地区改善经济发展条件，帮助进行经济开发。省级人民政府根据国家关于扶持贫困地区的总体目标和要求，制定扶贫开发规划，并组织实施。各级人民政府应当坚持开发式扶贫方针，组织贫困地区的农民和农业生产经营组织合理使用扶贫资金，依靠自身力量改变贫穷落后面貌，引导贫困地区的农民调整经济结构、开发当地资源。扶贫开发应当坚持与资源保护、生态建设相结合，促进贫困地区经济、社会的协调发展和全面进步。第八十六条规定，中央和省级财政应当把扶贫开发投入列入年度财政预算，并逐年增加，加大对贫困地区的财政转移支付和建设资金投入。国家鼓励和扶持金融机构、其他企业事业单位和个人投入资金支持贫困地区开发建设。禁止任何单位和个人截留、挪用扶贫资金。审计机关应当加强扶贫资金的审计监督。

2015 年 11 月 29 日，中共中央、国务院发布关于打赢脱贫攻坚战的决定，提出确保到 2020 年农村贫困人口实现脱贫，是全面建成小康社会最艰巨的任务。消除贫困、改善民生、逐步实现共同富裕，是社会主义的本质要求，是我们党的重要使命,我国扶贫开发已进入啃硬骨头、攻坚拔寨的冲刺期,扶贫开发事关全面建成小康社会,事关人民福祉,事关巩固党的执政基础,事关国家长治久安,事关我国国际形象。要充分发挥政治优势和制度优势,把精准扶贫、精准脱贫作为基本方略,坚持扶贫开发与经济社会发展相互促进,坚持精准帮扶与集中连片特殊困难地区开发紧密结合,坚持扶贫开发与生态保护并重,坚持扶贫开发与社会保障有效衔接,咬定青山不放松,采取超常规举措,拿出过硬办法,举全党全社会之力,坚决打赢脱贫攻坚战。总体目标是到 2020 年,稳定实现农村贫困人口不愁吃、不愁穿,义务教育、基本医疗和住房安全有保障。实现贫困地区农民人均可支配收入增长幅度高于全国平均水平,基本公共服务主要领域指标接近全国平均水平。确保我国现行标准下农村贫困人口实现脱贫,贫困县全部摘帽,解决区域性整体贫困。

2018 年 6 月 15 日,中共中央、国务院又出台了《关于打赢脱贫攻坚战三年行动的指导意见》,提出要按照党的十九大关于打赢脱贫攻坚战总体部署,根据各地区各部门贯彻落实《中共中央、国务院关于打赢脱贫攻坚战的决定》的进展和实践中存在的突出问题,完善顶层设计、强化政策措施、加强统筹协调,推动脱贫攻坚工作更加有效开展等指导意见,以及抓紧研究制定 2020 年后减贫战略和推进扶贫开发立法。

中国的贫困标准是一个能够维持基本生存的最低费用标准,可以确保农村贫困人口最基本的生存需要,因而是客观的,也是符合中国实际的。中国是人口最多的发展中国家,贫困人口规模大,扶贫标准要与基本国情相适应,并随着经济社会发展逐步提高。1986 年,我国第一次制定国家扶贫标准,为年农民人均纯收入 206 元,到 2000 年现价是 625 元。2001 年提高到 865 元,到 2010 年现价是 1 274 元。2011 年提高到 2 300 元。到 2015 年,这个标准的现价为 2 855 元。我国扶贫标准是“两不愁、三保障”的综合标准,除了收入标准外,还有保障义务教育、基本医疗和住房安全等方面的要求。到 2020 年,我国现行标准下农村贫困人口全部脱贫,将提前 10 年实现联合国 2030 年可持续发展议程确定的减贫目标。

中国政府于 1986 年第一次确定了国家重点扶持贫困县标准。中国农村贫困人口的绝大多数集中在中西部,尤其是西部,并呈块状、片状分布在高原、山地、丘陵、沙漠等地区。这些地区是中国贫困人口最多、贫困程度最深、贫困结构最复杂的地区。在 1994 年中国政府确定的 592 个国家重点扶持贫困县中,中西部地区占 82%。我们离消除绝对贫困的目标越来越近。从贫困县摘帽看,我国自 1986 年设立贫困县以来,经过 3 次调整,每次总量都是有增无减。2016 年 4 月 23 日,中共中央办公厅、国务院办公厅发布《关于建立贫困退出机制的意见》，就是贫困县，中部的贫困发生率要降到 2%以下。西部降到 3%以下才能宣布退出。贫困人口收入要达到国家标准以外，还必须解决义务教育、基本医疗和住房安全。2016 年，有 28 个贫困县率先脱贫摘帽，第一次实现了贫困县总量的减少，表明我们在解决区域性整体贫困方面迈出了坚实的步伐。

在扶贫开发的过程中，中国政府坚持以经济建设为中心，发展贫困地区的生产力，走开发式扶贫的道路，通过多种方式和途径，采取综合配套措施，帮助农村贫困人口脱贫。20 世纪 90 年代以来，根据贫困地区的实际情况，中国的扶贫开发着重扶贫到村到户。国家不仅将扶贫到户作为一项重要措施，而且把解决贫困农户温饱的各项指标也量化到户。中国在实践中探索出许多行之有效的扶贫到户方式：一是干部包扶到户，即组织各级干部与贫困农户结成“一帮一”对子，采取签订责任状等方式，明确干部包扶任务。二是实体带动、效益到户，即通过鼓励企业与农户合作建立农产品生产加工基地，实现农产品产、供、销的良性循环。三是异地开发、移民到户，即本着自愿的原则，将贫困农户从生产生活条件极其恶劣的地区搬迁到条件较好的地区，实现异地脱贫。四是社会各界帮扶到户，即组织社会各界对贫困农户进行帮扶。

实行整村推进扶贫开发。为促进贫困地区经济社会全面发展，2001 年国家在全国确定了 14.8 万个贫困村，逐村制定包括基本农田、人畜饮水、道路、贫困农户收入、社会事业等内容的扶贫规划，整合各类支农惠农资金和扶贫专项资金，统筹安排，分年度组织实施，力争实现贫困群众增收、基础设施提升、社会公益事业发展、群众生产生活条件改善的目标。截至 2010 年年底，已在 12.6 万个贫困村实施整村推进，其中，国家扶贫开发工作重点县中的革命老区、人口较少民族聚居区和边境一线地区贫困村的整村推进已基本完成。

党的十八大以来，党中央把扶贫开发摆到治国理政的重要位置，提升到事关全面建成小康社会、实现第一个百年奋斗目标的新高度，纳入“五位一体”总体布局和“四个全面”战略布局进行决策部署。党的十八届五中全会提出了贫困人口全部脱贫、贫困县全部摘帽的目标任务。2015 年年底，中共中央、国务院发布《关于打赢脱贫攻坚战的决定》，提出了“十三五”（2016—2020 年）脱贫攻坚的总体目标：到 2020 年，稳定实现农村贫困人口不愁吃、不愁穿，义务教育、基本医疗和住房安全有保障；实现贫困地区农民人均可支配收入增长幅度高于全国平均水平，基本公共服务主要领域指标接近全国平均水平；确保现行标准下农村贫困人口实现脱贫，贫困县全部摘帽,解决区域性整体贫困。2016 年 3 月,《中华人民共和国国民经济和社会发展第十三个五年规划纲要》发布,对全力实施脱贫攻坚总体目标作出战略部署。“十三五”规划将中央脱贫攻坚决策部署变为国家意志,变为可操作的规划,第一次把脱贫攻坚作为五年规划纲要的重要内容,第一次把贫困人口脱贫作为五年规划的约束性指标,第一次由省区市党政一把手向中央签署《脱贫攻坚责任书》,并层层立下军令状。中国承诺到 2020 年实现农村贫困人口全部脱贫,既是全面建成小康社会的必要条件,也是落实联合国《2030 年可持续发展议程》的重要一步,体现了中国作为负责任大国的历史担当。

中国特色的扶贫开发道路,非常重要的一个鲜明标志就是政府主导,体现党的宗旨、政府的责任和政府强有力的组织引导。一方面,从 20 世纪 80 年代中期开始有组织有计划大规模扶贫开发以来,我们一直有社会各方面的积极参与。到 2012 年底的时候,我们就实现了中央国家机关等 310 个单位,定点扶贫了 592 个国家扶贫开发重点县。另一方面,国家安排和组织了东西部的扶贫协作。东西部扶贫协作工作是党中央、国务院为加快西部贫困地区扶贫开发进程、缩小东西部发展差距,促进共同富裕作出的重大战略决策。1996 年 5 月,中央确定北京、上海、天津、辽宁、山东、江苏、浙江、福建、广东、大连、青岛、宁波、深圳等 9 个东部省市和 4 个计划单列市与西部 10 个省区开展扶贫协作。同年 10 月,中央扶贫开发工作会议进一步作出部署,东西扶贫协作正式启动。东西部有关省市党委政府坚持从两个大局、逐步实现共同富裕的战略高度认识和推动这项工作,开展了多层次、多形式、宽领域、全方位的扶贫协作,逐步形成了以政府援助、企业合作、社会帮扶、人才支持为主要内容的工作体系,取得了显著成绩。

精准扶贫主要包括三个内容:一是精准识别。要把谁是贫困人口通过一个有效的程序识别出来,包括群众评议、入户调查、公告公示、抽查检验、信息录入完成,将制定一个贫困人口识别的办法。二是精准帮扶。贫困人口识别出来以后,我们针对他的贫困情况进行定责任人和帮扶的措施,确保帮扶的效果。三是精准管理。要建立起贫困户的信息网络系统,将贫困对象的基本资料、动态情况录入到这个系统当中进行动态管理,实现扶贫对象有进有出,扶贫的信息真实、可靠。例如,有些省份要求把扶贫车间建到贫困户家门口。有一句农民自编打油诗,“门口就业真好,兼顾一家老小,转移就业一人,实现全家脱贫”。这种扶贫车间在脱贫攻坚产业扶贫过程中发挥的作用是巨大的,影响是深远的,效果是明显的。

建立精准扶贫的工作机制,瞄准扶贫对象。这个对象必须是贫困户而不是贫困县，甚至不是贫困乡镇、贫困村，当然基础设施、公共服务要倾斜于县、乡、村，但是主要是让老百姓富起来的要瞄准家庭。贫困工作的重心下沉到村、到户，精准识别“扶真贫”、精准帮扶“真扶贫”，精准管理建机制。特别是要因地因人制宜，分户分类指导，帮助贫困对象提高自我发展能力。

3. 理论依据与分析

从短期、静态的角度看，农户的贫困脆弱性主要由随机性因素决定；而从长期、动态的视角看，农户是否陷入或脱离贫困则取决于结构性因素，时间越长，结构性因素越重要（万广华　等，2014）。从资产的角度看，中国农户应该积累更多的生产性物质资本、人力资本、金融资本和社会资本，同时提高资产使用效率，以降低其贫困脆弱性。少数民族地区的持续性贫困状态，其一般特征是创收渠道少、身体健康状况不佳、受教育程度低，特殊特征是容易返贫和出现代际贫困；该区域内农户发生持续性贫困的普遍原因是自然条件恶劣、人力资本不足和制度不完善（陈全功　等，2009）。因此，要快捷、有效地解决持续性贫困问题，必须依赖政府和农户两个方面的力量，开辟创收渠道，建立抵御市场风险冲击的防范机制，提高农户的自我发展能力。西部地区长期性贫困的成因包括自然环境资源、人力资本、经济结构、发展动力、历史积累效应、体制制度六个方面（李秀娟，2009）。需要创新扶贫政策体系、着力破解基础设施建设瓶颈制约、高度关注可持续问题、加速资源优势向经济优势转化、加大扶贫扶智力度、完善农村社会保障体制。经济社会发展在很大程度上能缓解由不利的自然地理环境对贫困造成的负面影响，但是，自然地理环境制约仍然是导致贫困的重要因素之一。与农业生产密切相关的自然地理环境的贫困效应更加突出（曲玮　等，2012）。贫困农民的收入主要来源于农业和林业。减缓自然地理环境的贫困效应、继续增加农民收入尤其是农业和林业收入，是进一步消除中国西部地区农村贫困、缩小农民收入差距的主要手段之一。政府通过合理的政策设计，充分利用贫困地区现有资源，可以在一定程度上减缓贫困的发生。

相比于农业户，兼业户的生计资本禀赋更好，生计活动更加多样化，抗风险能力更强，贫困程度较低，对自然环境的依赖性也更小（黎洁　等，2009）。因而可以通过鼓励农户兼业经营来综合解决当地的农村贫困与环境保护问题。贫困的市场脆弱性主要在于农产品市场体系的不完善和波动性以及农村劳动力非农就业市场的不完善，应对战略为反贫困总体框架的市场机制化，加快农产品和城乡劳动力市场体系建设。经济全球化当前对中国贫困脆弱性的影响程度有限，但是，仍需对未来可能的贸易摩擦采取预防性措施，并针对主动的产业升级战略采取补充性措施

(檀学文　等,2010)。民族地区贫困与灾害发生具有高度契合性。究其原因,除了灾害本身的贫困效应外,还与致贫因子与孕灾环境的契合性密切相关。研究表明,基于风险及脆弱性的存在,这两者的契合具有理论上的必然性；而契合路径则主要体现在脆弱的生态环境、人口的增长与整体素质不高、经济的短板效应、薄弱的基础设施以及较低的社会保障水平(庄天慧　等,2012)。因此,民族地区实施扶贫开发需与防灾减灾有机结合起来,让灾害治理与扶贫开发齐头并进、协同发展。

从减贫渠道来看,政府和市场共同发挥作用。2000—2008年间,经济增长依然对减少贫困发挥着显著作用,从全国平均来看,农业增长的减贫作用最大,第二产业和第三产业的增长对减少贫困也具有重要作用(李小云　等,2010)。进入21世纪以来,经济增长在一定程度上表现出"益贫困地区"大于"益贫困户"的特征。农村扶贫政策的实施从生产能力、市场参与和缓解脆弱性等角度改善了贫困地区农民分享经济增长的机会和能力,有劳动力的贫困农户如果能够参加扶贫项目,其收入增长速度是非常可观的。扶贫政策的实施促进了中国农村减贫的进程,缓解了收入分配对减贫的负面影响,使经济增长表现出一定的益贫性。但扶贫政策实施过程中存在的瞄准偏差,是导致"益贫困地区"大于"益贫困户"的原因之一,未来的农村扶贫政策需要在加强扶贫资金投入的同时提高扶贫资金的瞄准效率(张伟宾　等,2013)。社会救济支出、基本建设支出和农业性公共支出对减贫存在显著效应,但科教文卫支出作用并不显著。各项公共支出的减贫效应排序为:农业性公共支出＞社会救济支出＞基本建设支出(王娟　等,2012)。预算内收支分权程度的提升有利于缓解农村贫困,但预算外收支分权对农村贫困的影响存在较大差异,其中,预算外收入分权程度的提高反而恶化了农村贫困(储德银　等,2013)。另外,农村贫困还具有递延效应。因此,农村扶贫是一项长期而艰巨的民生工程。

贫困农户畜牧业收入较低是困扰我国扶贫工作和畜牧业发展的难题。贫困农户畜牧业中间物质投入的效率低下是最重要的原因,能够解释贫困农户与非贫困农户畜牧业收入差距的96%；劳动力投入少且劳动产出效率低也是贫困农户畜牧业收入低的重要原因,对贫困农户与非贫困农户畜牧业收入差距的贡献分别为39.3%和16.7%(马铃　等,2013)。国家未来的扶贫政策和扶贫资金应更加有效地满足贫困农户对发展畜牧业的需求,尤其是提高贫困农户中间投入品和劳动力的使用效率。农民合作社的制度安排具有益贫性的显著特征,这使其能够成为精准扶贫与精准脱贫的理想载体。农民合作社产权制度和治理结构不合理的根本原因在于普通农户无股权,使合作社与普通农户之间难以建立起紧密的利益联结机制。整合国家财政扶贫资源与合作社进行对接,再吸纳贫困农户的自有资源,一方面有助于依托合作社推动建立产业扶贫、资产收益扶贫、合作金融扶贫与农业科技扶贫相结合的精准扶贫体制机制,另一方面也有利于提高贫困农户在合作社中的股权份额,改善合作社的产权构成,使贫困农户能够更好地参与合作组织并逐步提升合作自治能力,推动合作社进一步完善治理结构,走上转型升级与可持续发展的道路(赵晓峰　等,2016)。农地流转具有显著的多维减贫效应。其中,收入维度和就业维度的减贫效应尤为突出,教育维度减贫效应逐渐显现。但是,农地流入和农地流出的减贫效应具有明显的差异,农地流出的就业减贫效应、收入减贫效应要更显著,农地流入具有极不明显的教育减贫效应(夏玉莲　等,2017)。推进农地流转可能是增加家庭收入、提升农民可持续发展能力并保障其权利进而促进全面脱贫攻坚的一个新思路。

长期以来国家将扶贫目标瞄准为县,再调整为乡镇、村。以村作为瞄准目标使开发扶贫目标更具有针对性。问题在于村庄内贫富差距同样是巨大的,在贵州省的一些村内部农户之间的基尼系数达到 0.74,组内则高达 0.78,远远大于 0.4 的警戒线;依托开发扶贫项目进行目标瞄准,项目覆盖的贫困人口过低;开发扶贫项目瞄准与贫困村庄、贫困农户的需求偏离(洪名勇,2009)。应对开发扶贫瞄准机制进行调整,瞄准村庄与瞄准农户相结合,制定目标规划,强化责任机制,突出扶贫重点,明确扶贫环节,建立完善扶贫项目评审机制,确保项目瞄准科学性与公正性。社区综合发展减贫方式能显著提高农户收入水平,并且具有较长时间的持续效应;但在不同时期,它对种植业、养殖业、劳动者报酬、经营活动及其他方面收入的影响程度、方向和显著性有较大差异。其中,劳动者报酬受到的影响最大、最持久,且方向为正。相比于单一发展的项目形式,综合发展减贫方式的增收效应总体上更加明显(郭君平　等,2013)。贫困地区农村居民的收入流动性比较强,其中,低收入组农村居民有较大的机会移动到中收入组和高收入组。在这个过程中,政府实施的惠农政策发挥了重要作用,帮助低收入组居民向上流动,从而减少长期贫困和促进长期平等。目前惠农政策对收入流动的影响主要表现为直接增加农村居民的转移性收入,帮助低收入组居民向上流动,而间接影响比较有限,即通过增加农村居民家庭经营收入进而实现向上流动的影响比较小。尽管贫困地区低收入居民有较大的向上流动机会,但他们的收入很不稳定,容易从中收入组和高收入组重新回落到低收入组。政府应采取更多稳定居民收入的政策措施,例如增加本地就业机会和提高外出务工人员的非农就业技能等(张玉梅　等,2015)。面对脱贫攻坚的硬骨头,把精准帮扶的措施落实到户,能够取得更好的扶贫绩效。

不同层级行为主体的利益分殊是导致贫困户识别偏离的根本原因,信息不对称是导致贫困户识别偏离的技术条件。基层政府、村"两委"倾向于有效利用相对于上级的信息优势,识别并报告符合本级利益诉求、不一定贫困的"贫困户",成功实现贫困户识别工作的目标置换(陆汉文 等,2016)。基于此,可将有助于减少信息不对称的措施视为推进精准识别、精准扶贫的有效技术途径,将有助于减少不同层级之间利益分殊的措施视为推进精准识别、精准扶贫的有效制度途径。在精准扶贫项目与贫困乡村衔接中出现了多类实践困境:项目分配与申请阶段,上级政府存在着对资源分配的"选择性平衡"思维与农户选择项目时对风险规避的思量;项目立项与实施阶段,产生了村级组织联合乡村精英对扶贫资源的俘获现象以及乡村基层组织通过"项目造点"方式对项目制治理模式的反控制逻辑,贫困农户对项目的参与也折射出当地农民安于现状的常态,反映了"思想贫困"对农户项目参与积极性的阻碍,上述困境产生的原因是项目制下不同层级组织的多重逻辑与来自乡土逻辑的影响使然(孔令英 等,2017)。"整体性扶贫"是对中国扶贫开发政策和实践的本土经验总结,使得扶贫开发中的一切"整合"得到落实。多元主体的参与、政府的主导、制度化的组织保障和激励机制是中国扶贫开发"多元整合"的核心特征(许文文,2017)。"整体性扶贫"是中国政府的创新,是一种独立的公共治理模式,而不是盛行于西方的公共治理模式的拷贝。

4. 思考和讨论题

(1) 贫困产生的机理是什么?

(2) 如何对贫困户进行精准识别?

(3) 我国必然能够精准脱贫的优势有哪些?

案例八：农村集体产权改革路向何方

（一）案例介绍

算清农民财产权利的“明白账”——四川农村集体经济股份制改革“破冰”

2015年春节期间，在四川广汉市和兴镇华严村，村民们仍在修建一座占地7 000多平方米的粮食加工厂房。这个厂房的土地租金及管理费用等，归华严村集体资产股份合作社所有，作为股东，每一位村民将获得股份收益。华严村拥有本村户籍的村民为2 198人，从今年开始，他们将享有村集体资产股份合作社的股份。村党支部书记林兴伦说，村集体资产不仅包括粮食加工厂房及用地，还包括即将整理出来的200多亩土地。按照25万元一亩的价格入市，村集体资产将“凭空”多出5 000万元。“有本村户籍的村民都是股民，都能享受到这些收益，但具体每股多少钱，如何分配，还要与村集体经济组织成员商量。”村民汪明勇说，原来，村集体的荒地、林地及部分建设用地等，大家都不去管；现在，都纳入村集体资产股份合作社，社员也能分钱。“相信通过改革，大家收入都能增加点。”专家表示，随着工业化、城镇化加快推进，农村经济结构、社会结构正发生深刻变化，农村集体资产产权归属不清晰、权责不明确、保护不严格等问题日益突出，侵蚀了农村集体所有制的基础，改革农村集体产权制度势在必行。华严村的改革在四川其他一些地方也在悄然推进。在内江市市中区尚腾新村，村里100多亩山平塘以每亩5 000元的价格折算成资产，纳入尚腾新村集体资产经营管理公司。此外，村里257亩集体建设用地、商铺、闲置房屋，以及道路、广场等全部集体资产和建设用地，都被作价入股，变成近1.5万股集体股份。这些股份再按各生产队的实际份额分给在籍的2 765名村民，人均可分到5.5股。尚腾新村在组建集体资产经营管理公司时，引进了一家公司，共同组建了一家新的企业，发展观光农业和乡村旅游。在这家新公司里，尚腾新村以集体资产和建设用地入股，公司以现金和固定资产入股，双方初步约定出资和分成均按四六开。“2015年3月，村集体将获得300万元的收入，正在讨论如何按股分给村民。"村党支部书记潘俊良说。

四川省农工委副主任杨新元说,四川在充分尊重农民群众意愿基础上,支持和鼓励试点村组集体经济组织在资产量化、股权设置、资产运营等方面大胆探索,发展壮大集体经济。在四川广汉市、内江市等农村地区,村集体资产股份制改革已悄悄萌芽。从今年开始,作为中国农村改革"先行区"的四川省,拟在广汉、内江市市中区、成都市龙泉驿区、温江区、武胜县等 10 个县(市、区)进行改革试点。根据改革试点方案,试点范围将包括农村集体经济组织所有的房屋、建筑物、机械设备、农业资产等经营性资产,用于农村教育、文化、卫生等公益事业的非经营性资产,集体所有的耕地、林地、草地、荒地、水面等资源性资产等。方案还明确将村集体经济组织成员边界、村集体资产折股量化到人、法人治理、资产运营、制度体系等作为试点主要内容。据了解,2015 年年底,四川将完成这项改革试点。"通过农村集体经济股份制改革,村民们将算清自己财产权利的'明白账'。"杨新元说。

浙江省农村集体经济股份制改革全面完成

据浙江省有关部门统计,截至 2015 年年底,浙江全面完成农村集体资产确权工作,全面完成农村集体经济股份制改革,全省 29 400 多个村社的 3 500 多万农民当上了股东。过去,村集体资产属于村民集体所有,但对个人来说看不到、摸不着,如果户口迁移,就意味着权益丧失。浙江省农业厅相关负责人表示,通过股改,村集体资产所有权量化到个人,建立了"确权到人(户)、权跟人(户)走"的农村集体产权制度体系。"确权到人(户)"让农民增加了一个收入来源,"权跟人(户)走"让有条件的农民放心进城。股改还推动了农村治理体系向政社分离转变。以往村民委员会和村经济合作社在财务上都是"一本账"。股改后,合作社办经营,村委管理村务,村里收支管理更规范,农民利益更有保障。浙江省农业厅有关负责人介绍,在全面赋予农民对集体资产股份占有权、收益权基础上,正积极探索股权继承、有偿退出和抵押、担保等权能试点。目前,全省已在 80 个市、县(市、区)搭建农村产权流转交易平台。德清县洛舍镇砂村一宗面积 20 亩的土地使用权 2015 年 9 月成功入市交易,成为浙江省首宗以拍卖方式出让的农村集体经营性建设用地。该村党总支书记胡金璋说,拍卖所得的 782 万元全部量化到村集体经济中,每股股价直接增加 2 500 元,"新政策给砂村带来的最好机遇,释放出改革红利,让每一位农民都直接受惠、收入增加。"

农村集体产权改革遇难题:难解农村集体产权

2018 年 1 月,河南省濮阳市农业局农村经济经营管理科科长王庆国说,在清产核资过程中，土地权属争议问题比较大，“证地不符”的情况也经常发生，一些村民实际占有的土地面积和农户承包证书上的地块不一致，一些农户可能会有对集体荒地进行私自开垦，由于缺少完善的法律政策，导致一些确权、清产等行为没有具体章程可遵循，可能给一些借改革之机牟利的人员留下了可乘之机。土地确权时搁置的“硬骨头”直接影响了农村集体产权制度改革推进。王庆国表示，土地确权时，一些地方无法标定土地权属界址点、线，较难解决的土地权属争议问题被搁置。这些以前搁置的问题在清产核资中又暴露出来，影响了农村集体产权制度改革的推进。这种权属纷争，在同时拥有森工、农垦、地方县市等多个行政体系的黑龙江省格外明显。记者了解到，黑龙江省不少县城与农垦或森工系统之间存在土地权属纠纷问题。一位干部举例，比如某个地方，先有农民耕地，后规划成林场。“农民实际种植几十年，你要当林地就比较难办。土地确权时这些‘硬骨头’被搁置下来，现在清产核资就没法再搁置了。”近年来，由于城镇化的快速发展和区域间发展的不均衡，人口流动对农村人口结构产生了重要影响。福建省福州市闽侯县从2015年下半年启动了成员身份认定工作，在上街镇和甘蔗街道2个试点地区总结出了24种情况，但仍没能实现所有情况全覆盖，新的问题层出不穷。缺乏完善的法律政策支撑，成为掣肘改革推进的一大难题。据了解，目前针对集体成员身份的认定，国家没有出台统一规定，只给出了相关指导意见，河南、黑龙江等地试点地区以县域为单位，制定了原则性的意见，但由于缺乏法律支撑，不少基层干部表示担心。河南省台前县清水河乡东孟楼村村支书孟庆华说，确权、身份认定这些都和老百姓有实实在在的联系，虽然决策都经过村民代表委员会通过，但一些村民有意见，我们还是“心里没底”。

一些地区农村集体产权制度改革后，村里资源、资产的经营问题逐渐凸显。一些地区的土地经营权抵押贷款仍有困难，农村金融服务无法和农村集体产权制度改革的需求相配套。福建省农业厅农村经济体制与经营管理处副调研员罗良标说，原来集体组织经营活动不收税，但改革后身份变化，需要在工商登记，税率最高超过50%。这打击了新经济组织登记的积极性，“用工业企业税收政策去要求集体经济，那集体经济很难壮大，农民在改革中获得的红利也会削减”。相比集体收益，农民对个人产权、股权的“变现”更关心。“一些地区的土地经营权抵押贷款仍有困难，这对农村集体产权制度改革不利。”王庆国向《经济参考报》记者表示，股权抵押贷款在各地已经出现，但总体来看，比例非常小，一些金融机构推进相对缓慢，农村金融服务无法和农村集体产权制度改革的需求相配套。作为全国第一批农村集体产权制度改革的29个试点县之一,福建省福州市闽侯县农业局经管站站长程金泉说,农村集体产权权能改革包括占有、收益、有偿退出、继承、抵押、担保等,有股权证后,按道理说可以享受这六项权力。但目前只做到前四项,“抵押和担保这两项,银行方面有限制,还没完全落实”。

实地调查发现,随着改革不断推进,一些深层次的问题也不断暴露,一些潜在风险和不良倾向需要警惕。一是警惕“吃光分净”“一股了之”等思想蔓延。一些地区在股权划定时缺少对必要集体股的认识。河南一些地方基层干部反映,有的村民听说分股就理解成为“分钱”,不支持发展集体经济,一味要求“吃光分净”,影响改革发展进程。不少地方干部认为,这在某种程度上已背离了农村集体产权制度改革的主旨,“即便顺利改了,也会影响后续发展”。此外,股权改革后对管理要求提升了,但干部知识更新没有跟上。黑龙江省绥化市北林区兴安满族镇永兴村村支书贾海涛说,过去“看家望门”的老干部“管不明白”了,急需一批懂现代化金融知识的年轻基层干部。二是警惕人地矛盾等问题在清产核资中集中爆发。为了加快推进农村集体产权制度改革,东北一些省份已全面启动农村集体资产清产核资工作。东北某产粮大县一位经管系统干部说,随着清产核资陆续展开,原有不规范合同浮出水面,这些矛盾随之集中出现。这位干部举例说,有的村20亩地一年100块钱就发包出去了,但时过境迁,很难查清楚。这些土地问题容易成为影响农村稳定的新难题。东北一地级市农委负责人说,一些村的机动地等资源都被发包到本轮承包期结束,村里可转化收益的有效资源不多,因为现在看不到收益,很多农民对产权制度改革积极性不高。三是警惕基层组织领导力被弱化。一位村干部介绍,当地大多数村经济基础薄弱,基本靠上级转移支付和发包村里机动地过日子。每年村里开支不少,除了村干部工资,还有村里环境整治,有时光清雪一项一年就得2万多元。改革后,很多有了股权的农民都在外打工,可能不会同意村里的一些开支,村委会办公和维护村里日常发展的经费存在无法保障的隐忧。这种情况在负债村更突出。福建省闽侯县农业局副局长吴家钿等人说,随着改革推进,“政经分离”之后,村里没钱了,社(指农村集体经济组织)里有钱了。如果两套人马,村里不多的人才都会往“社”里去,“以后社长更牛,村主任没有人当”。

针对当前农村集体产权制度改革面临的制约和风险,一些地方干部和专家建议,及时啃下土地确权中的“硬骨头”,加快农村金融配套服务,在完善法律政策的同时,强化资产股权的动态管理,为农村产权制度改革清障,为农村经济发展注入活力。加强思想动员和组织宣传,提高基层干部对农村集体产权制度改革的认识,进而带动农民共同推进农村集体产权制度改革。一些地方干部认为，要对没有村积累，且无法马上获得股权分红等农村的基层群众，做好解释说明工作，认清农村集体产权制度改革的重大意义，"改革不仅仅是为了分权、分红"。及时啃下土地确权中的"硬骨头"，为农村产权制度改革清障。黑龙江省绥棱县、方正县一些干部建议，及时排解农村清产核资过程中出现的新问题，减轻并减少人地矛盾等新的不稳定因素。加快解决土地确权时遗留下来的搁置问题，扫除农村集体产权制度改革的"最后一公里"。加快农村金融配套服务，与农村集体产权制度改革相匹配。王庆国等地方干部建议，尽快从国家层面上搭建平台，由政府信用或相关资金做担保，撬动金融杠杆，推动经营权、股权利用，吸引更多基层群众参与改革。专家表示，农村产权制度改革不应该是封闭的，股权不应该是固化的，应允许随着人员流动，实现动态管理。在法律允许的范围内，探索建立成员进入、退出机制，将成员资格的放弃与产权的有偿退出、成员资格的获取与产权的购买相结合，为农村经济发展注入活力。不少基层干部指出，农村集体经济与企业市场经济发展差距较大，集体产权改革后可能面临经营难题。应加快出台扶持壮大农村集体经济的意见，通过的税费政策等措施推动农村集体经济发展，带动改革成果惠及更多群众。福建省晋江市农业局局长李友加说，农村集体经济起步阶段面临着贷款难、竞争力弱等问题，国家应当给予一定扶持政策，帮助集体经济迅速成长。闽侯县上街镇副镇长郑龙认为，农村集体经济组织是一种新的特殊法人，适应的税费条款要区别于其他企业组织。

（二）案例解析

1. 教学目的与用途

通过本案例的教学，使学生较全面地了解农村集体产权的基础理论和基本知识；熟悉农村集体产权面临的突出问题，理解集体产权改革的重要意义以及具体思路和策略。在教学过程中，注重理论联系实际，运用所学理论知识和方法分析现实问题，及时跟踪学术发展前沿；注重培养学生主动获取知识的能力，加强专题研讨、案例研究和团队项目的内容训练，为学生将来从事相关理论和实际工作打下坚实基础。

2. 背景分析

现在全国有 1 万多个村镇实行集体经营，有的地方搞得确实不错。其余地方都是实行家庭承包经营和集体统一经营相结合的双层经营体制。全国有 24.8 万个村建立了农村集体经济组织，主要集中在东部发达地区，另外 36.5 万个村由村民委员会代行村集体经济组织职能。全国98%以上的村是实行家庭承包,还有一部分村是实行集体统一经营,这仍然是集体经济的一种实现形式。实现形式是要与时俱进的。我们改革30多年来,集体经济实现形式分两步走:第一步就是把所有权当中的经营权分给农民,所有权在集体,生产经营权在农户,就形成了双层经营。随着人口的变化,随着农民工进城,农村的社会结构已经发生了很大的变化。第二步就是在这种基础上,承包的农户就需要或者有可能有条件把他的承包经营权再分离出来,分离给第三方,也就是一些专业大户、合作社等,让他们去经营。这样就形成了三权分置,即所有权、承包权、经营权三权分置。

农村集体经济是社会主义公有制经济的重要组成部分。经过长期的发展积累,目前全国农村集体经济组织拥有土地等资源性资产66.9亿亩,各类账面资产2.86万亿元,大体上全国的村平均每个村是500万元,东部地区的村有近千万元。这些资产是农村农业发展的重要物质基础。30多年前农村实行土地家庭承包,调动了亿万农民的积极性,解决了十几亿人的温饱问题。现在随着社会主义市场经济体制的建立,深化农村集体产权制度改革既体现集体经济的优越性,又调动个人积极性。这种农村集体经济运行的新机制,可以更好地发展壮大集体经济,逐步实现共同富裕。农村集体资产主要有三类,第一类是集体所有的土地等资源性资产。第二类是用于集体统一经营的经营性资产。第三类是用于公共服务的非经营性资产。其中经营性资产改革重点是在清产核资的基础上,将集体经营性资产确权到户,然后发展多种形式的股份合作制。确权到户不是把集体资产分了,而是要明确谁有这个权利,大家来共同发展股份合作制。所以改革要开展清产核资、确认成员身份、搞好折股量化,构建集体资产运行新机制和收益分配制度,说到底就是落实好农民的集体收益分配权和民主监督权。

中国农村实际上是一个以公有制为主导多种所有制经济共同发展的一种经济组织形式。它的主体当然是农村集体经济,我们整个国土面积中大约45%的面积属于农村集体所有,其中包括耕地,还有林地、草原和未利用土地。农村土地属于农民集体所有,是《宪法》明确规定的,必须长期坚持毫不动摇。目前我国农村集体经济拥有大量的资产,包括资源性资产、经营性资产和非经营性资产。仅耕地、草地、林地有60多亿亩,经营性资产达到2.86万亿元。农村的土地只有不到10%是国家的,90%都是农民集体的,所以我们是以土地集体所有制为主,10%主要是国有农垦。还有不太了解的说土地集体所有就是村委会所有,这也不准确。土地归农民集体所有,如果从层次来说,大概40%左右的集体土地是村级所有,60%左右是村民小组所有，就是过去的生产队所有。坚持农村土地的集体所有，有利于保证广大农民群众平等享有基本生产资料，是实现共同富裕的一个重要基础。

目前全国农村集体经济组织拥有的各类账面资产2.86万亿元，大体上全国的村平均每个村是500万元，东部地区的村有近千万元。这些资产是农村农业发展的重要物质基础。30多年前农村实行土地家庭承包，调动了亿万农民的积极性，解决了十几亿人的温饱问题。现在随着社会主义市场经济体制的建立，深化农村集体产权制度改革既体现集体经济的优越性，又调动个人积极性。这种农村集体经济运行的新机制，可以更好地发展壮大集体经济，逐步实现共同富裕。

农村集体经济组织和其他经济组织有很大的不同，按照法律规定，它的财产属于成员集体所有。同时，农村集体经济还有一个很大的特征，就是它的社区性，主要表现在土地等基本生产资料集体所有。针对这种特殊性，为了保护农民的利益，特别是防止外部资本的侵占，文件明确两点：第一，改革的范围严格限定在集体经济组织内部；第二，股权的流转不得突破集体经济组织的范围。这两点规定非常重要，现阶段也是符合农村实际的。农民的土地承包权、农民的宅基地使用权、农民对集体资产的收益分配权必须维护。农民获得这些权利的依据在于他是集体经济组织的成员，依照法律，他也是本集体组织所有财产的所有者之一，所以他是依据他是本集体组织的成员、是资产和资源所有者的身份获得的这些权益。通过这些改革，比如农村集体经营性建设用地的入市等方式，可以让农民在土地上获得更多的收益。

2016年年底，全国农村集体账面资产总额3.1万亿元，村均555.4万元，一些大城市的城郊村账面资产可能是2 000万元，要评估土地的话可能就是两个亿，甚至数亿。这么庞大的资产是亿万农民长期辛勤劳动、不断积累的宝贵财富，也是发展农村经济、实现乡村振兴、实现农民共同富裕的重要物质基础。城郊村、发达的村资产非常多，但是没有落到农民名下，就导致了监管的缺失，就会出现小官大贪。如果这个事情长期这样下去，就会给社会的稳定、给农村集体经济的发展带来很大的问题。所以，现在采取股份合作的办法来改造现在的这种集体经济。

2016年12月，中央印发的《关于稳步推进农村集体产权制度改革的意见》明确，要先行试点，逐步推开这项改革。开展试点是我们推进农村集体产权制度改革的一个重要方法。为了推进这项改革，我们目前组织了三批试点。第一批试点是，2015年农业部、中央农办、国家林业局确定在29个县（市、区）开展的农村集体资产股份权能改革试点。这项改革试点任务去年年底已经完成。我们已经进行了总结,媒体对这 29 个县改革的情况已有系统报道。第二批试点是,2017 年农业部、中央农办确定在 100 个县开展的农村集体产权制度改革试点,试点周期两年,将于今年 10 月底完成。第三批试点是,2018 年农业农村部、中央农办按照“扩面、提速、集成”的改革总体要求,进一步扩面的改革试点,包括吉林、江苏、山东 3 个整省试点、50 个地级市开展整市试点、150 个县级行政单位开展整县试点。三批试点加起来,共涉及县级行政单位 1 000 个左右,此外,部分省还确定了 266 个地方试点,这三批就是“先行试点,逐步扩面”的具体体现。

经过多年的发展,全国现在共有 23.8 万个村、75.9 万个村民小组建立了集体经济组织,占总村数的 40.7%,村民小组占比超过 15%。根据农业农村部的统计,截至 2016 年年底,全国农村集体资产总额是 3.1 万亿元(不包括土地等资源性资产)。在统计的 55.9 万个村中,经营收益 5 万元以上的村达到 14 万个,占总数的 1/4。集体没有经营收益或者经营收益在 5 万元以下的村有 41.8 万个,占总数的 74.9%。东部地区村均集体资产总额 1 027.6 万元,中部地区村均 271.4 万元,西部地区村均 175 万元。

十八届三中全会指出,建立城乡统一的建设用地市场,在符合规划和用途管制前提下,允许农村集体经营性建设用地出让、租赁、入股,实行与国有土地同等入市、同权同价。缩小征地范围,规范征地程序,完善对被征地农民合理、规范、多元保障机制。建立兼顾国家、集体、个人的土地增值收益分配机制,合理提高个人收益。完善土地租赁、转让、抵押二级市场。坚持农村土地集体所有权,依法维护农民土地承包经营权,发展壮大集体经济。保障农民集体经济组织成员权利,积极发展农民股份合作,赋予农民对集体资产股份占有、收益、有偿退出及抵押、担保、继承权。建立农村产权流转交易市场,推动农村产权流转交易公开、公正、规范运行。推进城乡要素平等交换和公共资源均衡配置。党的十九大报告提出,深化农村集体产权制度改革,保障农民财产权益,壮大集体经济。

从实际出发探索发展集体经济有效途径,鼓励地方开展资源变资产、资金变股金、农民变股东等改革,增强集体经济发展活力和实力。坚持和完善农村基本经营制度,坚持农村土地集体所有,坚持家庭经营基础性地位,坚持稳定土地承包关系,不能把农村土地集体所有制改垮了,不能把耕地改少了,不能把粮食生产能力改弱了,不能把农民利益损害了。

2016 年 12 月 26 日中共中央国务院发布《关于稳步推进农村集体产权制度改革的意见》,指出农村集体经济是集体成员利用集体所有的资源要素,通过合作与联合实现共同发展的一种经济形态，是社会主义公有制经济的重要形式。农村集体资产包括农民集体所有的土地、森林、山岭、草原、荒地、滩涂等资源性资产，用于经营的房屋、建筑物、机器设备、工具器具、农业基础设施、集体投资兴办的企业及其所持有的其他经济组织的资产份额、无形资产等经营性资产，用于公共服务的教育、科技、文化、卫生、体育等方面的非经营性资产。改革目标是，通过改革，逐步构建归属清晰、权能完整、流转顺畅、保护严格的中国特色社会主义农村集体产权制度，保护和发展农民作为农村集体经济组织成员的合法权益。科学确认农村集体经济组织成员身份，明晰集体所有产权关系，发展新型集体经济；管好用好集体资产，建立符合市场经济要求的集体经济运行新机制，促进集体资产保值增值；落实农民的土地承包权、宅基地使用权、集体收益分配权和对集体经济活动的民主管理权利，形成有效维护农村集体经济组织成员权利的治理体系。

3. 理论依据与分析

中国农地集体所有权以集体成员、农用土地和农业产业为基础，针对农村群体生活安排而设计，旨在保障农民生存、农业生产和社会安全；它脱胎于公有权，是资源性质、社区性质的所有权，处于国家意志严格约束之下；它将农地归属于农民集体，排除了国家所有和私人所有，保障农业生产组织和农地资源整合（童列春，2014）。农民集体是群体主体，农地与道路、水利设施等财产协同发挥功能，通过生产经营机制实现运行，并得到多层次法律机制的保护。集体资产股权形成的产权原因是集体经营资产的产权模糊性。集体资产股权经历了一个集体收入分配“外部利润”内部化的形成过程，内涵本质上与成员权、土地权利紧密相关；它创新了集体产权制度，发展了农村基层民主制度，但还存在产权内容、属性、治理机制、支撑条件等方面的不足，要全方位培育集体资产股权成长为物权或准物权的所需条件（赵家如，2014）。集体经营资产的产权在农村社区之间是清晰的，但在社区内部是模糊的，集中表现为“人、财、权”无法确定。

农村集体资产存在着难确认的问题。农民确实存在着农地权属认知的“非集体化”倾向。进一步的分析表明，农户对“集体”概念的理解偏差、农村地区法律普及工作的滞后、农地产权法律规定的模糊以及土地管理工作的强烈国家意志是“非集体化”认知的根源（晋洪涛　等，2011）。农民这种看似错误、实则理性的认知将会影响到农村土地管理和利用的各方面，需要给予高度重视。从《宪法》规定、法人资格条件等方面，农村社区集体经济组织在功能、治理机制、产权结构、收益分配上有与合作社一致的价值取向，以及在运作机制上与农民专业合作社有一些差异，提出将其明确为合作社法人较为适合,但需要单独立法(郑有贵,2012)。农村社区集体经济发展预期难实现的根源在于法人地位缺失,明确其法人地位已经成为推进改革和发展的基本条件。

农村集体经济组织是农村集体所拥有的各类资产和资源的组织载体,农村集体产权制度改革是指对农村集体经济组织所拥有的各类资源(主要是土地资源)、资产和资金实行以进一步明晰产权、确定权属关系为核心的一系列改革措施。农村集体经济组织的产权制度改革是农村综合改革与发展的核心问题之一,而农村集体产权制度改革必须与农村土地制度改革统筹考虑。推进农村集体经济组织产权制度改革是农村改革发展中的一个具有方向性的重大课题,也是在新的历史条件下维护农民集体收益分配权、壮大农村集体经济、完善农村经济体制的重要举措。我国农村集体产权制度改革取得了很大进展,也积累了一些好的经验和做法,但一些问题认识需要辨析。目前,我国农村集体建设用地主要就是乡镇集体建设用地,它并不是真正的集体建设用地,而是由乡镇政府代管的所谓的集体建设用地,但本质上应该属于国家建设用地。现行法律所规定的乡镇集体建设用地使用权的设立方式属于申请、审批的设立方式,体现的是一种超强性土地征收的立法精神,有必要对该项制度进行"去超强化"。现行法律所做的有关集体土地所有权转归乡镇农民集体所有的规定体现了《物权法》的固有性要求,但是实属无奈之举(李宴,2014)。农村集体产权制度改革,在以村为单位开展这项工作中,农村集体资产量化以经营性资产为主,成员资格界定兼顾户籍与劳动贡献,一般设置人口股和农龄股,股权管理采取动态和静态两种模式,形成的新型集体经济组织建立"三会"治理结构,在提取公积金和公益金后当年收益按股分配。实践证明,该项改革保持了集体生产的完整性,增加了成员的财产性收入,探索了集体经济有效实现形式(农业部农村经济体制与经营管理司调研组,2013)。针对面临的股权流动困难、工商登记后的税费负担过重和可持续发展挑战,应该明确改革步骤,完善农村集体资产产权权能,制定税费优惠政策。对于集体资产量化的范围,在中央没有制定统一标准前,各地可以先量化经营性资产,暂不量化非经营性资产和资源性资产;若农村基层干部、群众一致同意对资源性资产进行量化,应允许农民积极探索。关于成员资格界定,可行的办法是在提出指导性意见的基础上,鼓励地方因地制宜,积极探索。关于股权设置,原则上不提倡设集体股,具体是否设集体股,应根据经济发展的需要,充分尊重群众选择,由集体经济组织通过公开程序自主决定。在集体资产股权权能方面面临的任务主要是完善权能。在股权管理方面,引入现代企业制度的股份制，切实加强产权保护。为实现集体资产股份能够顺畅流转，应当加快建立农村产权流转交易市场，取消对集体资产股权流转交易的限制。农村集体产权制度改革最终落脚点是推动集体经济持续发展，政府应解决农村集体土地资源利用、改制后新型集体经济组织税费负担过重、集体经济组织成员缴纳红利税等问题［课题组（黄延信　等），2014］。政府应为农村集体经济组织制定专门的登记管理办法，由政府发放组织证明书是当前解决集体经济组织身份问题切实可行有效的办法。

中国农村集体经济组织产权制度改革取得了初步成效，但由于缺少法律法规和相关配套扶持政策的支撑，该项改革在推进过程中遇到了不少问题和制约因素。主要表现为：思想认识尚不一致；农村集体资产量化范围难以统一；农村集体经济组织成员资格认定和股权（份额）设置存在一定分歧；完成产权制度改革后所建立的新型农村集体经济组织的法人主体地位难以确立；集体资产股份流转尚不具备条件；新型农村集体经济组织的治理机构有待完善；新型农村集体经济组织与村委会或社区的关系有待梳理；促进农村集体经济持续健康发展需要拓宽路径（方志权，2014）。股权设置和管理是集体产权制度改革的重点内容，股权设置集中反映了各方权益是否能公平体现，是建立完善集体经济组织利益分配制度的重要前提，股权管理方式则决定了股权权能的实现路径。如何合理设置股权类型、有效维护和保障集体成员利益，怎样的管理方式有利于保障股权的权能完整、实现股权的流转顺畅，仍是产权改革中需要进一步探讨和规范的问题（“农村集体产权制度改革和政策问题研究”课题组，2014）。在目前各地成功试点和探索的基础上，有必要将行之有效、可复制、可推广的经验及时上升为法律法规，以促进农村集体经济组织产权制度改革依法推进，减少制度变革的成本。

4. 思考和讨论题

（1）为什么要发展壮大农村集体资产？

（2）农村集体资产改革的方向是什么？

（3）农村集体资产改革的难点有哪些？

案例九：宅基地改革何去何从

（一）案例介绍

宅基地换房："天津模式"欲破"三农问题"瓶颈

2008年10月，天津近郊农民眼下最热衷的话题是"宅基地换房"。"你们村的地多少钱一亩？""你们家能换多少平方米楼房？"所谓"宅基地换房"办法，即农民自愿以其宅基地，按照规定的置换标准，换取小城镇内的一套住宅，迁入小城镇居住。原村庄建设用地进行复耕，而节约下来的土地整合后再"招""拍""挂"出售，用土地收益弥补小城镇建设资金缺口。从2005年下半年开始，天津市围绕破解土地和资金双重约束的难题，在广泛征求农民意愿和大量调研基础上，推出以"宅基地换房"加快小城镇建设的办法，并在"十二镇五村"开展试点，涉及津郊近18万农民。至2008年年末，将有10万农民告别乡间老屋，住上有产权的商品房，过上进工厂上班拿工资、有社保医保的"城里人"生活。天津经济体制改革研究会秘书长郝玉兴说，小城镇建设需要大量资金，依靠政府财力、农民自身积累，显然不可能。只能在土地上做文章。通过宅基地换房，让土地流动起来，使资源资本化。郝玉兴给记者算了两笔账。第一笔账：东丽区华明镇12个村共有宅基地12 071亩，总人口4.5万，新建小城镇需占地8 427亩，其中规划农民安置住宅占地3 476亩；宅基地复耕后不仅可以实现耕地占补平衡，还可腾出土地3 644亩。第二笔账：东丽区华明镇用于农民还迁住宅和公共设施的建设资金约37亿元，可出让的商业开发用地预留了4 000多亩，土地出让收益预计达到40亿元，可以实现小城镇建设的资金平衡。

天津的探索得到国家相关部门的肯定和支持。国家发改委认为，天津用宅基地换房办法建设小城镇，符合中国保护耕地的基本国策。国土资源部把天津列为全国土地挂钩试点城市，并专门安排了土地周转指标。距天津市中心区仅13公里的华明镇负责人张长河说，我们争取用3～5年时间将村民全部迁入新镇区，让村民不但保持原来作为村民应得的收益，还要享受到新建镇区良好的社区服务、社区环境、社区功能。我们将在落实农民最低生活保障、新型农村合作医疗、养老保障和农民就业等方面寻求突破。华明镇不是住宅区也不是城市的扩展，而是带着农村的痕迹、农村的记忆，跨入现代化的、比较典型的小城镇。2008 年 4 月，天津市东丽区华明镇在世界 87 个城市 106 个报名项目中脱颖而出，入选上海 2010 年世博会的最佳实践区。按照天津市总体规划，该市未来将建设或改造 11 个新城和 30 个中心镇、70 个一般镇、100 个文明生态村。

空心村普遍，宅基地改革怎么改？

中国农村实施“一户一宅”制度。作为村集体成员，所有农户都有从村集体免费获得、无偿使用的宅基地。不过，由于没有农村宅基地的退出制度，导致一方面，许多“农二代”“农三代”没有宅基地可以申请，另一方面，“一户多宅”的情形普遍，大量无用的附属房、简易卫生间等充斥村庄，加之，不少青壮年进城务工，形成了不少脏乱差的“空心村”。

自 2015 年我国在 15 个试点地区进行宅基地制度改革试点，是我国正在进行的农村土地制度改革三项试点工作中与农民关系最直接的一项改革。截至 2017 年 6 月，15 个试点县已退出宅基地面积约 3.2 万亩，大批经过实践检验的改革成果和经验进入到总结提炼环节。改什么？怎么改？在改革的试点地区江西省鹰潭市余江县和安徽省六安市金寨县，看到余江县春涛镇罗坪村委会响水桥村的全貌，村外是风景秀美的自然环境和集中连片的基本农田，还有刚刚翻新不久的通村公路。但进村后就会发现，村子里不仅连一条像样的路都没有，而且到处都是破旧不堪的老房、危房。余江县国土资源局局长蔡国华说，建新不拆旧，一户多宅，这样的村庄在余江是很普遍的，空心化很严重。建新不拆旧，一户多宅，造成这样空心化的原因其实并不难解释，几十年前自村庄建设之初就盖好的老房子，随着老人们的相继离世传给了他们的子女。但子女们已经有了新的房子，所以老房子就变成了闲置房。子女再有子女，就这样老宅越来越多，向外扩建的村庄就越来越大。多年后，废弃的老宅就形成了现在这种无法再利用的空心村。余江县国土资源局局长蔡国华指出，四周都是一些非常好的房子，但村庄的中间废弃、倒塌、闲置的房子很多，车子都开不进去，里面没有路，你没办法利用。

空心村的影响其实还不只是在村容村貌方面。大量一户多宅和建新不拆旧的现象不仅让新增农村人口没有宅基地可分，更严重的是侵占了大量的耕地。余江县农村土地制度改革试点工作领导小组组长路文革认为，老百姓为了子女符合分户条件建房的时候，常常把我们的房子建到田里去。那么有的村庄人均一亩地，经过十几年，就变成了人均三分地。一方面是农村新增宅基地用地紧张，另一方面大量超标准和闲置的宅基地却因缺乏有效退出机制，土地资源未能得到有效的配置。数据显示，余江县全县共有 92 300 宗宅基地，而空心村的就达到了 23 000 宗，约占全县宅基地的四分之一。同样的情况在全国普遍存在着，国土资源部的数据显示：截至 2015 年年底，全国农村居民点用地 2.85 亿亩。其中 2006—2014 年，农村常住人口减少了 1.6 亿人，但农村居民点用地却增加了 3 045 万亩。有约 20%的农村住房常年无人居住。

大量空心村的存在，不仅让村庄没有了新增的建设用地，而且大量的新建住宅成为违法用地，蚕食着耕地。那么，宅基地的改革该如何进行呢？漆黑的夜晚，一处民宅内正在开村代表大会。余江县杨溪乡江背村委会水口村理事王新春提出，拆了我的，我在哪里解手，我开始做的房子就没有设计卫生间，先把新的建好，再把老的拆掉。晚上九点钟，水口村村民理事大会正在研究本村“一户多宅”当中“多”的部分是有偿退出，还是无偿退出。作为余江县最后一批宅改村，看到村里破旧不堪的样子，村民们对改革的意愿非常强烈。余江县杨溪乡人大主席吴小万指出，水口王家退出实行有偿退出，退出之后，宅基地收回给集体，由集体统一管理、规划。在我国农村，宅基地实施“一户一宅”制度。所有村集体成员都有从本村免费获得、无偿使用宅基地的权利。但由于没有完善的宅基地退出制度，建新不拆旧，一户多宅和超标准建房在农村地区普遍存在。“不占白不占”“你占我也占”的思想在村民中不在少数。

中央农办：宅基地与承包地的“三权分置”有很大不同

2018 年 2 月 5 日，中央农村工作领导小组办公室主任韩俊今日指出，宅基地的“三权分置”与承包地“三权分置”会有很大的不同。韩俊表示，随着城市化的快速推进，现行宅基地制度存在的问题日益突出。每年有大量农民离开农村、离开土地，人口大量迁移，在农村就出现大量农房、宅基地常年闲置。武汉市做了一个调查，到 2016 年年底，全市 1 902 个行政村，农村房屋 73 万套，其中长期空闲的农房占到了 15.8%。在河南调研发现，一个 216 户的村庄，常年闲置的农房和宅基地有 46 户。大量的农房和宅基地闲置，任其破败是一个很大的浪费。利用起来就是一笔很大的财富。今年中央一号文件提出，要完善农民闲置宅基地和闲置农房政策，探索宅基地所有权、资格权、使用权“三权分置”，即落实宅基地集体所有权，保障宅基地农户资格权和农民房屋财产权，适度放活宅基地和农民房屋使用权。这是借鉴农村承包地“三权分置”办法，在总结有关试点县(市)探索经验的基础上，提出来的一个改革需要探索的任务。当然，宅基地的“三权分置”与承包地“三权分置”会有很大的不同。比如说，承包土地经营权，鼓励流转、鼓励适度集中，宅基地就不存在鼓励集中到少数人手里的问题。下一步，在改革试点过程当中，需要认真地开展宅基地“三权分置”，特别是农户宅基地资格权的法理研究。要探索宅基地“三权分置”具体形式，鼓励各地结合发展乡村旅游、新产业新业态，结合下乡返乡创新创业等先行先试，在实践中探索盘活利用闲置宅基地和农房增加农民财产性收入的办法，加快形成可推广可复制的经验。韩俊还指出，目前，社会上对宅基地制度改革关注度非常高，必须准确理解中央一号文件精神。改革是要鼓励大胆探索，看不清的问题先探索。但是，必须守住底线，探索适度放活宅基地和农民房屋使用权，不是让城里人“下乡”去买房置地。文件明确提出，一个“不得”和“两个严”，即不得违规违法买卖宅基地，要严格实行土地的用途管制，严格禁止下乡利用农村宅基地建设别墅大院和私人会馆。同时，在城镇化进程当中，我们要依法保护农民的土地承包经营权、宅基地使用权和集体经济的收益分配权，不能强迫农民以放弃宅基地使用权为前提进城落户。

农业部部长：城里人到农村买宅基地 过不了政策关

随着城市生活节奏的加快，不少城里人开始向往农村的田园生活，甚至想去农村购买一块宅基地用来盖房子。那么，这一做法是否可行呢？对于这个许多人关注的热点，2018 年 3 月 7 日，农业部部长韩长赋在十三届全国人大一次会议记者会上回应称，城里人到农村买宅基地，现行法规政策是不允许的。但他同时表示，由于有些农民举家进城或是常年在外打工，现在农村有不少地区出现农房闲置的现象。“闲置农房放在那里，任其破败，这是一个很大的浪费。”针对今后的宅基地制度改革，韩长赋表示，宅基地“三权分置”是一个方向，要通过多种方式，使闲置的农房能够更好利用起来。

随着我国社会经济的发展，许多农民举家进城或是常年在外打工。与此同时，不少城里人却因为城市生活节奏快、压力大等原因，开始向往农村生活。一些城里人也产生了在农村购买一块宅基地并盖上房子这样的美好愿景，但许多人并不清楚这在政策上是否可行。对此，韩长赋表示，“这是一个大家都很关注的热点问题，特别是很多城里人关注的问题。”但他明确表示，城里人到农村买宅基地盖房子，这在政策上是不允许的。韩长赋解释说，因为宅基地是属于农村集体所有的，只有具有农村集体经济组织成员身份，才能依法依规取得本集体经济组织宅基地的使用权，这是集体经济组织成员特有的权利，而且原则上是一户一宅。根据《中华人民共和国土地管理法》第八条的规定，宅基地和自留地、自留山，属于农民集体所有。

而根据该法第六十三条的规定，农民集体所有土地的使用权不得出让、转让或者出租用于非农业建设。2018年1月，国土资源部部长姜大明在全国国土资源工作会议上曾表示，城里人到农村买宅基地的口子不能开，严格禁止下乡人员利用农村宅基地建设别墅大院和私人会馆等。此外，2018年2月公布的中央一号文件也曾明确指出，不得违规违法买卖宅基地，严格实行土地用途管制，严格禁止下乡利用农村宅基地建设别墅大院和私人会馆。对此，韩长赋表示，这是我们国家法律规定的，宅基地的所有权是集体的，资格权只有集体经济组织成员才有。中国社会科学院农村发展研究所研究员李国祥向《每日经济新闻》记者表示，宅基地是集体所有，这是《宪法》规定的。此外，宅基地只可以在农村集体经济组织内转让，作为集体成员的农民不能买卖宅基地。

浙江省颁发首本农村宅基地“三权分置”不动产证

2018年4月24日，宁波市象山县鹤浦镇小百丈村村民王定龙领到了红通通的农村宅基地资格权人证。这本证书也是浙江省第一本农村宅基地“三权分置”不动产权登记证。“领了证，心里踏实了，我们老房子也值钱了。”王定龙喜笑颜开。几天前，他已拿到了自家石头屋和土地的第一笔租金8.5万元。

2018年中央一号文件首次提出，探索宅基地所有权、资格权、使用权“三权分置”，适度放活宅基地和农民房屋使用权。4月，象山启动实施城乡资源要素“双向流动”工程，进一步推动资金、人才等资源要素向农村流动。同时新出台《关于推动农村宅基地“三权分置”的实施意见》，助力乡村振兴。

海岛小村小百丈旅游资源丰富，有老石屋、千亩柑橘园和张苍水兵工厂遗址，也因此被开发者看中，喝上了改革“头口水”。开发小百丈村的“安可乡建”团队起初也有自己的顾虑，负责人刘小路说：“村里的资源吸引人，但开发过程中也怕出现权属纠纷。”一纸证书让刘小路和他的团队打消了顾虑。按照象山农村宅基地“三权分置”的实施意见，刘小路领到了宅基地使用权人证，加上资格权人证和村集体的宅基地所有权人证，三本证书各归其所，农村宅基地“三权分置”一目了然。吃下“定心丸”的刘小路决定在乡村振兴的道路上大展拳脚，把整个村建设成文旅生态村。象山农村宅基地“三权分置”改革持续深化，为乡村振兴安上了“助推器”。在象山县委主要负责人看来，“农村将越来越有向心力，越来越有活力，也一定能够火。”

(二)案例解析

1. 教学目的与用途

通过本案例的教学,使学生较全面地了解农村宅基地问题的基本知识;熟悉宅基地问题的成因和具体表现,能够理解宅基地改革的目标和思路,明确今后的改革方向。在教学过程中,注重理论联系实际,运用所学理论知识和方法分析现实问题,及时跟踪学术发展前沿;注重培养学生主动获取知识的能力,加强专题研讨、案例研究和团队项目的内容训练,为学生将来从事相关理论和实际工作打下坚实基础。

2. 背景分析

宅基地,指的是村集体给本集体内部村民使用的、用来建房的土地。宅基地的“三权分置”指的是落实宅基地集体所有权,保障宅基地农户资格权和农民房屋财产权,适度放活宅基地和农民房屋使用权。十八届三中全会提出,保障农户宅基地用益物权,改革完善农村宅基地制度,选择若干试点,慎重稳妥推进农民住房财产权抵押、担保、转让,探索农民增加财产性收入渠道。

根据《土地管理法》的表述,宅基地属于建设用地。但是,因为宅基地保障农民基本居住的特殊性,国土部门采取了谨慎的态度,宅基地的入市在政策上管控比较严格。而中央深改组会议提出的“不得以买卖宅基地为出发点,不得以退出宅基地使用权作为农民进城落户的条件”,也被业内人士解读为:宅基地改革有望引入更为市场化的机制。但“三块地”改革坚持三条底线,分别是土地公有制性质不改变、耕地红线不突破、农民利益不受损。市场化是在这三条底线内发挥作用。

现行宅基地制度下农村发展面临三个突出问题。一是农村宅基地及居民点用地闲置浪费严重,土地资源难以充分发挥其效益。城镇化水平的提升和乡村人口数量的减少从总体上来讲应当是有利于节约居住性建设用地的,因为相对于农民在农村的宅基地而言农民进城后居住用地会更加集约。但实际情况却恰恰相反,在乡村人口大量减少的背景下,不仅城镇建设用地大幅增加,农村建设用地也继续增加。据《国家新型城镇化规划(2014—2020年)》显示,2000—2011年,在农村人口减少1.33亿人的情况下,以宅基地为主的农村居民点用地反而增加了3 045万亩。导致这一不合理现象的一个重要原因是农村宅基地存在大量闲置浪费问题。国土资源部相关报告显示,农村居民点闲置用地面积达3 000万亩左右,相当于现有城镇用地规模的1/4,低效用地达9 000万亩以上,相当于现有城镇用地规模的3/4。而导致农村宅基地闲置、低效甚至浪费的主要原因,是现行宅基地制度存在重要缺陷。由于宅基地使用权长期以来仅限于在农村集体经济组织内部流转,甚至本集体也缺乏有偿收回农民宅基地使用权的机制,导致了两个后果:一是对宅基地真正有需要的主体,比如本集体之外的农民、城镇居民、企业、政府等不能通过市场化渠道转入宅基地使用权,从而使宅基地难以体现其市场价值;而这又导致另一个后果,即由于宅基地缺乏市场价值,农民本人也缺乏转出空闲宅基地的积极性。在这种情况下,一方面农村新增户需要新增宅基地,另一方面已经进城农民的闲置宅基地又不能通过市场途径流转和重新配置,必然导致宅基地总量增加与闲置浪费并存。二是农民的农宅财产权无法实现,制度差异和权利不平等造成城乡居民间房屋财产价值的巨大鸿沟。无论农民还是市民,住房都是其最为重要的财产。农宅,包括农民的住房及其地下不可分割的宅基地使用权,是农民最重要的财产,无数农民为了盖房投入了大部分积蓄。然而,由于农宅无法市场化交易,其潜在价值无法实现。因宅基地使用权禁止对外交易,农民的房屋所有权和宅基地使用权的财产权利残缺,农民缺乏对其农宅的处置权和变现选择权,闲置农宅成了农民沉睡的资产。三是农村公共建设资金缺乏,乡村趋于凋敝。城镇化并不必然会导致乡村的凋敝,除生产功能外,乡村也是人类的宜居之地,是看得见山、望得见水的天然所在。我国的现代化应当形成怎样的城乡格局和乡村风貌,是一个值得认真研究和深思的问题。随着城镇化水平的提高和乡村人口的减少,部分乡村需要撤并,村庄数量趋于减少,这是客观必然。但今后无论如何发展,乡村都仍然会是几亿人口生产生活的场所,美丽乡村都将是美丽中国不可或缺的重要组成部分。

2015 年 2 月 27 日十二届全国人大常委会第十三次会议通过的《全国人民代表大会常务委员会关于授权国务院在北京市大兴区等三十三个试点县(市、区)行政区域暂时调整实施有关法律规定的决定》。被认为最难推进的宅基地改革,也已经在开展宅基地自愿有偿退出试点。根据上述决定,在北京市大兴区等 33 个试点县(市、区)暂停实施《土地管理法》《城市房地产管理法》中的 6 个条款,按照重大改革于法有据的原则推进农村土地征收、集体经营性建设用地入市、宅基地制度改革试点。该授权的期限将于 2017 年 12 月 31 日届满。2017 年 10 月 31 日,国土资源部部长姜大明向全国人大常委会会议作说明:为了进一步深入推进改革试点,更好地总结试点经验,为法律修改打好基础,建议将三项改革试点期限延长 1 年至 2018 年 12 月 31 日。

农村宅基地制度改革受到广泛关注,也很敏感,这方面也有非常明显的进展,在保护农民宅基地用益物权方面取得了明显成效。比如江西的余江县,宅基地制度改革取得了超乎预期的成效。这个县一户多宅的占到将近40%,法律规定是"一户一宅"。退出的宅基地大部分都是属于不合法、不合规、一户多宅的,81%的面积无偿退出。最重要的经验是发挥了村民自治、村民理事会的作用,通过创新农村社会治理解决农村宅基地管理使用中存在一些突出矛盾。

3. 理论依据与分析

高度趋同的农村宅基地制度变革话语的理论基础在于对宅基地地权实践理解中的权利产权命题。农村宅基地地权镶嵌于村庄社会治理场域中,呈现出多种社会产权样态并表现出独特的权属特性。中国农民可以享有更多的土地财产权利,但一味高歌猛进的宅基地财产权化的制度变革可能会导致"产权失灵"的闹剧(印子,2014)。高度财产权化的宅基地制度变革方向不仅误解了现有宅基地使用权制度的合理性,忽视了宅基地地权实践的多样性和复杂性,而且有悖于现代产权发展的内在规律,放大了宅基地制度的变迁需求,低估了宅基地财产权化制度变革的社会风险和不良后果。农村宅基地制度的改革方向是:在确保农民住有所居的前提下,赋予农民宅基地更加完整的权能,并积极创造条件,将其逐步纳入城乡统一的建设用地市场(中国社会科学院农村发展研究所"农村集体产权制度改革研究"课题组,2015)。农村宅基地的使用权流转市场化,能够使广大农民分享更多城市化的红利。

影响宅基地退出的因素是多样化的。政府财政投入和集体产权设置是影响宅基地退出的主导因素,而农民就业模式、农民土地依赖度和农村发展的地区特色则是关键的微观因素(张秀智　等,2009)。户主年龄、家庭主要成员是否已定居城镇、家庭是否有稳定的非农收入来源、土地是否有撂荒或闲置、退地补偿或补助是否按时足额发放、退地后生活质量预期的高低对农户承包地和宅基地退出意愿有显著的正向影响;户主是否在外非农务工、土地是否位于城镇规划范围内、退地政策是否多变、退地后是否担心就业问题对农户承包地和宅基地退出意愿有显著的反向影响;家庭主要成员是否参加新农保、退地后医疗与养老保险预期的高低仅对农户承包地退出意愿有显著的正向影响;土地面积、土地是否有流转仅对农户宅基地退出意愿有显著的反向影响,同时,退地后住房预期的高低也仅对农户宅基地退出意愿有显著的正向影响(王兆林　等,2011)。农民的年龄和受教育程度、家庭收入状况、家庭需赡养的老人数量、宅基地退出补偿方式的多样性选择对农民宅基地退出意愿有正向影响;家庭成员务工工作变换频率、家庭需抚养的子女数量、现有住房面积、宅基地面积对农民宅基地退出意愿有负向影响;同时,主要从事农业经济活动、宅基地退出后以低价租住廉租房、公租房以及将宅基地用于出租等非自住用途的农民,更可能不具有宅基地退出意愿;而家庭外出务工人数、在城镇购房情况没有通过显著性检验,对农民宅基地退出意愿没有显著影响(陈霄,2012)。产权认知是农民对宅基地经济价值评价的重要依据。对安徽省 6 个县 1 413 户农户的问卷调查结果显示,在所有受访者中,约 84%的农民愿意退出宅基地,近 70%的农民认为自己的宅基地归自己所有,近 3/4 的农民认为自己的宅基地可以自由处置,约 86%的农民认为宅基地可以继承,约 2/3 的农民认为宅基地可以抵押(彭长生,2013)。在反映农民产权认知状况的变量中,农民的宅基地继承权认知状况对其宅基地退出意愿有显著的正向影响,农民的宅基地抵押权认知状况对其宅基地退出意愿有显著的负向影响,而农民的宅基地所有权认知状况和处置权认知状况对其宅基地退出意愿影响不显著。此外,宅基地与最近城镇的距离、家庭常住人口数、是否有子女在上大学或在城镇工作和房产是否确权对农民宅基地退出意愿的影响显著:宅基地处于远郊农村、子女在上大学或在城镇工作、房产没有确权的农民,其宅基地退出意愿更强;家庭常住人口越多,农民的宅基地退出意愿越弱。在当前阶段宅基地承载着生活居住、风险保障、归属承继、支持生产、情感寄托及资本化等多重功能。由于持有宅基地的情形存在差异,宅基地在各种类型农户家庭中所发挥的功能也因此各有不同,进而形成对农户宅基地退出意愿的差异化影响(龚宏龄,2017)。因此,倡导宅基地退出需针对不同持有情况区别对待。从影响农户退出意愿的主要因素来看,安居工程、风险保障和资金补偿是构建宅基地退出补偿机制需考虑的重点问题,其中如何确保农户的土地承包权益不受宅基地退出的影响、解决“两栖”家庭的养老问题、构建可进可退的灵活城镇化路径是破解宅基地低效率使用难题的关键。

针对宅基地置换中“农民意愿没有得到尊重,宅基地发展权收益分配不公及对农民宅基地、房产补偿不足,置换后农民生活状况不佳及土地权属问题尚未妥善解决”等农民权益受损问题,应完善相关法律制度、完善财政分权及地方政府政绩考核制度、提高农民维权能力以解决宅基地置换中的农民权益受损问题(冯双生等,2013)。目前我国宅基地自由转让市场尚未形成,宅基地置换是地方政府推动缓解土地供需矛盾、整合利用闲置宅基地的重要途径,是宅基地流转的新型方式。宅基地置换实践中出现的诸多问题,与宅基地置换中政府行为出现的偏差有关,诸如宅基地置换目标、置换原则、政府职责、置换市场需求等方面政府行为出现的偏差(吴远来　等,2014)。因此,地方政府要做市场规则的维护者,而不是与农民争利。

宅基地整治本质上是通过一系列产权交易行为实现土地增值和土地利益再分配的过程。集体、农户与市县政府之间的土地利益冲突以土地发展权价值的争夺为核心，根源于产权设计与治理结构的内在缺陷。为促进土地利益均衡分配，通过确权赋能实现三方产权关系的重构是基础，创设市场化的土地产权交易机制是核心，构建以集体为主体的多方合作型治理结构是保障（严金海，2011）。宅基地使用权能否抵押的问题凸显立法规范与政策取向的价值冲突。在坚持集体土地所有制的前提下，应以有限抵押的制度设计充分发挥宅基地用益物权的经济效益。宅基地的原始取得以“个人”为主体分配宅基地用地指标，以“户”为单位申请获取，并确立“法定地上权”的继受取得有偿使用（胡建，2015）。同等条件下赋予本集体内部成员优先购买权，集体在可能的条件下亦可有偿收回。此外，宅基地使用权有限抵押制度的有效运行尚需登记、期限和价值评估等相关配套制度的支撑。

4. 思考和讨论题

（1）之前的农村宅基地制度，有哪些弊端？

（2）农村宅基地“三权分置”改革有什么意义？

（3）农村宅基地的纠纷主要表现在哪些方面？

案例十：农业用水资源如何配置

（一）案例介绍

人的命脉在于田，田的命脉在于水。尽管农业用水量占全社会用水总量的比例，已从2000年的63%降到2016的55%，但农业仍是第一用水大户，也是最具节水潜力的行业。我国农业缺水与浪费的情况并存，一方面水资源紧张，另一方面用水方式粗放，农业节水迫在眉睫。眼下，从政策、技术到设施，农业领域的节水探索正受到前所未有的关注。

粮农组织称气候变化会对农业用水造成影响

2011年6月9日，联合国粮农组织发布报告说，气候变化将在未来数十年对用于粮食生产和农作物生长的水资源造成严重影响，导致粮食减产。报告呼吁世界各国特别是发展中国家增强对水资源的管理。这份名为"气候变化、水和粮食安全"的报告认为，气候变化会减少地中海地区及美洲、澳大利亚和非洲南部的半干旱地区的河川径流量和蓄水层补给；在亚洲地区，大面积依赖积雪融水和高山冰雪融水的灌溉土地也会受到影响，而人口稠密的河流三角洲地区则同时面临水流量减少、盐分增加以及海平面升高的风险。报告说，气候变化还将会使世界水循环速度增快，高纬度和热带地区的降雨增加，而中纬度半干旱地区和内陆地区的降雨减少。洪灾和旱灾的频率会更加频繁，更多旱灾的出现会迫使人们进一步开发地下水资源。在世界大部分地区，气温升高会缩短农作物的种植周期。气温升高还会引起植物蒸腾作用增加，进而导致农作物产量和水分生产率的下降，危及粮食安全。报告强调，无论是农村人口的生产生活还是城市人口的粮食安全都面临风险，尤其是农村的贫困人口，受到的影响可能更加严重。为应对气候变化对农业水资源带来的挑战，粮农组织认为有必要提高国家对水资源监控管理的能力对水资源供应、运输和交易进行彻底测量统计，以确定如何在多变的情况下管理和使用好水资源。报告认为，大多数发展中国家对于水资源的管理非常有限，水资源分配程序不健全，甚至根本不存在。粮农组织认为帮助发展中国家建立良好的水资源核算制度，当务之急是发展有效而灵活的分配系统。

山东农业用水占总用水量65%，大水漫灌亟待改变

2016年6月1日，山东省水利厅主要负责同志介绍农田水利发展情况，指出当前全省农业用水约占用水总量的65%，而且用水方式粗放，大水漫灌现象仍然存在，农业用水效益和效率有待提升。下一步山东将采取综合措施来推进农业节水发展。首先是抓好政策节水。实行最严格水资源管理制度，加快推进水权分配、水价改革、水权交易，形成节水奖惩机制，强化用水效力约束和监督考核，形成节水政策激励倒逼机制。其次是抓好工程节水。加快大中型灌区节水配套改造步伐，提高用水效率。新建工程必须满足节水灌溉技术标准要求，推动改造一批现代化、生态型、节水型示范灌区。三是抓好管理节水。推进农业灌溉用水总量控制和定额管理，加强灌溉排水实验研究和成果转化，实行科学灌溉制度，将节水灌溉与农机、农艺、农技结合起来和水肥一体化，提高水、肥、药等利用率。四是抓好技术节水。加快节水灌溉技术和设备的研发、集成和转化，大力推广管道输水灌溉、喷灌、微灌等先进灌溉技术，加强信息化手段应用，加快推进"华北节水压采"高效节水灌溉行动。

鄂前旗要将水指标"量化到户"

"2015年，我们计划在全市率先搞地下水总量控制定额管理试点。以用水户、人和土地草场面积为基本单位，计算出平均灌溉用水总量，将水指标量化到户，进行水权确权。以水定发展，实现农村牧区水资源的可持续利用。"鄂前旗水务和水土保持局局长李建勋说。鄂前旗是一个水资源匮乏地区，近年来，水资源开发利用量已接近国家用水指标红线，而农业灌溉用水占用水总量的88%。为破解用水结构不合理等问题，从2013年开始，该旗对全旗水资源总体情况进行勘探摸底，为推行地下水总量控制定额管理试点打实基础。鄂前旗在20世纪80年代末，就开展了节水灌溉研究试验。截至2014年年底，全旗节水灌溉面积达42.6万亩，其中高标准节水灌溉面积28.1万亩。今年，为进一步推进节水灌溉进程，以先建后补方式，计划在全旗推广10万亩高效灌溉设施，并引进6家滴灌带生产厂家，推进节水灌溉设施产、供、销、收一体化步伐。"滴灌设施的推广，将极大推动地下水总量控制定额管理试点工作实施。目前，《鄂托克前旗水资源综合利用规划》编制工作已由水利部牧区水利科学研究所编制完成。试点镇和嘎查村也已确定，并根据村民自治、'四权四制'和'一事一议'相关程序，具体实施用水总量控制试点工作。相关用水限制和奖惩措施及阶梯水价、水权流转交易等政策也在同步完善中。计划今

年 6 月底将水指标量化到镇,年底量化到各个嘎查村。计划用 1～2 年的时间,开展用水计量监测,收集分析数据,测算出各种灌溉方式准确的平均用水量,为全面推行提供科学依据。”李建勋说。节水灌溉设施多年的推广应用,让鄂前旗农牧民尝到甜头的同时,其认识和接受能力也很高:“膜下滴灌我们村已用了三年。我总结它的好处是省工、省水、省肥,产量高。去年我们村亩产玉米都在 1 700 斤以上,有些户子超过了 2 000 斤。确权后,水权可以‘卖’,我们省下的水又是一份收入。”鄂前旗敖镇巴拉庙村支书郭宝林说。

北京农业用水 13 年降一半,高耗水作物退出种植

2014 年,北京市农业用水 8.2 亿立方米,占全市总用水量的 22%;而在 2001 年,农业用水却达到了 17.4 亿立方米,占到全市总用水量的 45%,是第一耗水大户。“13 年时间,农业用水量降了一多半,靠的是以水定地、计量收费、科学灌溉这三本‘节水账’。”市水务局相关负责人介绍,目前本市已有 9 成农田实现节水灌溉,农业灌溉水利用系数(即农作物实际吸收利用的水量与灌溉水量的比值)为 0.709,位居全国第二。

2015 年 10 月,走进分布在全市的农业节水示范区,感受农业从大水漫灌到点滴节约的变化。顺义的高效农业节水示范区,面积共 35 万亩,几乎涵盖了该区大部分农田。李桥镇东,一片林海已经郁郁葱葱,过去,这里是一眼望不到边的千亩藕塘。承包人告诉记者,种藕时,有 8 眼水井。“莲藕要长在 20 厘米深的水下,埋在 30 厘米深的淤泥中。头一年的用水量达到了 70 多万立方米,北京干旱,蒸发量很大,以后每年的补水量大约是 60 万立方米。”种植莲藕费水,经济效益却并不高。前年,藕塘关张,成了东郊森林公园的一部分,林业专家测算,种一棵树可以涵养 20 立方米水,1 000 亩林地按 3 万株树计算,可以涵养 60 万立方米水。大孙各庄镇的东华山村,300 亩麦田今秋也已变成林地。去年忙活着播种小麦的村民蒙占峰,今年当上了林地的管水员。“一亩小麦要浇 200 立方米水,相比之下,林地不但耗水少,还能起到涵养水源的作用。”蒙占峰说,哪怕是在用水最多的前三年,每亩林地的耗水量也仅为麦田的 1/3。过了最初这几年,以后靠雨水就能养活!这样算下来,300 亩林地,两三年后每年就能为东华山村省水 6 万立方米。目前,水稻、莲藕等高耗水农作物已经退出本市农业;在 3 000 余平方公里的地下水超采区内将逐步退出小麦种植。按照“以水定地”的原则,农业空间重新进行了“节水型”布局,到 2020 年,农业灌溉区域严格控制在菜田 70 万亩、果树 100 万亩、大田 80 万亩。

浇地要收水费？这笔账房山河口村的农民 2015 年 10 月才刚刚会算。一台类似刷卡机的用水计量设备装在地头，把“农业用水智能卡”在感应器上刷一下，只听水泵嗡嗡转起来，水管里涌出清水。再刷一次卡，出水停止，设备自动扣除卡中的预交水费。房山区水务局相关负责人说，现在农民要浇田，需要先买水费，一吨水 0.56 元，一亩麦田不能超过 200 吨水，超过了就要按每吨 1.58 元收费。“以前，浇地只收开水泵的电费，一亩地一年也就几十元。有的时候，农民打开水泵就不管了，等到想起关的时候，已经漫了沟了。”2014 年底，本市在全国率先开展农业水价综合改革，在河口村，村民通过民主议事程序，通过了限额管理、用水收费、精准补贴、节水奖励等制度，地头安装了水表，管水员进行管理，水费按表计量在农村首次实现规范管理。“水价改革后，每亩地每年的水费约为 120 元，相当于以前的两倍。这样一来，用水量和农民的钱袋子挂上了钩。农民用水的态度也变了，能省则省。”这位负责人介绍，改革一年来，河口村用水量下降了 1.1 万立方米。

目前，全市已完成对农用井的普查，逐井发放了取水许可证，明确每一眼井的取水总量。同时，严禁新打农业灌溉用井，不再增加农业机井数量。目前，房山 1 445 眼农业机井已经安装了水表，实现计量收费，全市已有 1 万眼机井，开工安装水表。计划到 2020 年，本市 3 万多眼农业机井将全部实现计量收费。

双河果园是北京市农业节水示范区，这个占地 1 000 亩的果园全副武装，每一株树下都配备了现代化的灌溉系统。走进梨树林，记者看到，翠绿的枝叶底下挂满金黄的果子。树下的土地虽然湿润，却没有浇水形成的水洼。仔细查看后才发现，树根旁埋着一根黑色细管，管上的圆孔正缓缓向外渗水。每次浇水之前，果园的管水员李良奎都要先测量土壤湿度，根据缺水程度来决定滴灌水量。他告诉记者，肥随水走，滴灌不但为果园省下了 2/3 的灌溉用水，还防止了土壤板结。仅仅是这一个果园里，就有滴灌、喷灌、小管出流等十几项节水技术的应用。“这笔账，划算！”果园经营者说，科技灌溉减少了一半的人力投入，长期下来，收益比普通果园还要高。在昌平的小汤山智能化育苗工厂里，记者见识了另一种节水灌溉设施：苗床上方悬挂着 8.5 米宽的移动式喷灌机，从东向西移动一次可同时浇灌 10 个苗床、25 万株秧苗，而且全部智能化操作，不需要人工参与。市农业技术推广站提供的数据显示，像这样采用集约化育苗方式，1 株蔬菜秧苗可以比传统方式省水 1 公斤。今年春天，全市蔬菜集约化育苗 1.6 亿余株，仅此一项，就节水 16 万余立方米。目前，本市九成农田实现节水灌溉，覆膜滴灌、小管出流、无土栽培、潮汐灌溉等技术广泛应用。此外，免耕覆盖、蓄水保墒等农艺，也提高了土地的蓄水保墒能力，减少灌溉用水。据测算，本市农业灌溉水利用系数已从 2001 年的 0.56，提高到目前的 0.709。靠着以水定地、计量收费、科学灌溉这三本“节水账”，2014 年，农业用水量下降到了 8.2 亿立方米，还不到 13 年前的一半。到 2020 年，力争把农业新水用量从目前的 6.8 亿立方米控制到 5 亿立方米以下，灌溉系数提高到 0.75，达到世界先进国家水平。

（二）案例解析

1. 教学目的与用途

通过本案例的教学，使学生较全面地了解我国水资源的储量和分布，明确农业用水的严峻现实，认识到发展节水农业的重要性和紧迫性，不断提高农业用水资源配置的效率；熟悉农业用水资源分配的方式，掌握农业用水的定价规律。在教学过程中，将注重理论联系实际，运用所学理论知识和方法分析现实问题，及时跟踪学术发展前沿。注重培养学生主动获取知识的能力，加强专题研讨、案例研究和团队项目的内容训练。为学生将来从事相关理论和实际工作打下坚实基础。

2. 背景分析

中国是个水资源相对短缺的国家，水资源总量排在世界第 6 位，但是人均水资源量只有 2 100 立方米，仅为世界平均水平的 28%，比人均耕地占比还要低 12 个百分点，只排名世界第 125 位，特别是由于水资源的时空分布不均，年内年际变化大，人增地减水缺的问题日益突出。在中国的资源总量中，农业用水是大头。2010 年我国农业用水占总用水量的 61.3%，工业用水占 24%，生活用水占 12.7%，另外有 2%是生态补水。干旱缺水是我国农业主要瓶颈之一。我国有近 10 亿亩的耕地是无灌溉条件的旱地。降水主要集中在夏季，春耕和秋冬种期间用水矛盾突出；淮河以北地区耕地面积约占全国的 2/3，而水资源量不足全国的 1/5；北方部分地区已出现地下水严重超采。整个北方地区拥有的水资源只占全国水资源的 1/5 多一点，但是主要的农产品的增产现在越来越依靠北方。所以科学的节约用水，又能促进生产的发展，带动农民的增收，需要统筹考虑。

灌溉水源不足，每年农业缺水仍达 300 亿立方米以上。我国水利建设尚不能满足现代农业发展的需要，尤其是部分地区小型农田水利建设严重滞后，病险水库除险加固任务仍十分繁重。近年来，随着农村外出务工人数增加，农民对水利建设的投工、投劳锐减，新的小型农田水利建设投入和管护机制还没有建立。目前，农田有效灌溉面积所占比重为 48%，部分灌区工程设施老化失修严重，配套差，末级渠系建设滞后，缺少基本灌排条件，洪涝干旱防灾减灾能力脆弱。此外，受全球气候变暖影响，突发性极端天气增多，病虫害多发、频发、重发，旱涝灾害特别是干旱缺水状况呈加重趋势，对稳定粮食生产发展构成严重威胁。

2000年农田灌溉的总用水量占全社会的比例是63%，2013年底是55%。我们国家水资源总量28 000亿立方米，其中可利用量8 140亿立方米，最严格的水资源管理制度提出这样的要求，到2020年控制全国用水总量是6 700亿立方米，到2030年控制在7 000亿立方米。现在世界发达国家农业用水占全社会用水比重大约是40%，世界发展中国家目前农业用水量占全社会的比重是60%～65%。相对欠发达国家，基本上农业用水量占全社会的比重是80%～85%，目前我们是55%，基本上处在发展中国家的层次。随着我们高效节水灌溉面积的推广，农田灌溉水有效利用系数将会继续得到提高。水资源利用方式比较粗放，农田灌溉水有效利用系数仅为0.50，与世界先进水平0.7～0.8有较大差距。

强化水资源保护与管理。按照粮食生产必须与水资源承载能力相适应的原则，坚持走节水增产的道路，统筹水资源配置，严格实行灌溉用水总量控制和定额管理，提高农业用水效率。北方地区优化井渠结合的灌溉模式，西北地区发展旱作节水农业。抓好水土保持和生态建设，搞好重点区域水土保持建设和小流域综合治理，加大农业面源污染防治力度，加强地下水保护。

农田水利条件明显改善，奠定稳产高产基础。据第三次全国农业普查结果，2016年年末，全国农村中能够正常使用的机电井659万眼，较2006年增长8.2%；能够使用的灌溉用水塘和水库349万个，增长53.3%。2016年全国有灌溉设施或水源、正常气候下能灌溉耕地面积占实际耕种耕地面积的55.2%。

《中华人民共和国水法》第四十九条规定，用水应当计量，并按照批准的用水计划用水。用水实行计量收费和超定额累进加价制度。第五十五条规定，使用水工程供应的水，应当按照国家规定向供水单位缴纳水费。供水价格应当按照补偿成本、合理收益、优质优价、公平负担的原则确定。具体办法由省级以上人民政府价格主管部门会同同级水行政主管部门或者其他供水行政主管部门依据职权制定。实行水价制度，不是简单的提高水的价格，而是要通过水价制度的改革，结合水权，水权也可以交易，这个时候就有价格。实际上通过这个办法既达到节水的目的，而也并不是完全只提高价格，在很多地方通过水权制度改革、水价制度改革以后，农民反而是增加收入的。因为你给了他的水权节约下来了，节约下来就把这部分的水权转让给人家，可以从中获得一部分的收益。

我们国家有很长的灌溉历史，传统的灌溉方式就是渠道输水、田间漫灌。到现在为止我们还用这种传统的灌溉方式来灌溉。节水灌溉工程，就是对渠道进行衬砌，用管道代替渠道，继而再用喷灌或者微灌来改变传统的灌溉方式，这些都是节水灌溉。鉴于高效节水灌溉工程具有很强的公益性、基础性和战略性，因此政府要承担主体责任，财政资金要给予高效节水灌溉更多的支持。现在的利用效率，1 立方米的灌溉水可以生产 1 公斤的粮食，这个水平跟发达国家 1.2～1.4 的水平相比较，还有一定的差距。

2010 年 12 月，《中共中央国务院关于加快水利改革发展的决定》提出，按照促进节约用水、降低农民水费支出、保障灌排工程良性运行的原则，推进农业水价综合改革，农业灌排工程运行管理费用由财政适当补助，探索实行农民定额内用水享受优惠水价、超定额用水累进加价的办法。

2015 年 7 月，国务院办公厅印发《关于加快转变农业发展方式的意见》，提出大力发展节水农业，落实最严格水资源管理制度，逐步建立农业灌溉用水量控制和定额管理制度。进一步完善农田灌排设施，加快大中型灌区续建配套与节水改造、大中型灌排泵站更新改造，推进新建灌区和小型农田水利工程建设，扩大农田有效灌溉面积。大力发展节水灌溉，全面实施区域规模化高效节水灌溉行动。分区开展节水农业示范，改善田间节水设施设备，积极推广抗旱节水品种和喷灌滴灌、水肥一体化、深耕深松、循环水养殖等技术。积极推进农业水价综合改革，合理调整农业水价，建立精准补贴机制。开展渔业资源环境调查，加大增殖放流力度，加强海洋牧场建设。统筹推进流域水生态保护与治理，加大对农业面源污染综合治理的支持力度，开展太湖、洱海、巢湖、洞庭湖和三峡库区等湖库农业面源污染综合防治示范。

2016 年 1 月，国务院办公厅发布《关于推进农业水价综合改革的意见》，提出用 10 年左右时间，建立健全合理反映供水成本、有利于节水和农田水利体制机制创新、与投融资体制相适应的农业水价形成机制；农业用水价格总体达到运行维护成本水平，农业用水总量控制和定额管理普遍实行，可持续的精准补贴和节水奖励机制基本建立，先进适用的农业节水技术措施普遍应用，农业种植结构实现优化调整，促进农业用水方式由粗放式向集约化转变。农田水利工程设施完善的地区要加快推进改革，通过 3～5 年努力率先实现改革目标。通过完善供水计量设施、建立农业水权制度，建立健全农业水价形成机制，包括分级制定农业水价、探索实行分类水价、逐步推行分档水价。建立精准补贴和节水奖励机制，包括农业用水精准补贴机制、节水奖励机制、多渠道筹集精准补贴和节水奖励资金。

为深入贯彻落实《国务院办公厅关于推进农业水价综合改革的意见》(国办发〔2016〕2号)精神，2016年5月，国家发展改革委、财政部、水利部、农业部等部门发出关于贯彻落实《国务院办公厅关于推进农业水价综合改革的意见》的通知，提出要夯实农业水价改革基础、建立精准补贴和节水奖励机制。2017年6月，国家发展改革委、财政部、水利部、农业部、国土资源部又联合发出《关于扎实推进农业水价综合改革的通知》，提出要切实把推进农业水价综合改革摆到更加重要的位置，充分发挥好典型示范引领作用，协同配套推进体制机制改革，完善保障措施。

3. 理论依据与分析

我国农业缺水比缺地更严重，还存在受旱严重、水资源利用效率低、水资源时空分布不均、地下水污染严重等。要把发展节水农业作为重大战略，形成节水农业的政策体系、技术体系和种植模式(陈荫山，2011)。农用水权的市场化流转不仅能够激励农业节水，还具有其他方面的社会经济效应。为进一步发挥市场机制在优化配置农用水资源中的作用，应在广度和深度上继续推进农用水权市场化流转机制，加强农用水权市场化流转的制度建设，包括客体制度、主体制度、价格制度和操作制度等方面建设(姜东晖　等，2011)。农户的经济状况、社会地位以及其他个体因素会影响其他利益相关者参与水利管理的权力和责任，不同社区条件下的组织激励方式在一定程度上会影响水利管理的整体社会参与效果；个体农户与其他利益主体之间的社会关系对组织激励具有正向传动作用，尤其是个体农户与社区之间的交互特征以及农村社区的地理文化环境对水利组织管理效率的影响最大；经济性报酬参与方式成为现阶段农户参与水利管理的主要激励手段(张宁　等，2016)。农户参与灌溉管理的意愿受到户主的文化程度、户主对参与式灌溉管理认知程度、非农劳动力占家庭劳动力比例、农户社会资本、村级灌溉系统配套完好率、政府支持力度等多方面因素的影响(张兵　等，2009)。农户的灌溉合作意愿不强烈，且受到受教育水平和解决用水纠纷主动性的正影响；沿海地区农户相比于内陆地区农户更不愿意合作，经济发达内陆地区的农户比经济欠发达地区的农户更愿意合作(蔡晶晶　等，2015)。此外，不同地区农户合作意愿的影响因素也有所差异。

由于日益增加的财政负担和低效的管理，我国乡村水利困境日益凸显，如灌溉系统老化失修、灌溉面积萎缩、灌溉效益低下和农业生产力下降等。目前，成立以农民为主体的用水户协会逐渐上升为全面性的政府行为，纳入国家改善农业基础设施的整体战略之中。现有的用水户协会多按行政边界而不是水文边界组建，具有较浓厚的行政科层化色彩,协会在组织上与村两委边界不清乃至完全重合。我国目前出现的缺乏资金、水费收缴困难、参与程度低等问题,并不是用水户协会本身带来的,这与长期的管理体制和制度、社会传统、经济发展水平及积年的水利欠账等都有关系(蔡晶晶,2012)。水利设施权属证对农民用水协会功能实现程度有显著影响,协会管理的灌溉面积、参加协会的农户数以及协会执行委员会成员数钳制了农民用水协会功能的进一步发挥,主席水利工作经验及主席身份使农民用水协会功能具有发挥作用的空间,主席产生方式使农民用水协会具有提升功能实现程度的功力,当地政府的支持及注册登记也是影响农民用水协会功能实现程度的重要因素(周利平　等,2017)。需要注重产权制度改革,加大权利向农民用水协会转移,要确定农民用水协会的合理规模,要健全和完善农民用水协会主要负责人的产生机制,各级政府要加强对农民用水协会的扶持。

农田水利建设不仅是一个资金投入问题,更重要的是如何提高村庄水利合作能力,即在有效对接村庄外大水利的同时,经营村庄内的小水利,使大水利和小水利互为补充、相得益彰。安徽省长丰县两个村庄水利案例表明:农村大水利历经了“统”“统分结合”“分”等逻辑嬗变后,与小水利的竞争关系不断加强;取消农业税后,乡村水利事业的组织性程度降低,水利的公共性从村级组织开始瓦解,水利越来越成为村民组、特别是村民的私事;村民进行水利合作所能依托的组织资源越来越少,水利合作的制度环境不容乐观。因此,必须强化村级组织在水利合作过程中“统”的作用,将分散村民组织起来与大水利对接,并因地制宜地开展小水利合作,这是当前乡村水利建设过程中必须解决的问题(陈辉　等,2012)。中国农田水利运行的实践表明,即使农户之间存在长期的用水博弈,自发的合作也不一定能达成。原因在于:由整合能力、参与能力与执行能力构成的农村社区能力的弱化,使得水利博弈合作因为上下游不对称而产生的参与成本、因为用水协商而产生的整合成本以及因为惩罚搭便车行为而产生的执行成本无法得到有效的化解。而导致社区能力弱化的原因,主要是农村社会的原子化以及农村基层组织的虚化。通过对农村社区能力的重建,农田水利的合作有可能在重复博弈的过程中最终实现(吴秋菊　等,2017)。“项目制”下,高效节水农业技术推广整合了政府各相关项目的财政资金,引入了不同来源的社会资金,与资本密集和技术密集的“新农业”建设相结合。高效节水农业技术推广现状是设施农业应用比例高,大田作物应用比例低;规模经营等新型农业经营主体应用比例高,小规模农户应用比例低,存在重“工程建设”而轻“机制改革”的问题(饶静,2017)。高效节水农业技术推广是一个系统工程，需要充分调动各方面的积极性。

4．思考和讨论题

（1）为什么要发展“节水农业”？

（2）如何确定农业用水的价格？

（3）怎样科学分配农业用水的资源？

案例十一：农业社会化服务的潜力

（一）案例介绍

我国一批新型农业社会化服务组织蓬勃兴起

2016年金秋时节，风吹田野，满地金黄。江苏淮安市洪泽区三河镇洪云家庭农场主马连国这几年一直租800亩土地种植小麦、水稻。因为资金周转困难，无力购买农机具，只能把耕、种、收等作业承包给当地一些农机合作社。随着土地流转速度的加快，像马连国这样的种粮大户普遍面临着资金不足、劳动力短缺、田间管理水平低下、农业技术水平落后等诸多问题，迫切需要农业社会化服务组织提供专业化的服务。吉林省公主岭市万欣农机专业合作社理事长薛耀辉2007年开始涉足农机作业服务，经过多年发展，已经初步建立起包括农机作业服务、粮食种植、加工、母牛养殖、有机肥生产等种、养、加工一体化的农业生态循环产业链，盈利能力持续增强。针对当前粮食种植收益下降、秸秆回收的难题，薛耀辉采取让利于民的办法，由合作社为社员提供免费农机作业服务，换来免费回收的秸秆，用作饲料、有机肥原料和燃料，不仅降低了农民的种粮成本，还提高了粮食资源的利用率。“把种粮产前收益让给农民，农民就会一心一意把土地流转给合作社，有利于促进合作社可持续发展。”薛耀辉说。与薛耀辉不同，曾经从事农资经销的安徽肥东县杨店乡大李村天滋禾农业专业合作社理事长王劲松，为农民免费提供产前、产中田间地头跟踪技术服务，全程机械化作业服务以及农资产品统一采购及供应服务。他认为，随着土地流转速度加快，当地种粮大户普遍面临着资金短缺、劳动力短缺、农业管理水平低、农业技术水平落后等问题，对农业社会化服务有着强劲的需求。他利用合作社的资源优势，整合当地机械、土地、资本、技术等农业生产要素，为种粮大户提供覆盖全程、综合配套、便捷高效的农业社会化服务，提供质优价低的农资产品，有效降低了种粮大户的种植成本。安徽省合肥市磨店社区和平村70多岁的种粮大户杨甫华是天滋禾农业专业合作社的客户，他租了300亩土地种植小麦、水稻。他说，有了合作社提供的全程农机作业服务和免费的农业技术服务，种田省时、省工、省力，他只需要经常去田里看看庄稼长势，看看收获情况就可以了。专家认为，农业社会化服务组织为农民提供免费农机作业服务或者农业技术咨询服务，可以为自身拓展盈利空间，帮助农民降低种植成本，在当前粮食价格下滑的大背景下，有利于增强合作社的可持续发展能力、提高农民种植收益，是一种双赢。

土地租金居高不下是推高农业种植成本的主要因素之一，一些地方土地租金已经占到种植成本的60%以上，严重挤压了粮食收益空间。安徽太和县原墙镇刘庙村种粮大户赵三献已经连续5年租种800亩土地了，每亩土地租金800元，今年受到阴雨天气和粮食价格下跌的影响，粮食种植收益下降，每亩耕地纯收益也就是两三百元，这让他有些灰心。现在粮价下跌倒逼土地租金下降，当地土地租金已经由每亩800元下降到600元左右，但是土地租金仍然是种粮大户难以承受之重。目前各地兴起的"土地托管"服务成为化解土地规模经营难题的有效手段。吉林省榆树市田丰机械种植专业合作社联合社理事长陈卓说，合作社实行"土地托管"经营模式，每年年初合作社与社员签订土地委托服务合同，社员把土地全部托管给合作社，由合作社为社员提供统一供种、统一机耕、统一施肥、统一浇水、统一病虫害防治、统一收割、统一销售等服务。每年新粮上市时，社员与合作社根据当地同类耕地粮食亩产量确定耕地亩产量，产量高出部分归合作社所有。"合作社利润来源于托管服务费、农资销售和高出产量部分。去年合作社土地托管收益每公顷达到2 000元。"陈卓说。与种粮大户、家庭农场等新型农业经营主体需要承担居高不下的土地租金不同，"土地托管"经营模式是在不改变土地承包权及经营权的情况下，对社员土地进行耕、种、管、收甚至进行粮食销售等全过程托管服务，合作社也不需要承担高额的土地租金带来的生产经营风险，同时，合作社统一采购农资、统一使用机械，能够大幅降低生产资料价格，从而降低种粮成本。专家认为，这种经营模式是符合我国农村当前实际的一种规模化经营形式，既解决了"谁来种地"的问题，又化解了租地带来的规模化经营风险，值得推广。"土地托管"不仅托住了种粮农民的收益，也托住了种粮农民的信心。陈卓说，现在越来越多的农民申请加入合作社，目前合作社社员已经达到385户，土地经营规模达到1万多亩。为了确保合作社发展质量，他们不得不提高农民入社门槛，农民土地达到3～5垧且集中连片，或者土地与合作社已经拥有的耕地连成片，才可以加入合作社。因为这样有利于实行机械化耕作，降低合作社经营成本。

吉林省农创投资集团有限公司是吉林省第一家从事农业综合服务的大型国有企业，该公司利用自身丰厚的资源优势，开展农业第三方服务，创新了"供应链融资

＋农产品管理＋农资渠道商”的商业运营模式，从解决种粮大户融资难问题入手，帮助新型农业经营主体解决资金、农资供应、信息技术、农产品回收等一揽子问题。目前，公司发展农民合作社100多家，服务面积1.2万公顷，提供供应链融资7 000余万元。“十三五”末期，公司计划在吉林全省建成20个项目区和3个综合服务园区，服务新型农业经营主体1万家，提供融资服务达到10亿元。缺乏抵押物造成融资难是新型农业经营主体普遍面临的问题。随着农村土地承包经营权、宅基地使用权和住房财产权抵押贷款的稳步推进，各地组建农业信贷担保机构，鼓励金融机构通过融资增信、创投基金等方式与适度规模的经营主体加强合作。辽宁辽阳市推出的专门针对种粮农民的“种粮乐”金融产品，有效帮助种粮农民解决了融资难题。但是，这种由政府层面提供的担保贷款门槛高，远远无法满足新型农业经营主体的贷款需求。吉林省农创投资集团有限公司在解决农民融资难方面作出了大胆探索。公司运营管理部经理苏洁明告诉记者，公司搭建起政府、银行、企业、担保公司四位一体的融资平台，由公司出面寻找担保人，国家开发银行和阿里巴巴蚂蚁金服提供线上线下融资服务。蚂蚁金服为家庭农场提供5万～20万元的贷款，合作社贷款金额最高不超过200万元，可以用农机具作抵押，也可以用产出物作质押，这样可以有效控制融资带来的风险。在苏洁明看来，目前从事农业社会化服务大有作为，公司适应新型农业经营主体的需要，搭建农业综合服务平台，打造国内知名的农业集成服务商和农民创业孵化器，不仅为农民提供从土地流转、融资担保、生产资料、技术服务乃至粮食收储等一系列服务，还高标准为合作社提供新品种、新技术、新设备服务，全面推行保护性耕作和标准化生产。在他们的扶持下，新型农业经营主体不断发展壮大，他们服务的合作社，每公顷土地纯利润能达到3 000多元，盈利能力持续增强。据了解，公司在榆树市服务的15家合作社，其中6家已经进入吉林省级新型农业生产经营主体的行列。

农业社会化服务组织：“我们服务农民，谁来服务我们？”

以湖南省目前最为成熟的农机服务和病虫害统防统治服务为例，这两类服务组织面临企业售后“断档”“包揽”生产风险等困难。2016年春耕期间，长沙县三明农机合作社有好几台旋耕机出了故障，无法正常作业。尽管多次联系厂家和经销商，但问题一直没有得到解决，导致当地农民近千亩耕地无法及时翻耕。合作社负责人周菊明告诉记者，这种因找不到配件或维修不及时而耽误生产服务的情形，已经成为最近几年农忙时节的“固定节目”。湖南沃田农业装备有限公司总经理严岳云告诉记者，目前农机生产厂家售后“断档”现象十分普遍。主要原因：一是产品更新换代速度快，老机器停产后，相关配件就会停产，即使是两年前购买的农机，在市面上也可能都找不到配件；二是销售半径大，服务半径小。由于一些外地厂家在当地并未设立售后服务点，出现“我来给你修一次，修理费还不够路费”的情况。老机器配件难找耽误生产，新机器配备竞争则带来巨大资金压力。周菊明介绍，尽管自己已经拥有总价超过 400 万元的农机，但每年还得不断添置。“去年我刚把横向滚筒脱粒的收割机升级为纵向的，今年又要花几十万把插秧机全部从 9 寸的换成 7 寸的，否则竞争不过别人。”周菊明感慨：“这就跟个无底洞一样，赚来的钱基本上都用到更新机器上了。”

在常德市从事统防统治服务的刘开健则自嘲是“为老天爷背黑锅的专业户”。2013 年，常德部分乡镇因天气导致粮食减产 50%以上。尽管事后当地农业部门出具了权威鉴定，但遭受损失的农民认为这是提供病虫害防治服务的刘开健的责任，并拒绝支付服务费用，刘开健的公司当年因此亏损 50 万元。“病虫害防治是露天作业，受天气影响的程度很高，没搞好确实容易造成减产甚至绝收。但农业生产其实受多种因素影响。一旦遭遇损失，农民不管三七二十一就归咎于服务组织已经是个普遍现象。”湖南省农委植保站副站长唐会联介绍，湖南省目前登记备案的 1 345 家统防统治组织，几乎都出现过赔偿或收不上服务费的情况。“统防统治服务组织的实力都不强，注册资本普遍在 10 万～20 万元之间，纯利润也就 10%左右，一旦出现纠纷或赔偿，一年就算白干了。”唐会联说。

尽管农业社会化服务组织对于农业现代化和新型经营主体的重要性不言而喻，但如何保障其正常运作往往被忽视。在政策制定上，“重农民轻组织”的观念一直存在。2009 年，中华联合财产保险湖南分公司曾试点专门针对统防统治服务组织的责任险，由于当时统防统治刚刚出现，市场还未成形，这一险种因“每个县一年只能做成一两单”，一年多后取消。目前湖南省登记备案的统防统治服务组织已经达到 1 345 家、服务面积突破千万亩时，该公司责任险部副经理杨敏龙显得非常吃惊：“我们一直以为这一块市场很小，所以从 2011 年之后就再没关注过。没想到最近几年发展这么快，看来这个险种值得重新做。”唐会联介绍，湖南目前有多种鼓励农民种粮的补贴，但没有一项扶持统防统治服务组织的专项资金，全省范围内也仅隆回县通过县财政对此进行了补贴。在农机服务方面，由于最近几年农业装备制造处于技术赶超期，企业普遍存在“重技术轻售后”的问题。湖南省拖拉机战略联盟秘书长朱洪超直言，当前农机制造企业“重技术轻售后”问题已非常严重，如果不采取相应措施，这一态势恐怕还将持续 5～8 年。“我国农业装备制造可以用‘底子差、发展快'来形容，十年前市面上还是以手摇拉杆为主的老式农机，如今已经开始步入智能化时代。”朱洪超介绍，在这个过程中，企业都将精力放在了技术创新上，对售后不够重视。在湘拖农业装备有限公司董事长刘宁看来，售后缺失还与农业专业人才缺乏、市场竞争激烈以及相关政策制定不科学有关。刘宁告诉记者，农职院校教学和市场需求不对口等原因，造成了新型农机“无人会修”的窘境。“我从事这行 20 年，仍有几十种农机不会修。像最近几年出现的植保飞机，湖南全省能找出 10 个人会修就不错了。”刘宁说。此外，由于竞争激烈，产品更替频繁，大部分厂家都不愿冒压货风险大量生产配件。而现行农机推广和补贴目录也存在“南北不分”和“喜新厌旧”的现象。“现行目录里大多农业设备只适合北方平原地区，而且基本由北方厂家生产。”刘宁说，目录还鼓励推广新产品，一些厂家由此热衷逐新，售后服务更难跟上。

因其服务农民的重要性，农业服务组织已连续 3 年被写入中央一号文件。但与家庭农场、职业农民获得的多种支持相比，对这些“服务员”的服务却少得可怜。业内人士认为，应从以下几个方面着手改善，以发掘农业社会化服务组织的最大潜能：一是在充分尊重市场规律和农民选择的前提下，政府要进行适度引导和管理。刘宁认为，政府可以通过补贴等引导政策，确保农业设备配件和其他高消耗易短缺生产资料的保有量。同时，鼓励企业建设区域性农机农技服务中心，为服务组织提供技术和售后保障。二是充分重视现代农业服务型人才的培养。业内人士反映，目前很多服务组织的从业人员都通过“阳光工程”等方式接受培训，但在实际作业中学员几乎都要“回炉再造”。唐会联表示，由于农业生产已被细分成多个环节，因此相关培训必须突出系统性、专业性。朱洪超认为，除了要加强农职院校的实践教学外，还应鼓励相关厂家成为培训主体。三是探讨农业保险主体多元化，加大对服务组织的扶持力度。长沙理工大学经管学院副教授刘祚祥建议，政府可对服务组织、相关企业合理扶持，开展针对农业服务主体和从业者的多险种开发。支持金融机构将农业社会化服务组织作为信贷支农的重点，每年安排一定额度的信贷资金解决其季节性、临时性经营资金不足问题。

（二）案例解析

1. 教学目的与用途

通过本案例的教学，使学生较全面地了解农业社会化服务的基础理论和基本知识；熟悉农业社会化服务的现状和存在的问题，掌握农业服务的需求，明确农业社会化服务的改革思路。在教学过程中，注重理论联系实际，运用所学理论知识和方法分析现实问题，及时跟踪学术发展前沿；注重培养学生主动获取知识的能力，加强专题研讨、案例研究和团队项目的内容训练，为学生将来从事相关理论和实际工作打下坚实基础。

2. 背景分析

家庭承包经营和集体统一经营是相互依存的统一整体，家庭承包经营是我国农村集体经济组织内部的一个经营层次，是农村集体经济的一种有效经营方式。农民通过承包本集体的农村土地，得到的是对农村土地的使用权，也就是我们现在所称的土地承包经营权。农民的土地承包经营权集中体现在农民对所承包的土地有了经营自主权、收益权和土地承包经营权流转的权利。农民可以根据市场的供求关系，自主地组织生产，打破了过去那种高度集中的计划经营方式；农民在依法纳税和交纳承包费之后，其他收益都归自己所有，由自己自由支配，打破了过去那种"大锅饭"式的分配方式。多劳多产能够多得，农民得到了实惠，激发了农民生产的积极性，解放和发展了农村生产力，带来了农村经济和社会发展的巨大变化。实行家庭承包经营制度以来，粮食和其他农产品大幅增长，由长期短缺到总量大体平衡，丰年有余，基本解决了全国人民的吃饭问题；农民生活水平显著提高，全国农村总体上进入了由温饱向小康迈进的阶段；农民的思想观念发生了深刻变化，农村精神文明和民主法制建设明显进步。我国农村实行家庭承包经营20多年来取得的巨大成就证明，家庭承包经营是解放农村生产力、发展农村经济的有效方式。

稳定家庭承包经营，核心是稳定家庭承包关系，赋予农民长期而有保障的土地使用权。只有农民的积极性被调动起来了，整个农村的生产力才能活跃起来；只有农民富裕了，集体经济才能得到发展。所以，家庭承包经营是农村经营体制改革的源泉和动力，是农村经营体制的基础。同时，集体统一经营对促进家庭承包经营和农业生产是必不可少的，一些农田水利和其他公共设施的建设，一些产前、产中、产后等生产、流通环节的服务，都是一家一户难以办到的，需要依靠集体统一经营才能做得更好。集体统一经营主要是增强生产服务、协调管理、资产积累等功能，其中最重要的是增强对农户的服务功能。农村集体经济组织可以配合国家实施的科教兴农战略，抓好农业先进实用技术的推广和普及，为农户提供生产、技术、信息等服务；组织本集体经济组织的农业基础设施的建设和集体资源的开发；发展各种形式的专业性服务组织，将生产、加工、流通等环节紧密地联系起来，从某些生产环节的服务发展到生产全过程的服务，使农村集体组织的综合服务与国家和社会的专业性服务密切结合，构成农业服务化体系。通过服务体系联结千家万户，使农户分散的小规模经营与市场紧密地联系起来，促进我国农业向商品化、专业化、现代化发展。这种以家庭承包经营为基础、统分结合的双层经营体制符合我国农村和农业生产自身的特点，符合生产关系要适应生产力发展要求的客观规律，具有广泛的适应性和旺盛的生命力。

农业生产性服务在我们国家改革开放以来一直是得到了不断的发展，我们从公益性的服务组织来讲，包括农业技术推广，已经涵盖了很多重要的方面。近年来，随着现代农业深入发展，农业生产性服务业加快发展，各类服务组织蓬勃兴起，数量超过 115 万，服务领域涵盖种植业、畜牧业、渔业等各个产业，涌现出全程托管、代耕代种、联耕联种等多种服务方式，对于更好地将普通农户引入现代农业发展轨道发挥了越来越重要的作用，对构建现代农业产业体系、生产体系、经营体系的作用也日益突出。与此同时，由于我国农业生产性服务业还处于初期发展阶段，服务组织规模小实力弱、对普通农户带动力不强，特别是随着农村劳动力大量转移、老龄化现象日益凸显，一家一户办不了、办不好、办起来不合算的事情越来越多，迫切需要加快培育各类服务组织，大力发展面向广大农户的农业生产性服务。

但最近几年，随着现代农业的推进，广大农民群众特别是新型经营主体对服务要求越来越高，或者说要求的事项越来越多。正是基于这种考虑，农业部联合发改委和财政部，围绕农业生产的全过程，提出了专门要求。这些要求覆盖了从生产环节的第一环节开始到末端环节，比如，首先我们遇到的是农业生产的市场信息问题；其次是在生产过程中有生产资料的供给问题；再次，在生产过程中有生产技术特别是绿色技术的服务问题；最后，在生产完了以后还有作物秸秆和动物粪便的处理、农业废弃物的资源化利用问题等。在这个过程中，农业机械化这些年的发展方兴未艾，农业机械的使用以及维护问题，也是广大农民群众关心的问题。在产后加工环节，特别是初加工环节，也提出了很多相关的服务要求。在加工完以后，又面临农产品怎么卖得出去的问题。所以从田间到餐桌，农业生产性服务涵盖全过程，应该成为一种独立的产业概念。

《中华人民共和国农业法》提出，农村集体经济组织应当在家庭承包经营的基础上，依法管理集体资产，为其成员提供生产、技术、信息等服务，其中第四十四条规定，国家鼓励供销合作社、农村集体经济组织、农民专业合作经济组织、其他组织和个人发展多种形式的农业生产产前、产中、产后的社会化服务事业。县级以上人民政府及其各有关部门应当采取措施对农业社会化服务事业给予支持。对跨地区从事农业社会化服务的，农业、工商管理、交通运输、公安等有关部门应当采取措施给予支持。各级政府紧紧围绕广大农民的多样性技术需求，积极引导和支持科教单位、涉农企业、专业服务组织、农民合作经济组织等开展农技服务。科技部门通过实施星火计划，开展科技特派员基层创业，建立专家大院等科技项目，支持大学、科研单位的专家深入农村，提供技术服务，推广先进、实用的农业技术，有效地解决了农民在生产中的难题。目前，我国农业科技进步贡献率为48%，比发达国家低20个百分点左右。农业科研与生产结合不紧密，基础性研究比较薄弱，创新能力不强，科技到位率低。种子产业发展存在育繁推脱节、育种水平低、种子企业缺乏竞争力、市场监管技术和手段落后等问题。农业科技进步加快，科技驱动作用增强。2016年年末，全国联合收获机数量比2006年增长105.3%，小麦机耕、机播和机收的比重分别达到了94.5%、82.0%和92.2%。据农业农村部统计，2017年我国农业科技进步贡献率达到57.5%，主要农作物良种基本实现全覆盖，自主选育品种占比达95%。

十九大报告指出，构建现代农业产业体系、生产体系、经营体系，完善农业支持保护制度，发展多种形式适度规模经营，培育新型农业经营主体，健全农业社会化服务体系，实现小农户和现代农业发展有机衔接。我们国家有2.6亿农户，2.3亿是承包农户。所以现代农业的建设，需要新型经营主体和广大承包农户一起共同创造现代农业发展的新局面。在相当长的一段时间，小农户还会占大多数，是整个农业生产的基本面，也是保障国家粮食安全和农产品有效供给的基础，这是我们国家的国情所决定的。小农户在采用新技术、新机具，对接市场，抵御市场风险、质量安全风险等方面，都面临着更多的困难。所以在推进农业现代化的过程中，如何尽快提升小农户的竞争能力，把小农生产纳入现代农业的轨道上来，更好地帮助农民、提高农民、富裕农民，让广大小农户参与现代化的进程、分享现代化的成果，确实已成为摆在我们面前的一个重大而紧迫的课题。

家庭经营要向更多地采用先进科学技术和先进生产手段方面转变，统一经营要向多层次、多种形式的社会化服务方向转变。这对于农民家庭来说，当然要政府对他们进行扶持和帮助才能实现。过去我们提家庭承包经营，讲统分结合的双层经营，很多人说“统”是不是指村集体给我服务就是“统”，或者村集体把地收回去才叫“统”。2008年10月12日中国共产党第十七届中央委员会第三次全体会议通过了《中共中央关于推进农村改革发展若干重大问题的决定》(以下简称《决定》)，《决定》中讲得很清楚，村集体要给农户提供服务，但是除了村集体这个主体之外，其他的主体都可以，包括农民自己建合作社、龙头企业以及其他各种各样的社会化服务组织。很多地方看起来是老人、妇女在那儿种地，实际上最主要的环节是社会化服务体系给他们提供的。所以如果这个制度进一步健全，坦率地说，年龄和性别不是最主要的障碍。

2015 年 7 月，国务院办公厅印发《关于加快转变农业发展方式的意见》，提出推进多种形式的农业适度规模经营，稳步开展农村土地承包经营权确权登记颁证工作。各地要采取财政奖补等措施，扶持多种形式的农业适度规模经营发展，引导农户依法采取转包、出租、互换、转让、入股等方式流转承包地。有条件的地方在坚持农地农用和坚决防止"非农化"的前提下，可以根据农民意愿统一连片整理耕地，尽量减少田埂，扩大耕地面积，提高机械化作业水平。采取财政扶持、信贷支持等措施，加快培育农业经营性服务组织，开展政府购买农业公益性服务试点，积极推广合作式、托管式、订单式等服务形式。支持供销合作社开展农业社会化服务，加快形成综合性、规模化、可持续的为农服务体系。总结推广多种形式农业适度规模经营的典型案例，充分发挥其示范带动作用。在坚持农村土地集体所有和充分尊重农民意愿的基础上，在农村改革试验区稳妥开展农户承包地有偿退出试点，引导有稳定非农就业收入、长期在城镇居住生活的农户自愿退出土地承包经营权。

积极发展适度规模经营。大力培育新型农业经营主体和服务主体，通过经营权流转、股份合作、代耕代种、土地托管等多种方式，加快发展土地流转型、服务带动型等多种形式规模经营。积极引导农民在自愿基础上，通过村组内互换并地等方式，实现按户连片耕种。完善家庭农场认定办法，扶持规模适度的家庭农场。加强农民合作社规范化建设，积极发展生产、供销、信用"三位一体"综合合作。总结推广农业生产全程社会化服务试点经验，扶持培育农机作业、农田灌排、统防统治、烘干仓储等经营性服务组织。支持供销、邮政、农机等系统发挥为农服务综合平台作用，促进传统农资流通网点向现代农资综合服务商转型。鼓励地方探索土地流转履约保证保险。研究建立农业适度规模经营评价指标体系，引导规模经营健康发展。

截至 2016 年年底，全国纳入农业部门名录的家庭农场 44.5 万户，依法登记的农民专业合作社 179.4 万家，各类农业产业化龙头企业 13 万个，各类农业社会化服务组织 115 万个。新型农业经营主体是发展现代农业的主力军和突击队，也是实施乡村振兴战略的重要力量，在推进农业供给侧结构性改革、促进现代农业建设、带动小农户发展等方面，发挥着越来越重要的引领作用。

2017 年 6 月，为进一步总结推广农业生产全程社会化服务试点经验，农业部办公厅、财政部办公厅发出《关于支持农业生产社会化服务工作的通知》，提出要紧紧围绕推进农业供给侧结构性改革，以带领小农户发展现代农业为主要目标，兼顾促进农业适度规模经营，通过政策引导小农户广泛接受农业生产托管、机械化烘干等社会化服务，努力培育主体多元、竞争充分的农业生产社会化服务市场，集中连片地推进机械化、规模化、集约化的绿色高效现代农业生产方式，着力提高农业综合效益和竞争力，促进农业绿色发展和资源可持续利用。农业机械化水平明显提高，截至2016年年底，主要农作物耕种收综合机械化水平已经超过了65%，小麦基本实现全程机械化，玉米、水稻的机械化水平超过75%，这标志着我国农业的生产方式已由千百年来以人力畜力为主转到以机械作业为主的新阶段。科技化水平明显提高，农业科技进步贡献率超过56%，这标志着我国农业发展已从过去主要依靠增加资源要素投入进入到主要依靠科技进步的新阶段。良种化水平明显提高，主要农作物良种覆盖率稳定在96%以上，畜禽品种良种化、国产化比例也在逐年提升。规模化水平明显提高，家庭农场、农民合作社、产业化龙头企业等各类新型农业经营主体蓬勃发展，目前已经超过290万家，土地适度规模经营占比达到40%。设施化水平明显提高，建成5亿亩旱涝保收的高标准农田，农田有效灌溉面积占比超过52%，设施农业超过5 500万亩，这表明农业靠天吃饭的局面有了明显改观。

从国家的角度来说，农业科技推广实际上是由两种机制构成的：一种是政府主导的建制化的体系，像我们在每个地区，实际上到县到乡都有农技站，农技站的目的就是要促进科技成果的推广，这是一种建制化的体制。另外，随着国家的市场化机制的发展，我们也大力提倡市场化的推广机制，这是另一种机制。先进的技术不断地应用是农业劳动生产率提高一个非常有力的举措。通过国家两种农业科技推广机制能够让农民使用先进适用技术。广大农业科技人员深入一线，深入田间地头，认真帮助农民解决一些技术难题，大力推广一些先进适用的农业技术，特别是一些抗灾增产的实用技术。像一些关键技术、优良品种的技术、测土配方施肥技术、农机农艺结合技术、病虫草害的综合防治技术，经过我们的一致努力，得到了全面落实。加快了现有的科技成果向现实生产力的转化，为粮食大面积、大范围地增产增收提供了科技支撑。

供销合作社是中国最大的合作经济组织，成立于1954年7月，在多年的服务实践中已经形成了国家、省、市、县、乡五级组织，有联合社、成员社、基层社等形式。它在多年的为农服务实践中形成了独具特色、覆盖城乡的组织服务体系，是中国特色农村服务体系的重要组成部分。相对其他经济组织来讲，供销社在农村的组织体系比较健全，网络比较健全，因而能够让供销社这样一个独到的、独特的优势和作用得到充分发挥，进而提升我们为农服务的功能和能力。通过对广大农民提供产前、产中、产后的服务，供销合作社能够成为政府抓得住、用得上的为农服务的骨干力量，它是农村社会经济发展不可代替、不可或缺的重要力量。在实践中，我们要建设这样生产生活服务的综合平台。

3. 理论依据与分析

农户对有偿技术服务有着较强的需求意愿。种植业收入占家庭总收入的比例和农户在生产中是否遇到过技术难题对其有偿技术服务的需求意愿有着显著的正向影响，而农户的年龄、受教育程度以及农技员解决技术问题的能力对农户有偿技术服务的需求意愿有着显著的负向影响(黄武，2010)。技术属性的差异能够显著影响农户对新技术的采用，不同技术具有的收益水平、技术风险以及对资源依赖程度的差异是导致农户技术采用决策差异的主要原因(满明俊　等，2010)。农户对农业生产性服务需求迫切，且偏好于技术服务、销售服务和农资购买服务；影响农业生产性服务需求意愿的多重因素中，农户自身特征和服务信息来源的影响很大，其他因素例如种植面积、种植年限、荔枝收入比重、非农收入比重等都对农户农业生产性服务需求意愿产生一定影响(庄丽娟　等，2011)。农户采纳病虫害统防统治服务对周边其他农户具有示范效应，因而影响其他农户采纳病虫害统防统治服务的决策；户主年龄、户主自评身体健康状况、户主受教育水平、户主农药中毒经历及其程度、农户是否兼业、农户家庭外出务工收入、种植面积、与农技员的联系强度等，是影响农户采纳病虫害统防统治服务的重要因素(应瑞瑶　等，2014)。在农资供应、农产品收购以及资金借贷方面，种植大户倾向于选择营利性组织提供的服务；但在病虫害防治以及农作物收割方面，种植大户更倾向于选择非营利性组织提供的服务。户主受教育程度和非农就业经历、耕地规模、家庭农业劳动力人数、农业收入所占比重、土地流转是否顺畅、是否加入专业合作社、所在地区、服务信息的主要来源、对服务组织的了解程度、对非营利性组织服务易得性的评价、对营利性组织服务质量和服务价格的评价显著影响种植大户对不同类型社会化服务组织的选择(李容容　等，2015)。户主个体特征、家庭资源禀赋、家庭生产经营特征、服务信息来源、所在地区以及对农业社会化服务组织的认知，是影响种植大户在某一服务项目中对不同社会化服务组织选择行为的主要因素。

从劳动力密集型生产环节外包到技术密集型生产环节外包再到全生产环节外

包是推进中国农业规模经营的路径之一。在当前条件下，农业生产环节外包是开启农业规模经营的“金钥匙”，坚定不移地走农业规模经营的道路可以从农业生产环节规模经营开始(王志刚　等，2011)。劳动密集型生产环节的农户外包行为遵循需求与价格关系的一般规律，随着技术密集程度的增强，价格机制逐渐减弱，说明不同生产环节外包的市场结构存在差异；家庭劳动力要素、村庄专业化服务社队、稻农生产性补贴政策和农技员的技术指导对农户生产环节外包行为有显著影响。农户水稻生产环节外包比例高于土地经营权流转率；户主年龄对农户生产环节外包行为的影响主要表现在劳动密集型环节，而家庭收入水平对农户生产环节外包行为的影响则主要表现在技术密集型环节。在劳动密集型环节上，农户外包行为遵循需求与价格关系的一般规律，外包需求随着生产环节外包价格的上升而减弱；随着生产环节技术密集程度的增强，在生产环节外包上价格机制的作用逐渐减弱，到病虫防治环节基本失灵。这说明生产环节外包服务市场存在结构性差异(申红芳　等，2015)。应强化农技推广和信息服务，降低生产环节外包的交易费用。农业技术具有较强的外溢性和学习效应，农业技术推广作为一种对农民的非正式教育，对水稻生产环节外包具有显著的促进作用。所以，应强化基层农技推广的公益性服务职能，促进水稻生产环节外包稳步推进。虽然不同环节外包的生产率效应不同，但是，总体而言，水稻生产环节外包将有效地提高生产率，且随着时间的推移生产率效应有扩大的趋势(陈超　等，2012)。农户的外包认知直接影响外包行为，外包意愿也直接影响外包行为，同时，外包认知通过外包意愿间接影响外包行为。具体来看，农户对技术密集环节外包易用性认知越高，选择技术密集环节外包的概率越大；农户对技术密集环节外包有效性认知越高，选择技术密集环节外包的概率越大；农户外包意愿越高，选择植保环节和追肥环节外包的可能性也越大；外出务工工资、小麦种植规模、户主年龄、户主受教育程度、小麦种植年限、技术培训是农户技术密集环节外包行为的重要影响因素(段培　等，2017)。华北平原地区小农户与大马力机械之所以能够有效相容，是因为该地区农户强烈的农业机械服务外包需求促使当地形成了农业机械服务外包市场。农业机械技术需求产生是农业机械服务外包市场快速发展的前提条件，而农户家庭农业劳动力富余程度和家庭成员务工经历所引发的要素相对价格变化，则是农业机械技术需求产生的根本原因(蔡键　等，2017)。农业机械服务外包是农户小规模经营条件下实现大马力机械的直接原因。

交易成本是影响农户农业技术需求的重要因素，反映信息成本的家庭是否拥有通讯及信息接收设备、家庭是否能够收看相关农业频道节目、是否和其他农户经常交流等变量对农户农业技术需求有显著的正向影响;反映执行成本的户主是否参加过技术培训、生产中是否能顺利解决技术难题等变量对农户农业技术需求有显著的正向影响(宋金田　等,2013)。此外,户主年龄对农户农业技术需求有显著的负向影响;户主受教育程度、种植面积对农户农业技术需求有显著的正向影响。

收入水平整体偏低仍是影响农技推广绩效的主要因素;当农技推广人员的收入达到当地县域城镇在职职工平均工资的0.9倍及其以上时,推广绩效能够得以较好地实现;农技推广人员的收入结构亟待改进,基础工资对推广绩效缺乏激励,开发创收比例的增加有助于推广绩效的提高;农技推广人员工作经验对推广绩效的影响比学历和职称的影响更为明显(申红芳　等,2010)。农业技术进步不仅取决于技术创新的规模,更依赖于技术推广的效率。基层农业技术推广的经费保障制度、工作设计制度、人员管理制度、对外合作发展制度对农技员技术推广行为有显著影响;不同制度设计对农技员技术推广行为的影响差异较大,较关注农技员切身利益、技能培训及技术推广过程管理的制度对农技员技术推广行为有重要影响;农技员的技能、工作经验与工作保障条件等对农技员技术推广行为的影响也比较明显(王建明　等,2011)。科技服务新农村的模式包括高校主动参与新农村建设、非农企业介入农业科技服务、政府主导、龙头企业带动、基层农民合作组织、科研机构之间的合作、地方政府与科研机构结合。提供农业科技服务的基本原则是:要根据“公共性”程度由高到低的序列提供,分类指导。对于科技服务中属于公共品的、涉及国计民生的重要产品、资源的生产和服务,国家要明确给予支持,甚至完全由政府资助;对于部分具有公共品属性的科技服务,要结合市场机制,界定产权,坚持“谁投资、谁决策、谁收益、谁承担风险”的原则制定政策法规,充分调动社会资金投资于农业创新项目的积极性,促使社会机构成为国家农业科技创新体系投入的主体力量(于冷　等,2009)。在引入社会资本的同时,也为农业社会化服务组织注入了更多市场机制,有利于提高农业社会化服务的效率。

农业社会化服务组织方兴未艾。2013年中央一号文件明确,构建农业社会化服务新机制,大力培育发展多元服务主体。目前,全国各类农业公益性服务机构达到15.2万个、农业经营性服务组织(不包括农民专业合作社和龙头企业)超过100万个,在农机作业、农作物病虫害统防统治、动物疫病防控等方面发挥着日益重要的作用。新型经营主体具有以市场化为导向、以专业化为手段、以规模化为基础、以集约化为标志的基本特征。与传统承包经营农户“小而全”、兼业化的经营方式不同，新型农业经营主体以市场为导向，从事专业化生产、集约化经营和社会化服务，规模经营水平和组织化程度较高，能够优化集成利用各类先进生产要素，代表了现代农业的发展方向(陈晓华，2014)。合作社提供农资统购服务的比例较低，且大多停留在浅层次牵线购买层面。在现实中，中国农村农资市场高度竞争，使得农资批零差价较小；多数合作社农资需求总规模并不是很大，导致合作社统一购买农资所降低的购买成本有限；中国农产品质量安全监管体系不完善，使得下游农产品买家对农产品有质量安全要求的比例很低。因此，中国合作社农资统购难以实现(朱哲毅　等，2016)。从整体上看，农业生产性服务促进了水稻生产技术效率的提高，但是，不同生产环节之间差异较大，整地和播种环节的生产性服务对水稻生产技术效率具有显著的正向影响，而病虫害防治环节的生产性服务则具有显著的负向影响(孙顶强　等，2016)。因此，在大力推动农业生产社会化服务发展的同时，应当根据不同生产环节的特点，合理制定相对应的政策措施。

4. 思考和讨论题

(1) 农业公益性社会化服务和经营性社会化服务的区别是什么？

(2) 当前，农业社会化服务的需求有哪些特点？

(3) 从政府层面看，应如何促进农业社会化服务的更好发展？

案例十二：农家乐的异军突起

（一）案例介绍

中国农家乐发源地的前世今生：从郫都[①]一隅风靡全国

1986年，勇于挑战、敢于创新的郫都人在自家的农村院落里创造出中国第一家"农家乐"，由此发现了一种休闲度假旅游新模式，并复制到大江南北成为一种时尚，为无数农民发展乡村旅游产业、实现稳定增收、脱贫致富立下了汗马功劳。农家乐，被誉为改革开放的"郫都创举"，从郫都一隅迅速风靡全国，成为郫都的一张重要名片。三十多年来，农家乐形成了农村产业融合发展的重要业态，本身也经历了不断改革创新的过程。站在新起点上，作为"中国农家乐发源地"的成都郫都区农科村已成为农家乐产业集聚区，将载誉再出发，大力推进都市旅游千亿产业发展，打造世界乡村旅游目的地……

"别人种粮我种花，率先致富乐农家。"在20世纪80年代，当全国大力发展粮食生产，还在破解农民温饱问题的时候，成都郫都区农科村的农户们依托村里的农科站，积极发展花卉产业，形成了"一户一品，一品一景"特色，成为远近闻名的花卉种植专业村。那些年，以花卉苗木种植和销售为主的农科村经常迎来外地客商挑选苗木，不少成都市民也在周末来此游玩赏花，一些客商和市民中午在此与农户共进午餐后，一般会主动留下金额不等的餐费。谁曾想，农户们"无心插柳"的非主动经营行为正是中国农家乐的最初萌芽。宽敞明亮的三层小洋楼，清新整洁的川西林盘院落，别有格调的艺术花坛……这是"中国农家乐第一家"——徐家大院里第一代农家乐的原貌。"农民家的环境也能搞得那么好。"作为农科村首家农家乐经营户、徐家大院老板徐纪元，至今对昔日商客、游客对自家院子的评价记忆犹新。徐纪元回忆，1992年，四川省一位老领导在农科村调研时为徐家大院题写了"农家

① 郫都原名郫县，2016年撤县设区，改区后称"郫都区"。为了行文方便，本书中统一使用"郫都"和"郫都区"。

乐”的牌匾，从此，“农家乐”这一旅游业态才有了正式的名称。随着中国市场开放程度越来越深，徐家大院逐渐远近闻名，除了接待花木客户外，也开始接待参观游览者，郫都的农家乐也由此逐步走向市场。在2018年的6月份，这一切似乎并不传奇，但在那个计划经济盛行的年代，却担负着极大的政策风险，很多专家将郫都创举与当时小岗村改革并提：郫都农家乐不仅开创了中国农业旅游的先河，更率先探索出农村经济发展新路径，为农村经济一、三产业互动发展谱写出新篇章。

“农家乐”叫响之后，这种模式辐射到了川西各地，凡是能提供吃喝休闲的乡村农家接待点，都被称为“农家乐”。这种以“吃农家饭、观农家景、住农家屋、享农家乐、购农家物”为形式的“农家乐”旅游，逐渐得到广大游客的认可和青睐，郫都农家乐也由此迎来了发展高峰期。到了20世纪90年代中期，随着媒体报道，农家乐这种新兴业态引起了全国的关注，多个省市的考察团先后到农科村参观取经，以徐家大院为代表的郫都农家乐则以星火燎原之势，传遍了神州大地。在那个时期，以农家乐为主的乡村休闲旅游，很快在农科村形成了产业规模，村里70%的农户都搞起了旅游接待；郫都区内农家乐经营户数也曾达到500余家；而从农家乐，还衍生出了渔家乐、牧家乐、羌家乐、藏家乐、彝家乐等多种乡村旅游新形式。与此同时，当地政府也瞄准成都休闲旅游市场，以苗木种植替代粮食耕种，依托特色种植业率先发展“农家乐”旅游，突破传统旅游景区的概念，开创了中国旅游业发展的新模式。直到今天，这些不收门票、“不是景区”的乡村旅游点，越来越受到百姓的青睐，成为活跃农村经济、促进农民增收的一大“法宝”。据了解，为了肯定和表彰郫都农家乐旅游模式对全国乡村旅游发展的示范引领作用，国家旅游局于2006年将“中国农家乐旅游发源地”的称号授予了郫都区农科村。郫都区的农家乐也由此迈出了中国农业产业结构调整的第一步，掀起了中国农村改革的新浪潮。

刚刚迈入新世纪，市场开放化程度越来越高，人们早已不满足于“住农家屋、吃农家饭、干农家活、享农家乐”了。郫都区农科村村主任侯云秀回忆起郫都农家乐发展高峰时期坦言，从最初的“一花引得百花开”到千禧年时期的“墙内开花墙外香”，郫都农家乐的发展并非一帆风顺。2000年以后，随着成都周边农家乐市场群雄奋起，国内各地乡村旅游蓬勃发展，农家乐竞争激烈。“过去村里偏重于发展农家乐的规模，而忽视了品质，仅仅靠饭桌、牌桌的‘两桌经济’和卖花卉盆景苗木，已经构不成对游客的吸引了，农家乐需要品质的提升。”侯云秀说。如何擦亮“中国农家乐发源地”这块金字招牌，让农家乐再创辉煌，成为摆在当地政府面前的一道难题。“按照‘食住行游购娱’六要素进行功能配套，饮食上突出农家特色、乡村风味；

环境营造突出绿化、美化；配套设施和住宿条件尽量与酒店接轨。”侯云秀介绍说，随着农科村向景区规范化管理，农家乐也随之提档升级。“以前住农家乐都是家庭式服务，30 元一个床位，一间房摆 4 个床铺，生意好的时候要挤下 6 个人。”说起农家乐的改变，侯云秀侃侃而谈，“升级后的农家乐通过引入主题乡村酒店、评定‘星级农家乐’等方式实现了乡村旅游的转型升级。同时，还通过培训宣讲、参观考察、典型推广、管理公司引进、标准化运行等途径提升建设经营质量。”“我们还在国内率先推行乡村酒店星级评定，推出了首批 11 家乡村酒店，还先后涌现出多家‘中国乡村旅游金牌农家乐’。”侯云秀笑着说。如果说安徽的小岗村开启了中国农村土地承包制度的先河，那么郫都的农家乐则通过对中国传统农村资源利用的重大创新，吹响了中国农村现代服务业的号角。

眼下正是旅游旺季，村里的农家乐纷纷忙着接待游客，村道旁垂钓、骑马、游园和劳动体验等各种活动吸引了众多游客，而村里经营的特色小盆景、农科村豆腐干和萝卜干等旅游商品也让游客目不暇接。“农家风味的菜肴，游客非常喜欢，加上村里的好风景，生意自然差不了！”村主任侯云秀说。现在仅在农科村景区开办农家乐的农户，一年收入少说也有 20 万元。农家乐成为当地农民作为创业主体进行就地脱贫致富的有效途径。“农家乐不仅直接缩小了城乡的收入差距，还推动了农村公共服务设施的改善，提升了农村的环境质量，全面缩小了城乡差距。”郫都区景区创建促进中心主任兰叶介绍说。1991 年，郫都区农民人均收入 821 元，到了 2015 年，郫都区的农民人均收入已超过了 2 万元。

浙江农家乐何以乐长久

“绿水青山就是金山银山”，浙江农家乐的 10 年发展，印证着这一科学论断。10 年间，浙江共创建 1 100 多个农家乐集中村和特色村，农家乐经营户达 1.45 万户，营业收入 175.36 亿元，走出了一条浙江特色的农家乐发展之路。

2016 年 1 月，走进临安市太湖源镇白沙村，溪流清澈见底，群山青翠欲滴。这个总人口 1 162 人的小山村，目前有 75%的村民参与乡村旅游，年人均收入在 5 万元以上，170 多家农家乐经营户可提供 6 000 余张床位。白沙村的发展并非一帆风顺，而是经历了从“卖山头”“卖山货”到“卖生态”的发展道路。发展思路的转变让白沙人尝到了甜头。1998 年，白沙村依托优美的自然环境和得天独厚的生态资源，成功开发了太湖源景区，旅游三产成为白沙村民增收的最大亮点。农家乐虽早已在浙江民间展开，但真正的大发展始于 2005 年。当年 8 月 15 日，时任浙江省委书记的习近平同志在安吉县余村考察时，提出“绿水青山就是金山银山”这一科学论断。当时倡导的“千村示范、万村整治”工程也正在浙江大力展开。美丽乡村建设让旧农村有了新面貌，却也面临着发展的困境。具有良好生态优势的农村，如何将美丽生态转化为生态农业、生态工业、生态旅游等“美丽经济”？2005年11月9日，浙江省委、省政府以“两山论”为发展思路，召开第一次全省农家乐工作现场会。自此，农家乐在浙江遍地开花。10年间，浙江成立农家乐休闲旅游工作联席会议及省、市、县三级工作体系；确定每两年召开一次农家乐专题推进会或现场会；设立省级农家乐发展专项资金；出台了一系列扶持农家乐发展的政策。农家乐让千万户农民尽享生态红利的同时，也遭受着提档升级的压力。以“打牌钓鱼吃土菜”为主要模式的农家乐，让消费者提不起兴趣。2010年，浙江农家乐进入到从“吃喝为主”到“住宿为主”的提档规范期。2011年8月，浙江优化农家乐模式，从单一吃住进入“感知体验”的提升发展通道。10年间，在浙江这片诗画山水中，农家乐让不少农民在家就鼓足腰包，切实体会到“绿水青山就是金山银山”的富民力量。到2014年年底，全省已建成各级农家乐特色村883个，拥有各类休闲农庄2 414个、农家乐经营户1.45万户，直接从业人员13.8万人，带动受益农民100多万人。

在浙江，许多农家乐正在探索一条转型的新路子。摆脱同质化严重的问题，做足“农”字文章，干农活、住农屋、吃农饭，让游客“活”在乡野，“乐”在农村。通过一二三产融合互动，加速打造一条日渐完整的农家乐产业链，提升农业附加值。“在我们村，游客可以自己动手烧土灶台，亮一把厨艺。”天台后岸村村民自豪地向记者介绍着他们的自助式农家乐。如今，体验式农业已经成为浙江农家乐休闲旅游新常态，越来越多的乡村休闲旅游因素被注入传统农业中来。衢州柯城区的“五十里都”是一个集农业生产、休闲观光、娱乐体验为一体的都市田园，这里栽种着各种时令蔬菜和水果，游客可以现场采摘，四周的山坡上，四季花开不绝。如果累了、饿了，可以在农博园里喝茶用餐。目前，“五十里都”年接待游客8万人次，各类旅游收入超2 200万元。遂昌县大柘镇大田村利用茶叶主产区优势，在开发旅游的同时，开发茶饮品、茶籽油、茶枕头、保健品，拉长茶产业链；同时建成品茶室，做大茶餐饮，开发有关茶的旅游纪念品等，增加当地农户收入。如今，越来越多村落在发展第一产业的基础上，融合二、三产业，发展农业休闲经济，农旅结合，使农家乐实现完美转型。“农家乐姓农。”在2015年召开的农家乐现场会上，浙江省委副书记王辉忠告诉记者，农家乐应该让农民享受生产、加工、流通等环节的全产业链利润。伴随着特色化、差异化的是规范化。浙江对农家乐发展提出“规划统一、集聚发展、质量恒定的品质保障”要求，越来越多的村庄开始摒弃“各自为战”的一家一户式，转而“抱团发展”,实现全体村民的共创共富。在长兴县水口乡顾诸村,“组织化”服务是村里发展农家乐的一大“法宝”。55岁的农家乐老板郑云芳告诉记者,近年来,乡农家乐协会组建了车队,去往水口农家乐的大巴可以直接开到上海社区门口,这一长兴独有的“家门口接送式”服务,实现了经营户与游客的无缝对接。“‘组织化’的服务让水口成了上海退休老人的养老村,就连挎着篮子的阿婆也会讲上海话。”郑云芳说。

如今的农家乐,已不仅仅是绿水青山间的美丽经济,更是黄泥墙、石板路、空猪圈、旧家具背后凝结的美丽乡愁,还有家风纯正、民风淳朴、乡风文明、村风廉洁背后无形的生产力。桐庐狄浦村把几间废弃的牛棚改成简约有情调的“牛栏咖啡”,来自城里的游客会在这里点上一杯咖啡、留下一张合影,既丰富了乡村旅游的创意文化,又保存了游客对农村乡愁的记忆。走进临安市白沙村,山林掩映中,一座古色古香的农家小院显现眼前,屋檐下,一排红灯笼映衬着老旧的木质牌匾,上书“鱼乐山房”。山庄不但被浓浓的文化内涵和艺术气息包围,更让“居民”体验着农事风情。“平时来到这里的游客,不仅可以尝到自家泡的果酒,还能体验打年糕、包粽子、打糍粑等活动,找回儿时的记忆。”山庄老板娘夏菊萍说。“今后,游客对旅游景点的兴趣越来越淡薄,而对乡村的需求越来越浓厚,在这样的背景下,农家生活可以成为游客品读当地文化的一个窗口。”浙江省农办楼晓云认为,乡土文化资源和农民精神内涵的挖掘,成为浙江农家乐的着力点和发展资本。在“中国美丽乡村”安吉,尚书圩村在状元文化上下足功夫,现在村里的大礼堂每个星期都要给外来少年举办成人礼。2014年尚书圩村接待游客10万人次左右,农民人均纯收入达20 415元。浦江则利用其生态环境优美、乡村文化底蕴深厚的特点,大力推广“生态+文化”模式,郑义门的家风文化、嵩溪村的耕读文化吸引了大量游客。如今,以浙江为范本,农家乐作为“绿水青山就是金山银山”的有力见证,正带来可观的溢出效应——村美、人和、民善,以万千“美丽乡村”为基础的“美丽中国”初现雏形。苍南马站镇后槽村是个小渔村,只有465名村民。早年一半以上人家出海捕鱼,部分村民使用的还是“三无”渔船。“一打三整治”行动开展以后,渔民上岸,动了发展“渔家乐”的念头。2016年3月,后槽村动工建设度假村,27位上岸渔民入股,首期63个股东共集资568万元。度假村刚试营业,“一天的营业额就超过4万元。”管财务的村民徐立新高兴地说,村里多数乡亲都和他一样转换渔民身份,从保洁员到服务员、再到救生员,全村70多户人家参与投资、管理和就业,收入不比以前低。

当农家乐联上互联网,会发生怎样的化学反应?花鸟岛是舟山嵊泗县最北的悬水小岛，这个小岛在去年发展“渔家乐”之初就接入“互联网＋”。想去海岛旅游的游客，通过小岛的网页就能订制一份完全属于自己的旅游清单。“我们一行4个人的吃住行统统都是通过网络事先预订的，方便极了。”刚刚结束花鸟之旅的上海游客郑伟光惊喜地说。大到航船班次、住宿房间选择，小到每一顿饭吃什么、每一个“渔家乐”项目分别要体验多久，这一切都只要点点鼠标就能事先定好。除了畅通农产品销售渠道、招揽顾客，“互联网＋农家乐”正通过深度整合景点、饮食、住宿、交通、娱乐、购物等多种资源，利用微博、微信等平台实现分享互动，让游客轻松实现“私人定制”乡村之旅、农家之乐。越来越多的年轻人返乡投身农家乐，为农家乐插上“互联网＋”的翅膀提供了更多的可能。在定海白泉镇，“80后”大学生王佳佳既是一个果农，又是一个农家乐的负责人。她时常会上传桑葚、蜜桃、猕猴桃等时令水果的图片到自己的朋友圈，渐渐地果园采摘游游客多了，前来农家乐吃饭的游客也跟着多了起来。“互联网可以让更多人看到水果安全健康生长的环境和过程，游客自然源源不断。”王佳佳说。

长岛县着力发展“渔家乐”特色旅游　增加居民收入

2015年金秋九月，行走在长岛县，人们会时时处处被美丽富裕的海岛渔村所吸引。在长岛县南北长山岛、大钦岛和南隍城岛，随处可见别致的渔家小院，各种渔家乐旅游项目吸引了众多游客前去游玩。在南长山岛的黄渤海分界线景区、九丈崖国家地质公园、月亮湾国家地质公园，游客摩肩接踵，全国各地的游客在这里垂钓嬉戏、海中畅游、品尝海鲜，一派欢乐热闹的景象。河北游客张彦峰说：“第一次看见海啊，特别激动，各方面的压力都已经放松了，长岛这个地方确实不错，值得广大朋友来游玩放松。海鲜的味道跟石家庄不一样，没有长途运输的感觉，特别直接。之前也去过很多地方，西安啊、山西啊，都是住宾馆，第一次住渔家乐，感觉确实不错，也符合当地的一些特色。环境不错，价位也合适。”

长岛县“渔家乐”特色旅游项目以“吃住在渔家，游乐在海上，揽胜于景区，娱乐在渔村”而闻名，浓郁的海岛渔俗文化，备受游客青睐。不少渔民放弃祖祖辈辈耕海牧渔的生活，转行做起了渔家乐老板。长岛大黑山南庄村渔家乐老板高秀芳说：“我这渔家乐天天是爆满的，从8月10日开始，每天都是六七十人，最多的一天超过100人啦。8月12日接待的自驾游，还给他们办了大型篝火晚会，本来15日还想再办一个，实在累得爬不动了。”截至目前，长岛全县经营“渔家乐”特色旅游项目共19个村、881户、2万多张床位。2014年，全县“渔家乐”共接待游客140万人次，实现收入1.39亿元，“渔家乐”经营业户年均纯收入达8万元，最高达30万元。

(二) 案例解析

1. 教学目的与用途

通过本案例的教学，使学生较全面地了解休闲农业的基础理论和基本知识；掌握农(渔)家乐的发展历程和巨大潜力，熟悉制约农(渔)家乐发展的各种因素，能够把握农(渔)家乐的常见模式，明确政府对农(渔)家乐的支持和帮扶措施。在教学过程中，注重理论联系实际，运用所学理论知识和方法分析现实问题，及时跟踪学术发展前沿；注重培养学生主动获取知识的能力，加强专题研讨、案例研究和团队项目的内容训练，为学生将来从事相关理论和实际工作打下坚实基础。

2. 背景分析

从农业总体发展来看，休闲农业在我国的发展还处于初期阶段，主要类型有农业观光型、农事体验型、生态休闲型、多功能综合型等类型。农业观光型是利用城市周围的可利用风景资源，规划整合周围的土地资源，组合成可供游客观光游玩的休闲地带，让城市中的市民们在闲暇时光来农田中感受大自然带给人们的美好享受，交通便利、距离较近，吸引了大量的游客前来游玩。农事体验型是利用现有的农庄园，农民们将自己家中的果园或者农业园区等地出租给前来的游客们，可以让他们在此居住多日，通过自己做饭、劳作等活动来获取生活基础物质，并向游客们收取租赁资金。生态休闲型是利用特色的农产品或者农家园中的活动项目，将大自然的风景和优美的环境、天赐丰厚的自然资源、大量的可利用基础设施结合起来，进行特色项目整合，形成有自家特色的农家乐等形式的园区供游客们休闲娱乐。多功能综合型是利用农业园区的自然资源、特色资源、基础设施设备、特色娱乐活动、特色农产品或者手工艺品、农业生产过程、绿色无添加的食品等，让游客们可以全面感受到休闲农业的乐趣，综合观光游玩、体验农作、享受农家乐等多功能、全方面、多方位的综合型农业园模式。

农家乐主要类型有农业观光农家乐、民俗文化农家乐、民居型农家乐、休闲娱乐农家乐、食宿接待农家乐、农事参与农家乐等。我国农家乐兴起于20世纪80年代，发展于20世纪90年代，规范于21世纪初。回顾我国农家乐30多年的发展历程，大致可以分为三个阶段。第一个阶段是兴起培育阶段。20世纪80年代初，随着我国改革开放和国外发展农业旅游的影响，一些地区农业经营的观念发生了变化，对农业旅游的功能有了崭新的认识，并开创性地开展了农业旅游活动。但这个阶段从整体看具有自发性和盲目性发展的特点。第二个阶段是鼓励发展阶段。20世纪90年代，农家乐旅游才开始进入正式的发展阶段。1996年，胡锦涛同志前往成都郫县农科村视察时，对该村发展的农家乐给予了高度评价，他说这是建设社会主义现代化农村的一条很好的道路。因而这个阶段的农家乐已逐步由农民自发组织过渡到有领导、有组织的规划发展阶段。第三个阶段是规范发展阶段。21 世纪以后，农家乐开始进入大众化的视野，人们热衷于在农家、乡村进行休闲旅游。这个阶段农家乐的经营从自发性逐步发展到规范化、标准化，其环境也从脏、乱、差逐步发展到整洁、安全、绿色，娱乐项目也从一般娱乐发展到文化、生态内涵的各种形式的展示，服务卫生设施也从过去的不完善、低水平逐步向较完善、较高水平发展。我国农家乐的发展特点是速度快、分布广、类型多。

休闲渔业是指利用海洋或淡水渔业资源以及渔村资源，为沿岸渔村地区人们提供全方位服务的商业经营行为。休闲渔业作为现代渔业发展的一种新形式，对推动渔业产业结构调整、促进渔民增收和渔村发展都有着积极的意义。近年来，我国休闲渔业发展受到国家的重视。在渔业发展的“十二五”规划中，休闲渔业作为新兴产业被列入重点发展的现代渔业“五大产业”之一。2012 年，农业部发出了《关于促进休闲渔业持续健康发展的意见》，沿海的部分省市（如天津、广东、山东、浙江等）相继出台了规范、支持和引导休闲渔业发展的相关管理办法及规章制度。

大力发展乡村休闲旅游产业。充分发挥乡村各类物质与非物质资源富集的独特优势，利用“旅游＋”“生态＋”等模式，推进农业、林业与旅游、教育、文化、康养等产业深度融合，丰富乡村旅游业态和产品，打造各类主题乡村旅游目的地和精品线路，发展富有乡村特色的民宿和养生养老基地。鼓励农村集体经济组织创办乡村旅游合作社，或与社会资本联办乡村旅游企业。多渠道筹集建设资金，大力改善休闲农业、乡村旅游、森林康养公共服务设施条件，在重点村优先实现宽带全覆盖。完善休闲农业、乡村旅游行业标准，建立健全食品安全、消防安全、环境保护等监管规范。支持传统村落保护，维护少数民族特色村寨整体风貌，有条件的地区实行连片保护和适度开发。除了满足人民群众对优质农产品的需求之外，还要着力推动满足对农业的观光、休闲、康体等体验性、服务性的需求。另外，还要满足群众对青山绿水的生态性、绿色化的需求。

近年来农村旅游业的发展速度非常快，2014 年到农村去进行乡村旅游的游客数量是 12 亿人次，有 200 万家农家乐的点，有 10 万个以上的特色村、特色镇，给农民提供的旅游收入是 3 200 亿元，带动了 3 300 万农民致富。旅游不仅仅会消费农产品，而且还会带走一些加工制成品、手工业的制成品，在那里住、在那里吃，农民就可以向我们提供各种各样的服务，就能够带动农民收入的增长。例如，浙江德清县有一个仙潭村,在"洋家乐"的带动效应下,村里大力发展乡村旅游。在外经商的人员、大学生们纷纷回到家乡创业,使这个小山村迅速成为民宿经济的集聚区。现在村里一共有民宿120家,其中80%是由返乡创业人员开办的。2017年,这个村村民的人均收入已经突破3.4万元,比5年前足足翻了一番。

3. 理论依据与分析

我国休闲农业发展在各省域之间具有较强的空间依赖性和正的空间溢出效应。农业基础、旅游发展和农业技术对我国休闲农业的发展具有显著影响,市场需求和交通条件对休闲农业发展有正向作用(王树进　等,2013)。各地区在发展休闲农业时应因地制宜地制定详细的发展规划,以市场需求为导向,加大政策扶持力度,优化发展环境,同时要考虑到邻近地区的休闲农业状况,促进区域协调发展。村落式农家乐集群作为乡村旅游的重要形态,在发展中受到传统经营理念的桎梏而表现出诸多问题。村落内部一般存在成熟型、潜力型、粗放型和滞后型四类农家乐经营业主,其利益诉求各有侧重,由此在满足与平衡不同利益诉求的基础上,要引导村落内部分工和专业化经营,鼓励农户纵向合作与联合体经营,补齐农家乐产业链条,实现农家乐专业化、规模化与品牌化经营,从而推进村落式农家乐集群经营创新(吴文智　等,2015)。应积极建立相应的配套管理机制,利用当地政府和农家乐协会的力量,为农家乐分工与合作经营提供相应的公共设施、服务平台及一些专项性政策措施,改善农家乐经营的整体环境,扩大村落旅游利益分享空间。近年来辽宁省农家乐旅游发展迅速,经营规模也在不断地扩增,对乡村旅游、沟域经济、农村城镇化进程等方面起了重要促进作用。在面对这种新兴业态时,传统的管理方式已不合时宜,各级政府需要在扶持政策、配套管理机制、管理模式、发展规划等方面进行创新(马发旺　等,2017)。重点应做好鼓励返乡农民创业、有针对性地制定补贴政策、配套金融服务、服务质量监管、保护生态环境、强化行业协会职能、注重农家乐的分类特色管理,政府也应积极配合农家乐的发展,协调各部门进行联动工作。台湾地区发展农家乐的经验是,转型升级发展、促销灵活多样;创意设计新颖、绿色生态显眼;文化氛围浓厚、教育功能突出;注重规划建设、人才队伍强大;休闲内容丰富、美味佳肴深挖;出台鼓励政策、当局保障有力(严杰,2011)。大陆跟台湾地区同根同源,完全可以互学互鉴,把我国的休闲农业发扬光大。

"渔家乐"旅游项目具有投资少、见效快、风险小、时尚性、平民化、乡土气息浓郁等特点。"渔家乐"的产业形态有综合服务型、配套服务型、专业服务型,但存在以下问题:区域发展不平衡;产品特色不突出;文化现象不明显;产业内部的结构性缺失；产业体系配套不完整；产品缺乏核心竞争力；产业品牌推广力度不足（王依欣，2008）。发展“渔家乐”旅游，对于调整当地渔业产业经济结构、深化社会主义新渔村建设、促进渔民就业增收及渔区稳定，都具有十分重要的意义。建议规范“渔家乐”行业，进一步提升服务档次；凸显渔俗文化，进一步打造“渔家乐”品牌；加强政策引导与民众参与，理顺产业运作机制；扩展延伸新业态，进一步做强做大“渔家乐”产业（孟祥磊　等，2011）。发展“渔家乐”能促进社会主义新农村建设，提高渔民素质，推进乡风文明建设，优化产业结构，实现渔业产业化。存在的问题是：某些农村发展较落后新农村建设资金不足，无法为发展“渔家乐”注入资金支持；发展“渔家乐”不可避免地破坏了乡风和民俗，使旅游出现了商业化和功利化；硬件设施和软件设施不完善以及环境卫生相对落后，严重影响了“渔家乐”的形象（刘笑天等，2013）。舟山渔农家乐旅游存在的问题：开发经营尚存在一定的盲目性，供给侧服务管理失序，城乡交通不便及基础设施不齐全，经营不规范，从业人员素质有待提升，“农”味不浓，缺乏品位（董文燕　等，2017）。需要进一步突出渔村特色，科学合理布局；注重产品创新，延伸休闲渔业产业链；完善基础设施，实现可持续发展；加强政府引导，促进产业化提升。

4. 思考和讨论题

（1）为什么休闲农业有明显的地域性特征？

（2）农家乐发展的影响因素是什么？

（3）谈一谈促进渔家乐更好发展的对策。

案例十三：林权改革的成效

（一）案例介绍

2008年7月14日，《中共中央、国务院关于全面推进集体林权制度改革的意见》正式发布。由此，继“分田到户”的家庭承包经营制度之后，被视为中国农村改革又一新里程碑的林改掀开大幕。

聚焦福建省集体林权制度改革：壮阔东方潮，奋进新时代

福建的森林覆盖率已连续多年蝉联全国第一，被誉为全国最绿的省份。这得益于一场被称之为“继家庭联产承包责任制后，中国农村的又一次伟大革命”的改革——集体林权制度改革。“林改的方向是对的，关键是要脚踏实地向前推进，让老百姓真正受益。”2002年6月，在这场改革的关键时刻，时任省长习近平在武平考察时现场作出“集体林权制度改革要像家庭联产承包责任制那样从山下转向山上”的重要指示。

这场发源于福建的林改，开启了全国集体林权制度改革的先声，探索出一条推进绿色发展的康庄大道。十几年来，1亿多中国林农林权明晰到户，实现了“山定权、树定根、人定心”“国家得绿，林农得利”。“林改前，广大林农守着‘金山银山’过穷日子。”时任省林业厅厅长黄建兴记忆犹新。福建，人称“八山一水一分田”，是中国南方重点集体林区，山区林农占了全省人口总量七成以上。俗话说，靠山吃山，可当时的山却是“看得见，吃不着”。新中国成立后，集体林权制度经历了四次大的变动，先是土改时期的分山到户，然后是农业合作化时期的山林入社，接下来是人民公社时期的山林统一经营。改革开放初期，实施稳定山权林权、划定自留山和落实林业生产责任制的“三定”后，林权归属不清和分配不合理导致的矛盾，随着时间的推移逐渐凸显。黄建兴解释道，由于集体山林的产权主体没有明显界定，林农作为集体山林真正的所有权主体被虚置，出现了“乱砍滥伐难制止、林火扑救难动员、造林育林难投入、林业产业难发展、农民望着青山难收益”的“五难”困局。说不清从哪一天开始，一些山村的平静，被频繁发生的盗伐林木事件打破了。

在永安市洪田镇洪田村，党支部书记邓文山还清晰地记得，因为说不清林地到底是谁的，20 世纪 90 年代，胆大的白天砍，胆小的晚上盗，其他村民觉得吃了亏，也纷纷参与乱砍滥伐，连大年初一晚上都有人摸上山去砍树。后来，盗伐从个别人发展到专业队，各路口设放风人员，揣着传呼机，发现有情况就打“444”，没有情况就打“666”。盗伐林木，苦了干部。“夏天满山都是花脚蚊子，一咬一个红点，一抓肿起一片，怕有味道让盗伐者嗅到了，连风油精都不敢擦！”邓文山告诉记者，他们白天晚上满山巡查抓盗伐的人，一个个通宵巡查下来，山路上奔波，荆棘间穿行，满身刮痕疲惫不堪，好容易逮住一个，可是，那人全家老幼齐出动，守在村干部家里又哭又闹，说是顶梁柱抓走了，日子没法过了。

在武平县万安乡捷文村，全村 2.6 万多亩林地陷入村民乱砍滥伐的混乱之中。因为盗伐，全村就有 10 人被抓、7 人被判刑。只要听说森林公安来了，村里很多男人都闻风“跑路”，捷文村因此被称为“寡妇村”。武平县岩前镇将军村的“90 后”返乡青年钟鑫林改前还在读小学，他清楚地记得，争抢之下，当时山上的林木资源越来越少，谁要上山砍树得先打一架，谁赢谁才能上山砍树。八闽群山，沉默无语。然而，一些人、一些村的创造性举动，犹如突然吹来的风，让树林唱起动人的歌——早在 1979 年 6 月，仙游县盖尾公社莲井大队的农民李金耀与大队签订合同，承包当地马山 1 200 亩的荒山造林，创办了我国第一个家庭林场，一举成为全国承包荒山、创办家庭林场的国内第一个“包山大户”。1987 年李金耀病逝，女儿李美和接下父亲未竟的事业。2003 年 4 月，福建省《关于推进集体林权制度改革的意见》正式出台。在莲井村以公开招标方式转让马山 55%山林收益股份时，李美和一举中标，股权达 70%。8 月，她就领到林权证。次月 28 日，在人民大会堂召开的全国林业表彰会上，李美和被授予“全国林业劳模”证书和奖章。今天，曾经光秃秃的马山已是满目苍翠，鸟语花香。

1998 年 5 月，永安市洪田镇洪田村正在酝酿一场巨变。“归根结底，还是因为林木林地产权不明晰，群众‘靠山不能吃山’。”邓文山说。村里总结了这些年的乱象，从那年 5 月到 9 月，洪田村先后召开 20 多次村两委和村民小组会议。事关切身利益，大家对要不要改革、如何改革各抒己见，无法统一。村两委最后决定：把村民小组长和村民代表集中到镇企管办的会议室讨论，统一办伙食。邓文山还记得那年 9 月进行的一场决定性的会议，他狠狠地掐灭烟头，一句话平息了喧闹声——在场的每个人发一张纸填写：“你们同意分山的写‘同’，不同意分山的写‘不’”。无记名投票的结果是：八成以上的村民赞成分山！不经意中，洪田村成为全国第一个把山分到户的村,被称为我国林改的"小岗村"。

决定性的突破,始于闽西武平。我国的林权,是指"林地所有权和经营权、林木所有权和使用权"4 项权利。2000 年,国家林业局推行换发全国统一式样的林权证。2001 年 5 月,福建省林业厅组织开展换证试点,武平县被确定为试点县之一。在充分调研、广泛征求意见的基础上,武平县在万安乡上镇村开展新林权证换发工作。然而,此次换证仍只是对以往集体林再次确权为集体,并没有解决最核心的产权问题。一开始就停滞不前,而且纠纷不断。"要换发证必须先明晰产权。"就在试点工作陷入停滞之时,武平县委、县政府开展进一步调研,"要试就试出点新东西来。"当时集体林权作为集体所有的财产,几十年来从未动摇过,武平县在广泛征求意见的前提下,于 2001 年 6 月按照"试点先行、稳步推进"的要求,重新选择万安乡捷文村开展了集体林权制度改革试点工作。"试点工作首先面临两大难题,一是山要怎样分,二是山要谁来分。"时任武平县林业局局长钟发贵介绍说,"捷文村在充分尊重群众意愿的基础上,提出'山要平均分,山要群众自己分'的决定,把集体山林'平均分给农户'。"2001 年 12 月 30 日,万安乡捷文村村民李桂林拿到了中华人民共和国第 1 号林权证,这本新式林权证清清楚楚标注着"林地使用权、林木所有权和林木使用权归林农自己所有"。"李桂林所在的村民小组是最先做的,一共是 177 份。"捷文村党支部书记钟泰福还记得填写林权证的那一晚,"既紧张,又兴奋"。2002 年 4 月,武平县委、县政府正式出台《关于深化集体林地林木产权制度改革的意见》。在既没有上级授权,也没有具体法律依据,更没有其他地方经验做法可供参考的情况下,武平拉开了全县林改的序幕。

"山分了,林权证发了,但没有上面的红头文件,发下去的证算不算数,分下来的山会不会被收回?"武平干部群众的心还是不踏实。时间指向 2002 年 6 月,时任福建省省长的习近平同志专程来到武平调研林改工作,作出了"集体林权制度改革要像家庭联产承包责任制那样从山下转向山上""林改的方向是对的,关键是要脚踏实地向前推进,让老百姓真正受益"等重要指示。以"明晰产权、放活经营权、落实处置权、确保受益权"为主要内容的集体林权制度改革大幕由此正式拉开:2002 年 8 月,全省集体林权制度改革会议在武平召开;2003 年,福建全省推行集体林权制度改革;2006 年福建深化集体林权制度改革并得到中央认可;2008 年,全国集体林权制度改革全面启动,武平林改创举上升为党和国家的最高决策。2012 年 3 月 7 日,已到中央任职的习近平,在看望十一届全国人大五次会议福建代表团代表时,对武平林改予以充分肯定。他说:"我在福建工作时就着手开展集体林权制度改革。多年来，在全省干部群众不懈努力下，这项改革已取得实实在在的成效。”

“昔日山中砍树年年苦，今日林下生金户户欢”。记者走进捷文村，看到村口竖着一块醒目的牌子，中间写着捷文村护林公约，两旁刻着这样一副对联，上方的横批是“林改真好”。“这些年的变化，让大家慢慢明白了什么才是真正的‘靠山吃山’。”看着大棚里的花卉，林下生长的草药，奔走的土鸡，飞舞的蜜蜂，村支书钟泰福对“林改真好”有着切身体会。

林改分山到户后，第一本新式林权证的持有者李桂林，在自家的林地上种起毛竹，很快，他家就盖起三层新房。渐渐地，村里的土坯房换成新式楼房。林农造林的积极性十分高涨，上级下达的造林计划，远远跟不上群众的热情。新的问题随之而来——种树的钱从哪里来？每年开春造林，很多资金不充裕的林农要面临几万到十几万元的一次性投入。2004 年 6 月，武平县迈开林业金融改革步伐，试点开展林权抵押贷款，成立县林地林木权属登记中心和林权贷款担保公司，由县政府累计注资 240 万元，再由银行 5 倍放大，给予林农提供林权担保抵押贷款，林权抵押贷款首次破冰。不过，操作了几年，效果并不理想。症结在于，一旦发生贷款风险，银行也好，公司也好，都难以处置林木资产变现。如何破局？2013 年 5 月，武平成立了林权收储担保中心，并由县财政专门安排 1 500 万元作为收储担保资本金，林农无须再担保就可利用林权证获得贷款。林权收储中心打通了林权融资最后一公里，如果发生风险就可以将被抵押的林权进行收储，通过采伐或再次流转实现林木资产变现。当年 7 月 25 日，武平在捷文村举行林权直接抵押贷款开贷典礼，捷文村的钟泰福等人作为第一批林农签订了林权直接抵押贷款协议，获得 4 万～10 万元不等的贷款。林业金融改革并未止步，去年 7 月，武平率先推出林权直接抵押贷款“普惠金融·惠林卡”，该卡授信 3～5 年，授信额度最高可达 30 万元。因为办卡手续简便、融资方便实惠、有利于林农自主理财等特点，截至 3 月底，不到一年全县就累计发放惠林卡 465 张、授信额达 3 854 万元。

资源变资产，资产变资本，广大林农的积极性空前高涨，他们把山当田耕，把林当菜种。2008 年，捷文村森林覆盖率达 84.2%，比林改之前同比增长 6.2%，林木蓄积量比林改前同比增长 43.7%。“靠山吃山，并不一定要走造林—砍伐的老路。不砍树也可以致富，更能富美双收。”钟泰福带领 102 户村民成立合作社，取名为“绿富”。他们盯准的是林下经济：发展阔叶树育苗、养蜂、种花、栽中草药……农民人均纯收入由 2001 年的 1 600 多元增加到 2016 年的 13 500 元。2018 年一开春，捷文村被确定为乡村振兴县级示范点，计划通过三年努力把“林改策源地”打造成乡村旅游特色村。如今，捷文村乡村振兴步伐明显加快，村庄建设整体规划设计正在送审并完善中；路溪、村庄有色垃圾清理春节前已完成；沿河沿溪步道、文化中心建设项目完成征地 11.3 亩，占计划任务的 95%；村道拓宽、硬化、新建项目已完成勘察；富贵籽、红梅、莲花、黄桃、野生灵芝等基地产业升级补助政策已明确、土地完成流转、投资企业在对接。“林改我们走在了前头，也尝到了改革的甜头。”钟泰福信心满满地表示，“在乡村振兴中，全村人民也将作示范、建新功、立标杆，再起排头兵作用。”

“一个箱子一年可产 20 斤蜜，全国各地的人都可以通过网络实时监控、在线购买。”“70 后”钟亮生是这些蜜蜂的主人，因林改而“下岗”，也因林改而“上岗”。林改之前，钟亮生退伍后回乡成为当地林业部门的一个护林员，主要工作就是与盗伐分子做斗争。林改后，大家都十分珍惜自己的林子，大批护林员被裁员，钟亮生“下岗”了。“本土乌桕树开的绿花采下来的蜜最好。可要是在以前，基本上是长不到碗口粗就被砍光了。”下岗后的钟亮生接过父亲的小作坊，并很快把小作坊变成大企业，还注册了商标。后来，他又成立养蜂专业合作社，采用“合作社＋公司＋基地＋农户”的模式，成为武平县养蜂业的领头人。“林改让大家都格外珍惜自家的林子，这些林子铺好致富路，我有义务为大家作贡献。”钟亮生主动找到县残联，签订共同扶持残疾人养蜂的“三一制”协议，即符合条件的残疾人申请养蜂项目可得到县残联三分之一的补助，他扶持三分之一，蜂农自筹三分之一。永平乡孔下村残疾人吴香财花 2 200 元办起养蜂场，三个月就回本了。第二年纯收入过万元。几年下来，这个合作社解决了 120 多位残疾人的就业问题，带动 500 多位林农加入养蜂大军。武平县将申请中华蜜蜂保护基地的计划提上日程。如今，武平县森林覆盖率已达 79.7%。越来越多的人，像钟亮生一样，在这座森林宝库里面找到致富之道，并得到当地政府全力支持。青枝绿叶撑起“凉伞”，遮住横斜逸出、鲜红圆润的累累小豆豆，这就是走俏市场的观果花卉新宠——“富贵籽”。“富贵籽”果叶层次分明，观赏周期长达半年至 1 年，对水分、光照和肥料等没有特别要求，非常好养。把这种野生花卉驯化成观赏花卉的，是一位普通农民——武平县东留镇林农罗盛金。老罗此前一直种植杜鹃等花卉，但因缺乏特色，效益不好。有一次，他偶然间看到生长在野山坡上的一种当地人称之为“凉伞籽”的野生花卉，长得煞是好看。他突发奇想：能不能将这种野生花卉培植成盆花来卖呢？经过多年尝试，罗盛金的野花驯化获得成功，他把这种新的观果花卉，取名“富贵籽”。

武平县因势利导，把发展野生花卉产业作为壮大乡村经济、增加农民收入的一项新兴产业,制定出台了一系列有利于花卉生产、基地建设和销售流通的优惠政策。有了林改好政策,有了县里的扶持,野生花卉产业初步上了规模,产品畅销全国各地。“这东西只有周边有,还掌握驯化技术,咱也有了核心竞争力。”罗盛金兴奋地说。“富贵籽”贵的一盆卖到近千元,最差的也有15元一株。最近,他又听说,民主乡有人成功驯化了当地一种野果,叫“黑老虎”,也叫“酒饭团”,一颗果卖出100元。

2013年10月,国家林业局对武平率先摸索发展林下经济的做法给予充分肯定并在全国推广武平模式。2014年1月,国家林业局领导到武平参加全省深化集体林权制度改革现场会,进一步明确了创建示范基地,通过以点带面,发挥林下经济在服务精准扶贫中的特殊作用的指导意见。2017年,武平林下经济经营总面积143万亩,参与经营农户2.99万户,实现林下经济总产值27.66亿元,同比增长14.2%,全县已成立林业合作经济组织97个,扶持带动996户贫困户发展林下经济。林改前为国定贫困县、农民人均年收入只有3 000元的武平县,2016年农民人均年收入达1.3万元,全县财政收入增长近10倍,还跻身全省发展“十佳县”。“大家刚拿到林权证时,只会计算直接砍树能挣多少钱,现在学会了从经营林下经济的角度算长远账。”李桂林说。连绵的青山成了林农的绿色聚宝盆。林药、林禽、林菌、林蜂、林果……据统计,2013年以来,福建省级财政投入4亿元林下经济扶持资金,其中扶持23个省级扶贫开发重点县资金达2.208亿元,省级补助资金居全国第一。截至2017年年底,福建各地扶持林农发展林下经济,总面积达2 910万亩。

(二)案例解析

1. 教学目的与用途

通过本案例的教学,使学生较全面地了解林业经济和集体林权的基础理论和基本知识;熟悉林权问题的由来和特征,能够把握林权流转的特有规律,理解林下经济的发展现状和存在问题,判断林权改革的方向和趋势。在教学过程中,注重理论联系实际,运用所学理论知识和方法分析现实问题,及时跟踪学术发展前沿;注重培养学生主动获取知识的能力,加强专题研讨、案例研究和团队项目的内容训练,为学生将来从事相关理论和实际工作打下坚实基础。

2. 背景分析

中国是一个多山的国家,全国的耕地有20亿亩,现有林地45.6亿亩,其中集体林地27.37亿亩,山地面积占国土面积的69%。在全球森林资源持续减少的大背景下,中国实现了森林面积和蓄积量的双增长;林业以森林资源为主要经营管理对象,是规模最大的循环经济体;人工林有9亿多亩,是世界上最多的,占到了世界70%以上。中国林业产业呈现强劲发展势头,松香、人造板、木质竹藤家具、木地板产量已跃居世界第一;森林生态旅游、木本粮油等产业快速发展。大力加强对森林资源的科学经营和合理利用,进行多功能、多效益的循环高效利用,可以满足经济社会发展对林产品和生态产品的需求,扩大循环经济规模,促进循环经济发展。

但我国是一个少林国家,人均占有森林面积和蓄积量分别只有世界人均水平的15%和12%,森林覆盖率只有世界平均水平的一半多(世界平均为25%),与发达国家更不能相比,与一些发展中国家也有相当的差距。目前,我国又处在人口增长、经济发展给资源环境造成巨大压力的时期,森林资源的增长速度和内在质量还远远不能适应经济和社会持续发展的需要,我国生态环境整体恶化的趋势仍在继续,水土流失面积已达179.4万平方公里,占国土面积的18.7%。沙漠、戈壁及沙化土地面积已达168.9万平方公里,占国土面积的17.6%,而且每年还在扩展。全国约有2.3亿亩基本农田因生态环境恶化而严重影响产量,有15亿亩草场严重退化,许多城镇、工矿和乡村受到威胁。全国每年因为各种自然灾害造成的直接经济损失高达2 000亿元以上,因洪涝灾害减产粮食200多亿公斤。生态环境恶化已成为制约我国经济、社会发展的重要因素之一。由于森林资源不足,我国人均木材、纸制品、果品的消费量,也分别只有世界平均水平的17.6%、35.3%和50%,林业同国民经济高速发展和人民生存环境不断改善的要求极不适应。

新中国成立后,集体林权制度经历了四次变动:一是土改时期的分山到户,二是农业合作化时期的山林入社,三是人民公社时期的山林统一经营,四是改革开放初期的林业"三定"(划定自留山、稳定山权林权、确定林业生产责任制)。这四次变动,既有经验,也有教训,关键是没有触及产权,林地使用权和林木所有权不明晰、经营主体不落实、经营机制不灵活、利益分配不合理,制约了林业生产力的发展。农民经营林业的积极性不高,森林资源质量低,林地产出率低,农民收益水平低,乱砍盗伐现象普遍存在。我国耕地少、林地多,广大农民在承包耕地解决温饱后,看到了山林的巨大潜力,产生了经营山林、发家致富的强烈愿望,迫切要求实行新一轮集体林权制度改革。

《中华人民共和国森林法》第十五条规定,下列森林、林木、林地使用权可以依法转让,也可以依法作价入股或者作为合资、合作造林、经营林木的出资、合作条件,但不得将林地改为非林地:(一) 用材林、经济林、薪炭林;(二) 用材林、经济林、薪炭林的林地使用权;(三)用材林、经济林、薪炭林的采伐迹地、火烧迹地的林地使用权;(四)国务院规定的其他森林、林木和其他林地使用权。依照前款规定转让、作价入股或者作为合资、合作造林、经营林木的出资、合作条件的,已经取得的林木采伐许可证可以同时转让,同时转让双方都必须遵守本法关于森林、林木采伐和更新造林的规定。

2008年6月,党中央、国务院出台了《中共中央、国务院关于全面推进集体林权制度改革的意见》,指出要全面贯彻党的十七大精神,深入贯彻落实科学发展观,大力实施以生态建设为主的林业发展战略,不断创新集体林业经营的体制机制,依法明晰产权、放活经营、规范流转、减轻税费,进一步解放和发展林业生产力,促进传统林业向现代林业转变。该意见指出,将用5年左右时间基本完成明晰产权、承包到户的改革任务。在此基础上,通过深化改革,完善政策,形成集体林业的良性发展机制,实现资源增长、农民增收、生态良好、林区和谐的目标。在坚持集体林地所有权不变的前提下,依法将林地承包经营权和林木所有权,通过家庭承包方式落实到本集体经济组织的农户,确立农民作为林地承包经营权人的主体地位。林地的承包期为70年,承包期满,可以按照国家有关规定继续承包。2009年6月,中央召开了新中国成立以来的首次中央林业工作会议,对集体林权制度改革作出全面部署,这项改革在全国范围内全面推开。

集体林权制度改革的核心内容是:在坚持集体林地所有权不变的前提下,依法将林地承包经营权和林木所有权,通过家庭承包的方式落实到本集体经济组织的农户,确立农民作为林地承包经营权人的主体地位。改革主要有五个环节:一是明晰产权。以均山到户为主,以均股、均利为补充,把林地使用权和林木所有权承包到农户。二是勘界发证。在勘验"四至"(指某块土地与四周相邻土地的界限)的基础上,核发全国统一式样的林权证,做到图表册一致、人地证相符。三是放活经营权。对商品林,农民可依法自主决定经营方向和经营模式。对公益林,在不破坏生态功能的前提下,可依法合理利用林地资源。四是落实处置权。在不改变集体林地所有权和林地用途的前提下,允许林木所有权和林地使用权依法出租、入股、抵押和转让。五是保障收益权。承包经营的收益,除按国家规定和合同约定交纳的费用外,归农户和经营者所有。

集体林权制度改革的基本原则是:坚持农村基本经营制度,确保农民平等享有集体林地承包经营权;坚持统筹兼顾各方利益,确保农民得实惠、生态受保护;坚持尊重农民意愿,确保农民的知情权、参与权、决策权;坚持依法办事,确保改革规范有序;坚持分类指导,确保改革符合实际。

集体林权制度改革的目标是:从2008年起,用5年左右时间,基本完成明晰产权、承包到户的改革任务。在此基础上,通过深化改革、完善政策、健全服务、规范管理,逐步形成充满活力的集体林业发展机制,实现资源增长、农民增收、生态良好、林区和谐的目标。

这次集体林权制度改革具有四个鲜明特性。一是物权性。《物权法》明确规定林地承包经营权为用益物权。赋予农民的经营权、处置权、收益权都要依法保护和落实。二是长期性。中央10号文件明确规定林地承包期为70年,承包期届满还可继续承包,真正实现了"山定权、树定根、人定心"。三是流转性。在不改变林地用途和依法自愿有偿的前提下,林地承包经营权人对林地经营权和林木所有权可采取多种方式流转,依法进行转包、出租。四是资本性。农民在改革中获得的林地经营权和林木所有权具有资本功能,可作为入股、抵押或出资、合作的条件。这是农村土地经营制度的重大突破,也是农村金融改革的重大突破,有效破解了农业发展融资难的问题,促进了金融资本向农村流动。

30年前农村实行耕地承包到户,让农民解决了温饱问题;30年后又实行林地承包到户,实现"山有其主、主有其权、权有其责、责有其利",为农民开辟了发家致富的广阔空间。截至2010年年底,已有20个省(区、市)基本完成明晰产权、承包到户的改革任务,全国共承包到户的集体林地有24.31亿亩(林木蓄积40亿立方米),占总面积的88.6%,发证面积20.1亿亩,占总面积的73.4%,7 260万农户拿到林权证,3亿多农民直接受益,受到了人民群众和社会各界的普遍赞誉。

林地承包到户后,农民真正成为山林的主人,蕴藏在农民中的积极性和巨大潜能得到有效释放。农民就像解放区实行土改和20世纪80年代实行农田大包干一样,呈现出家家户户齐动员、热火朝天干林业的景象。过去的"要我造林"变成了"我要造林"。农民"把山当田耕,把树当菜种",舍得投入,精心经营,效益显著增长。全国林地直接产出率由2003年的84元/亩提高到2010年的198元/亩。促进了林业产业的快速发展,社会就业渠道得到有效拓宽。林改搞活了林地经营权和林木所有权,林业成为新的投资热点,种苗培育、经济林果、竹藤花卉等产业不断壮大,森林旅游、木本粮油以及林下种菌、种菇、种药、种菜等种植业和林下养鸡、养猪、养兔、养蛙等养殖业迅速兴起。全国林业总产值由2006年的1.07万亿元增加到2010年的2.09万亿元,5年翻了一番。增加了农民的财产和收入,农民群众得到巨大实惠。林改将林地使用权和林木所有权确权到户,让农民有了稳定的财产性收入。我国27.37亿亩集体林地有森林蓄积45.74亿立方米，经济价值达数十万亿元，分山到户后，户均拥有森林资源资产近10万元。

集体林权制度改革涉及1.5亿农户近6亿农民，全面推进集体林权制度的改革是中国农村基本经营制度的完善，也是我们构建现代林业产权制度的一个重大举措，为推进林业可持续发展提供了良好的动力机制。林改的实践表明，集体林权制度改革是增加农民收入、促进扶贫开发的一个重要途径。截至2011年，已将1.78亿公顷、97.8%的集体林地承包到农户，森林保险、抵押贷款、公益林补偿等配套改革不断完善，实现了"生态受保护、农民得实惠"的改革目标，使4亿多农民直接参与森林培育并从中受益。

3. 理论依据与分析

林业产业规模化经营是产业形成可持续国际竞争力的关键。由于市场作用的局限性，政府应在规模化发展中起主导作用(宋维明　等，2009)。林业市场化水平的提升有利于中国林业经济的发展。林业不但是重要的基础产业，而且还是一项十分重要的生态公益性事业，林业的双重属性，决定了林业不可能也不可以像竞争性产业那样完全依赖市场调节，相反，为了克服公益性效益的外部性及市场调节的局限性，公益性林业往往需要政府的直接干预才能得到更好的发展。中国西部干旱、半干旱地区和东南部湿润地区林业市场化水平呈现比较大的差异，这与区域自然条件的差异性以及区域林业主导功能的定位有着直接的关系。在中国，西部地区林业的主导功能是生态防护，而东南部大多数地区林业以发展产业为主导功能。中国林业市场化水平总指数以年均1.04%的增长速率呈现稳步提高的趋势，2006年达到47%，但落后于2001年全国市场化平均水平22个百分点，落后于农业市场化水平13个百分点；中国各个省(区)林业市场化水平很不平衡，中东部省(区)林业市场化水平明显高于西部和东北国有林区集中的省(区)(孔凡斌，2010)。这说明，林权改革的进程，受到整体市场化水平的影响。

林权流转是实现林地规模化经营，提高林地经营效率的重要前提，林权流转政策研究是中国集体林权制度改革政策研究的重要内容。要从宏观上正确把握林权流转的本质和动力机制，重视林农理性林权流转行为的激励政策研究(孔凡斌　等，2011a)。要高度关注针对不同林权流转模式的差异性政策研究。林业经济增长的主要动力按其贡献大小依次为林业人力资本、林地面积、林业市场化程度、林业物质资本、林业劳动力数量，除林业劳动力数量以外，其他因素都正向影响林业经济增长，林业市场化程度对林业经济增长具有显著的正向影响，其中，要素市场化程度、政府与市场关系和市场制度完善程度对林业经济增长尤为关键(孔凡斌 等,2013)。中国林业市场化步伐相对比较缓慢,林业市场化的转型任务还很艰巨,未来中国林业发展还需依赖于林业市场化程度的进一步提高。户主性别、农户家庭劳动力数量和收入水平等家庭结构特征因素对农户林地转出有不同程度的影响。户主文化程度、农户对林业经营风险的态度及家庭收入结构因素对农户林地转入有显著影响;户主为男性、家庭劳动力数量多的农户趋向于转出林地,户主文化程度高、认为林业经营风险低的农户趋向于转入林地;家庭收入以非农林收入为主的农户,其林地转出量高于其他收入结构的农户,而其林地转入量却低于其他收入结构的农户(孔凡斌 等,2011b)。不同村庄选择的林权模式具有趋同性,即选择了农户经营与集体经营相结合的混合经营模式;不同村庄林权结构的变化也具有趋同性,即林权到户率上升,不同村庄之间林权到户率的差异缩小;林地资源禀赋差异是造成不同村庄林权到户率差异的重要原因(李劼,2014)。需要从不同林业户的典型特征出发,制定差异化的林权流转政策。

林业的生态公益性显著但同时又是自然风险较高的弱质产业,由国家对林业提供财政补贴以促进其健康发展是世界各国较为普遍的做法。转入户的林地经营收益水平、转出户的非林就业收益水平及流转交易成本水平是农户流转收益和社会总收益水平变化的三个关键决定因素。可以采取提高转入户的林地经营收益水平、增进转出户的非林就业机会及收益水平和降低流转双方的交易成本等措施提升农户及社会的流转收益水平(柯水发 等,2011)。区域制度创新产生于纵向和横向逻辑关系的综合作用,广东省集体林权制度改革的省级实践中“集体所有,集体经营”的制度框架在长期将更有利于承包大户的林业经营行为而不是普通林农的林业生计活动。进而,广东实践的客观绩效尤其是促进林业发展目标的实现优于主观绩效和其他目标,意在强化“集体经营→大户经营”的发展路径(李怡 等,2012)。考虑了碳汇收益后,林地经营净现值将显著提高,从而有利于激励林农开展森林经营、增加木材与碳汇供给(吴伟光 等,2014)。碳汇价格提高有利于森林经营向碳汇能力高的树种与经营类型转变。农户对林地产权完整性和安全性的感知是影响农户林地投资的重要因素。农户在预期未来更不可能被征收或调整的地块上投入资本的可能性更大,在预期将来不可能被调整的地块上投入劳动力的可能性和水平更高,农户感知完整的林地使用权能够促进农户投入资本与劳动力,但是完整的林地流转权会降低资本和劳动力投入可能性和投入水平(吉登艳 等,2015)。可以减少林地调整和不必要的林地征收,减少村集体对农户林地合法使用权的限制，同时保障明晰和稳定林地产权政策的执行效果，关注农户微观主体对产权的主观认知。林改后农户林权状况仍然存在较多问题，林地经营规模不大，采伐指标获取依旧困难，林权抵押和林业补贴存在较高的门槛。在林权结构中，林地（林木）拥有权、林木采伐权是刺激农户做出采伐行为的两大制度变量，林木抵押权不能刺激农户做出采伐行为，农户对山林依赖度越大，越会强化产权因素对其林木采伐行为的影响（何文剑　等，2014）。因此，要提高农户经营山林的积极性、增加原木供给量，需要进一步落实集体林地承包到户政策，并将采伐指标根据可伐资源量直接分配到农户，同时发展林区的替代产业，设计满足普通林农需求的林权抵押贷款产品。

社区可以能动地形成集体行动，克服集体林承包到户所存在的规模小、造林和管护难、收益分配不公等弊端，形成社区林业股份合作组织成立所需要的林权、收益分配、决策管理等制度性安排，实现社区森林管理模式的创新。由村集体管理的一定规模林地的存在、社区成员生计方式的相似、村民代表会议制度的不断完善，是形成成立社区林业股份合作组织这一集体行动的关键因素（龙贺兴　等，2017）。由于要素投入产出弹性不同，退耕还林农户的林地利用方式存在不同技术类别，各自拥有不同的生产技术前沿，生产函数存在较大差异。按照技术类别，农户林地生产技术效率从高到低依次为林下养殖家畜与林下种植药材、种植水果经济林与药材经济林、种植干果经济林、林下种植粮菜（薛彩霞 等，2013）。政府不宜对集体林强制推行单一的承包到户和市场化改革方案，要重视社区内部的集体行动，促进社区森林管理的发展，鼓励采用多样化的经营形式来满足不同主体对森林资源的多样化需求。

4. 思考和讨论题

（1）林权改革为什么迎来了良好的时机？

（2）林权改革释放了哪些活力？

（3）如何更好发展林下经济？

案例十四："小苹果"如何做成大产业

（一）案例介绍

大连苹果产业面临的成长烦恼

除了一些组织化程度较高的果园，许多果农都面临"成本高、销售难"的新烦恼。董国庆是庄河吴炉镇平山村的果农，他的果园里有果树 6 万多棵。在这个苹果采摘的季节，看着满树成熟的苹果，他十分着急，因为招工遇到了大麻烦。董国庆说，现在的一些小年轻，他在外面挣 1 000 块钱，你在这里给他 2 000 块钱、3 000 块钱，他都不爱干。像我们果园现在男的都有 70 多岁的，女的都有 68 岁的都在这干活儿。董国庆的果园还有将近 10 万斤苹果没有采摘。

随着农村劳动力向城市转移，大连苹果生产的成本优势正逐渐丧失。肥料、农药和人工等成本持续上涨，尤其是劳动力成本上升，已成为制约果园精细化管理的瓶颈因素。瓦房店果农矫德利说，费用老高了，我这一年费用就到一万好几千块钱，头五六年一个小工（每天）才六七十块钱，现在都是一百五六十，到了大忙季节还不好雇。我国 90%的果园是按照"乔砧密植的栽培模式"建立的，耕作、施肥、灌水、喷药几乎都要靠人工完成，需要的管理成本极高。果农们告诉记者，种树的成本年年都有 15%的上涨，比销售价格上涨要高得多。而消费疲软、消费习惯的改变，更导致许多没有渠道的果农卖不出果，格外烦恼。庄河果农董国庆说，过去每家每户每个单位，（每年）一个工人分一笼两笼，就把一年从秋天到明年春天的水果都给备了，现在企业也不太分了，再就是水果市场上什么时候买什么时候有，消费的集中化就分散开了。

聚焦供给侧：威海苹果产业核心竞争力在哪里

2016 年的秋天，对于大部分苹果种植户来说，是收获的季节，苹果就相当于一整年的收成。然而随着陕西等地苹果种植业的兴起，威海苹果面临着不小的压力。苹果产业核心竞争力何在？又该如何让果农丰产又丰收呢？

在农副产品批发市场，来批发瓜果蔬菜的人络绎不绝，与其他区域的熙来攘往相比，苹果批发区里稍显冷清。“今年价格是真不好，现在才一块来钱一斤，根本就是赔本。”“低，哪有要的，一早上卖不起本，卖不了多少。”“一秤卖八块五毛钱，卖四个苹果。”做了近20年水果批发生意的宋继国告诉记者，前年威海的苹果批发价是4块钱，去年是3块多，而今年零售价格还没去年的批发价高。“外面苹果太多了，听传说陕西今年上了六百多万亩，就是多了。”“现在内地苹果园子很多也老了，陕西那边更多，好的才七八毛钱。你像南方以前在这边调，现在都在陕西调，来这边的都不多。”外地苹果“异军突起”，本地苹果“车载斗量”，供求失衡，导致苹果价格走低。而在苹果批发商的眼中，今年苹果行情不好的原因还不止如此。“越便宜走量越低，为什么呢？果农靠朋友关系那么卖，市场上买的就少了，要是说卖得贵，果农的（苹果）都让商贩收去了，也不到处去卖了，所以说这里（批发市场）走量就大一点。”“小贩今年没有拿的，都是自己村的，都上市里去卖，谁在市场拿货。”

家住崖西镇的卞领军种了3亩苹果园，因为今年去村里收购苹果的批发商少，再加上收购价普遍较低，于是他就抱着试试看的想法，来到农副产品批发市场，想为自家的一万六千斤苹果找找销路。“不怎么样，都不想要，现在苹果不好卖。”在市场上转了一圈，卞领军的苹果也没有推销出去，最高收购价仅仅一块五毛钱，与他期望的两块钱有不小的差距。“最起码得赔一万多块钱。”

“那这样的都卖不出去还敢拿么，再拿这个不就得赔了烂了么，越卖越烂。”正在售卖水果的商贩李女士说。批发市场的销售情况不佳，各村里的收购情况又如何呢？苹果收购商刘师傅平时都是挨村挨户从果农手中收果，然后向果汁厂供货，由于今年果汁厂的效益不好，他收的苹果也不是很多。“往年往果汁厂送六七十车，今年可能就是四十车左右吧，厂子的货比往年也少。整个中国市场，这边果都不行。果汁和国际市场接轨，和它有关，可能欧洲市场都不景气，这部分价格低。”刘师傅说。

苹果价格连续两年走低，很多果农表示很无奈。“出去打个工也比在家弄苹果强，眼睁睁地赔钱你弄它干吗？”果农们自销不利，批发商收购乏力。果农手中的苹果该如何处理？是待价而沽还是赶紧出手呢？针对苹果价格走低的情况，威海市水果商会秘书长阮树兴认为，“第一是供大于求，我们国家的销售能力有三千万吨，现在能产四千五百万吨。第二呢，苹果原来是独大的，现在葡萄、猕猴桃、好的瓜果都出来了，能抵消对苹果的需求。”阮树兴介绍，威海目前有60万亩老苹果树，今年又新增了20万亩新苹果树，尽管受到气候原因有些减产，但因为陕西等地苹果种植的异军突起，所以放眼全国范围内来看，总产量还是持平的。“我们那点苹果，在全国来说占百分之一二吧。陕西是一千多万亩，现在有六百九十万挂果，还有四五百万亩没挂果的，小树起来了，所以尽管威海减产百分之二十、山东减产百分之四，全国还是个平坦的。"

小苹果成大产业，陕西苹果产量面积和果汁加工出口全国第一

说起陕西苹果，陕西省果业管理局贸易处调研员何双群满怀感情，数据、名称、品类信手拈来。陕西地理环境优越，地形南北狭长，自然气候条件独特，具有生产多种优质果品的自然条件，特别是渭北黄土高原地区，是以苹果为主的落叶水果最佳优生区。截至2017年年底，全省苹果面积1 087.85万亩，产量1 153.94万吨。苹果面积、产量占全国四分之一、全球七分之一。苹果多次作为"国礼"赠送外国政要，获得广泛赞誉。

联合国粮农组织认为，陕西黄土高原是世界苹果生产唯一符合温度、光照、降水等7项农业气象指标的最佳优生区。陕西苹果产量面积居全国第一。截至2017年年底，全省苹果面积1 100万亩，产量1 150万吨。此外，苹果矮砧密植推广面积是全国第一，全省共发展矮化苹果120万亩，占到苹果总面积的10%。值得注意的是，果汁加工出口量全国第一。截至2017年年底，苹果浓缩汁出口分别比上年同期增长67.06%和53.86%，全省以苹果为主的果业增加值为432.5亿元，占全省种植业增加值的33.1%。

一个个苹果，从地头到餐桌，也成为陕西果农的致富期盼。不少果农都关注着苹果的价格、品牌和市场行情，期待能够改善家庭生活面貌，让生活更美好。陕西果业管理部门和从业者正不断探索新方式，帮助果农了解信息。同时积极开拓市场，主动融入"一带一路"，提升竞争力，努力打造果业强省。近年来，陕西苹果产业的市场竞争力不断增强。以国家"一带一路"建设为契机，以"中哈苹果友谊园"建设为切入点，加强与中亚等国的果业技术交流与贸易合作。以浓缩苹果汁为主的加工品90%实现出口，成为陕西出口创汇的拳头产品。据海关统计，2017年全省企业自营出口果品40.96万吨，总值26.92亿元，分别比去年同期增长33.69%和30.48%。其中鲜果出口9.05万吨，总值5.83亿元，分别比去年同期减少20.61%和13.93%；苹果浓缩汁出口31.63万吨，总值20.68亿元，分别比去年同期增长67.06%和53.86%。

甘肃静宁："小苹果"做成了大产业

在国家林业局命名的"中国苹果之乡"——甘肃省静宁县，全县苹果产业从1986年开始起步发展以来，经过30多年的不懈努力，一步一个脚印，静宁县发展

成全省第一、全国闻名的苹果生产基地，苹果产业也成为静宁富民增收的重要支柱产业。静宁县隶属于甘肃省平凉市，位于甘肃省东部，是甘肃18个干旱县之一。静宁县海拔高、光照充足、昼夜温差大、环境无污染，适合种植苹果，被农业部评为"黄土高原优生苹果最佳栽植区域"。静宁苹果以色泽鲜艳、个大形正，果面光洁、质细汁多，酸甜适度、口感脆甜，硬度强，货架期长，极耐储藏和长途运输而闻名。

"以前我种小麦、玉米每年只能收入四五千元，现在加入合作社种了10亩苹果，每年纯收入6万元左右。"已经种了30年苹果的合作社果农王兵兵告诉记者，"现在交通方便了，除了常规销售以外，网上销量也不低。原来，我们种了苹果最怕拉不出去，卖不掉。现在好了，南方的客户可以直接来我们这里收购。"王兵兵表示，合作社统一管理，并派专业人士为果农进行技术指导，提高了苹果的质量。

近年来，静宁县突出果业社会化服务体系建设，突出先进实用技术的集成应用，突出广大果农的技术培训，加强与科研院所的联合对接，聘请专家在技术服务、市场营销等方面进行全面指导。形成以专家为核心，以果业协会、县乡技术人员为骨干的技术服务体系，每年培训果农5万人次，为苹果产业可持续发展奠定了坚实基础。在静宁县，像王兵兵这样的果农还有很多，他们通过苹果种植这一个产业成功脱贫。"2017年，静宁县挂果园面积达到65万亩，预计总产量78万吨，产值30亿元。"静宁县林业局园艺站副站长贾军平告诉记者。依靠苹果业，全县3.1万户15.4万人实现稳定脱贫，苹果产业成为农民脱贫致富的主导产业。随着苹果产业的发展壮大和群众生活水平的不断提高，很多果农在县城购房置业、供子女读书、投资消费。

（二）案例解析

1. 教学目的与用途

通过本案例的教学，使学生较全面地了解苹果产业的发展历程和现状，熟悉苹果产业的分布变化，能够把握影响苹果产业竞争力的各种因素，以及促进苹果产业集聚的政策。在教学过程中，注重理论联系实际，运用所学理论知识和方法分析现实问题，及时跟踪学术发展前沿；注重培养学生主动获取知识的能力，加强专题研讨、案例研究和团队项目的内容训练，为学生将来从事相关理论和实际工作打下坚实基础。

2. 背景分析

2012年我国苹果产量达到3 800万吨，占世界苹果总产量的63.3%，居世界首位。2016年我国苹果产量为4 388万吨，是我国产量最大的水果品种（不含瓜类），在我国水果产业中具有重要地位。但苹果产业存在生产主体规模小和盲目发展，重产量、轻质量的问题。我国在世界苹果主产国中，苹果单位面积产量最低。2003年，世界苹果单产为10 674公斤/公顷，美国、法国、意大利、荷兰、巴西、新西兰分别为26 184公斤/公顷、30 795公斤/公顷、34 657公斤/公顷、29 615公斤/公顷、27 108公斤/公顷、38 260公斤/公顷，中国则为9 157公斤/公顷，达不到世界一般水平。

与发达国家不同的是，我们国家苹果生产以"上山下滩"为主，以"散户经营"为主。中国苹果主产区地处黄土高原、华北平原、环渤海湾地区，海拔高、光热资源丰富、昼夜温差大，具有发展苹果生产得天独厚的地理和气候资源优势。但在这些地区并不是所有的地方都适宜大力发展苹果产业，只有其中的优势产区更适合发展苹果产业。目前，从苹果产业区域布局来看，环渤海湾苹果产区种植面积保持动态平衡，逐步向本区域优势产区集中；黄土高原苹果产区种植面积保持稳定增长，优势产区陕西、山西、甘肃发展较快。中国苹果产业布局持续向劳动力丰富、病虫害少、生产成本较低的西北高海拔地区迁移扩张。

产量水平由大小年变化明显向逐年稳步增长发展。过去在苹果生产上，由于基础设施和种植投入少，果园土肥水综合管理跟不上；使用传统方法栽植修剪果树，树体密闭、通透性差等原因，造成年际间产量水平差异较大，出现大小年、周期变化的现象。近年来，受苹果种植面积持续增加、技术进步、果农对果园投入与管理增加、经济效益良好和政策扶持力度加大等多种因素影响，中国苹果产量年际间呈持续稳步增长趋势。

种植模式由传统种植向高效集约化发展。中国的苹果树大部分是20世纪80年代末90年代初大发展时期栽植的，主要采用以乔砧密植为主要特征的传统制度，果园郁闭，通风透光不良；果园管理标准化程度低，生产成本高，机械化作业困难，导致果品质量不高，市场竞争力降低。近年来，通过间伐减密、提高栽植标准等措施，推广应用了既省工、省力、优质、高效，又便于机械化作业的宽行矮砧集约高效种植模式。

我国农业科技成果转化率跟国际上相比还是比较低的，其中一个重要因素就是农业科技推广体制还不完善，需要在加强农业公益性的科技服务基础上，大力发展经营性的科技服务，培育大批新型的农业科技服务组织。

在果树方面的化肥减量空间非常大。我国这几年化肥的增加，主要是由于果树、蔬菜的增加，大概16亿多亩的粮食播种面积跟差不多9亿亩的果树、蔬菜使用的化肥量差不多，各占半壁江山，果树、蔬菜还要高一点，而且果树现在的使用量已经达到每公顷550公斤，必须要削减。

3. 理论依据与分析

30多年来中国苹果生产的区域布局发生了明显变化。一方面，在区域之间呈现出由环渤海湾、黄土高原、黄河故道、西南冷凉高地四大主产区逐步调整为环渤海湾和黄土高原两大优势主产区的格局；另一方面，在区域内部呈现出“西移北扩”的特征。自然灾害、非农就业机会、粮食安全保障水平、技术进步、市场消费需求和国家政策等因素对苹果生产布局有显著影响，但是由于区域差异，各因素对两大区域的影响程度有所不同(刘天军　等，2012)。随着农业劳动力工资、土地成本和中间投入品价格的不断上涨，中国农业生产成本逐年上升，同时国际市场大宗农产品价格持续下降削弱了中国农产品的竞争力。在农产品贸易逐渐开放的情况下，削减生产成本是提高中国农业竞争力的有效手段。配置效率较低是导致中国小麦和苹果生产成本效率损失的主要原因之一，技术效率存在进一步提高的可能性，降低生产成本一方面需要完善各省份的要素市场，另一方面也需要提高生产要素诸如土地、劳动力和化肥的利用效率(杨浩然　等，2016)。农户加入合作社可以有效降低交易成本，尤其在节省苹果分级时间、降低运输成本以及避免接待交易对象所产生的费用方面有显著作用。农户加入合作社可节省980元的执行成本和运输成本，并减少8.1小时的苹果分级时间(王丽佳　等，2013)。农民专业合作，可以有效提高苹果生产经营的效率。

种植者文化程度、种植规模、种植方式、专业化程度、行为态度、对化肥农药安全使用的认知程度、对农药残留危害的认知程度和果品营销企业是否对收购的苹果进行严格的分级与检验8个因素对种植无公害优质苹果行为实施意愿有显著正影响(张复宏　等，2013)。适当扩大种植规模、积极创建标准化示范园是优化果农种植质量行为的一条切实有效途径。建园管理、种植管理、采后处理为无公害优质苹果一级质量链的关键链接点，选育种苗、整形修剪、适期采收是二级质量链的关键链接点，品种选择、园地选择、科学施肥、四季修剪、果实套袋是三级质量链的关键链接点，它们在不同层面相互关联、协同耦合，共同影响苹果的质量水平(张复宏，2014)。山东省9个样本县(区、市)有8个在苹果种植中存在过量施肥问题，调查地区的亩均施肥量有待降低的幅度都在14%以上；64.9%的果农对过量施肥缺乏认知，采纳测土配方施肥技术的果农仅占21.7%；果农对过量施肥的认知与其测土配方施肥技术采纳行为之间高度正相关。文化程度较高、专业化程度较高、有外出打工经历、对过量施肥危害有所认知、参加过种植技术培训、果园土壤较肥沃的果农,对过量施肥有一定程度认知的概率更高;具备上述特征的果农,以及性别为女性、种植年限长、果园为标准化果园、园地较为集中的果农,更倾向于采纳测土配方施肥技术(张复宏　等,2017)。规模化经营和经营者素质提高,能够切实改善农药、化肥等使用效率。

由于农业技术市场发育相对滞后,技术交易成本成为制约农户要素稀缺诱致性技术选择行为的关键因素。生产要素价格相对变动是诱致农户技术选择产生偏向的关键市场信号,尤其是遵循公开市场交易制度安排的农户,其技术选择偏向对生产要素价格相对变动的反应更为敏感;不同技术交易制度安排所产生的信息成本、谈判成本及执行成本存在差异,从而对农户要素稀缺诱致性技术选择行为产生了差异化的影响(王静　等,2014)。农户技术选择行为和生产经营收入在地理空间上存在明显的集群倾向;农户技术选择行为对本村庄农户生产经营收入产生显著的直接影响。在农业技术供给主体中,政府技术推广机构的公益性技术推广活动促使农户技术选择行为对其他村庄农户生产经营收入产生显著且稳健的溢出效应;农民专业合作社和涉农企业由于技术服务功能较弱,未能在农户技术选择对其生产经营收入影响产生空间溢出效应的过程中发挥明显的作用(王静　等,2015)。当前,要在稳定公益性技术推广机构的基础上,补上经营性技术推广机构的短板,提高苹果生产的科技服务水平。

4. 思考和讨论题

(1) 我国苹果产业的特点是什么?

(2) 推动苹果生产区域布局变化的因素有哪些?

(3) 如何做好苹果产业的科技服务?

案例十五：大樱桃热销的背后

（一）案例介绍

烟台大樱桃网销4亿元的背后

中国大樱桃栽培发源于140多年前的烟台。2016年四五月间，这颗大樱桃在各大生鲜电商以及社群网络平台上“爆发”，网销额近4亿元，有人形容为生鲜电商的“烟台大樱桃现象”。烟台大樱桃电商“井喷”是偶然的市场垂涎，还是产业优势必然的显现？这种产销两旺的态势源于中高端市场需求的释放，还是更依赖于优质产品生产能力系统化的扩展？烟台是中国大樱桃栽培发源地，栽培面积超过30万亩。全市约10万人直接从事大樱桃生产管理，20多万人从事大樱桃苗木繁育、生产资料销售及大樱桃经营等二、三产业。烟台农业局局长白国强说，烟台大樱桃的资源条件、产业规模、品牌效应均具有比较优势。在农业供给侧结构性改革的推动下，整个产业供应结构和能力不断成熟。烟台大樱桃品牌电商的发展，代表了中高端供给和需求，其背后是生产经营主体消费者意识的觉醒，是品牌、科技、营销等现代要素的聚集，是产业形态和商业模式的升级。烟台葛优农业科技公司总经理张英华今年是第二年做大樱桃电商，短短一个月的销售额就达2 000多万元。她说，大樱桃品牌电商要求标准化、高品质，也更注重消费者体验，深入研究产业链不同环节的质量指标与消费者接受度之间的关系十分必要。正是拥有这样一批拥有强烈消费者意识的生产经营主体，让烟台大樱桃产业生态不断优化。烟台栢军果品经理李玉彬分析说，这两年大樱桃销售渠道变化特别快。去年大樱桃电商还主要是京东、阿里这些传统平台电商。今年则分成了三块，一是传统电商，二是垂直电商，三是微商。与此同时，物流也趋向于冷链＋落地配的形式，成本不到10元，而传统物流成本要20元。电商以及移动互联对烟台大樱桃品牌的传播具有乘数效应，而且在大数据挖掘、消费体验等方面价值巨大。苏宁易购烟台馆负责人姜辉认为，传统销售使得产业链脱节，产品到了批发市场，整个产品及产地信息、质量安全信息基本断掉，消费市场与生产者信息交流不畅，市场价格的传导作用也很弱。

电商使得产业链衔接更紧密,大数据有效利用,各环节以消费为导向,提升生产经营水平。

很多人有这样的体验,在果园里吃新摘的果子,口感就是不一样。为什么呢?烟台市农科院果树分院副院长、烟台大樱桃协会会长张福兴告诉记者:一个原因是成熟度,市场上很多是早采果;一个是采后商品化处理、储藏及运输。这成为品种之外,影响品质和口感的两大主因。也就是说,整个供应链的质量和效率,直接关系到消费感受,当然就关系品牌形象。没有好的供应链,电商很难持续。李玉彬认为,生产、采收、预冷、分选、分级、运输、分销等等,不同环节的质量含义和要求不同。各环节的每一项管理都会影响到销售时的果实质量。烟台大樱桃电商销售总量还无法与传统批发渠道相比,但作为中高端代表,其对产业链、供应链的整合提升却具有引领作用,它代表方向。“进口车厘子品牌经营、市场运作手法成熟,他们从营养成分、色泽、形状、口感到包装,都有严格的规定,除高水平的种植管理外,非常重视商品化处理。”烟台朝阳果蔬经理林蔚林说,“我国樱桃产业只重栽培、生产不重产后处理的现象十分普遍。”据统计,每年因没有先进的采后处理技术和设备造成果实腐烂、相互挤压损失占总产量的25%～30%,并严重影响最终的消费品质。资料显示,美国等发达国家在生产领域的投资仅占农业总投资的30%,产后处理部分占到70%,可见产后处理的重要性。美国果蔬产品的产后产值与采收自然产值比是3.7∶1,而中国是0.38∶1,说明产后处理极大地增加了产品的附加值。很多大樱桃主产区没有采收标准,普遍存在早采现象,完全不考虑该品种的应有风味是否出现。这让我们的大樱桃如何与进口车厘子竞争?烟台市农业局产业化与市场信息科科长申俊立认为,品牌的塑造是全产业链运营的过程,是品质稳定、货源稳定以及有效营销的总和。所以必须在品牌的统领下,整合产业链各个环节和各产业要素。要以市场的力量来推动产业链的整合,提升价值链。高品质来自产业链的每个细节。烟台朝阳果蔬公司用上了大樱桃分选机械化,目前烟台像这样的自动化分选设备已经有7台(套),处于全国领先水平。品牌电商对标准化分选的要求毋庸置疑,但依靠人工很难实现,必须机械化。烟台大樱桃在“包装”上也走出了千篇一律的低档泥淖,在“保鲜”的基础上,充分体现了品牌的个性形象和价值品位。提升产业链整体水平的共识推动了一批生产供应商的发展。烟台宝林大樱桃基地负责人隋倩说,目前大规模高品质产品的稳定性还是有问题,我们现在专注基地建设,有自己的苗木、生产管理标准,除自有基地外,带动大规模生产,提供高水平的全方位生产服务,优质产品扩大化生产得以实现。

樱桃别样红：大连市创新大樱桃产业发展

大连优越的地理和气候条件，使其成为最佳大樱桃产地之一，栽植面积和产量分别占全国的 14.3%和 25%。大樱桃，竟然能为大连农民一年人均收入增加 5 900 元，占到农民人均可支配收入的 30%，可见大樱桃对大连的农民有多重要。大连地处的北纬 39 度，是寒暑交界的黄金地带，是世界公认最适宜农作物生长的纬度，其中大樱桃最具代表性。经过多年的精心培育，大连已经成为全国大樱桃的主要优势产区。大连大樱桃以果大、质优、味美而闻名遐迩。2017 年，全市栽植面积达到 28 万亩，产量达到 17 万吨，分别占到全国的 11%和 21%，实现产值 70 亿元；同时通过节庆活动和乡村旅游活动等接二连三的手段创造产值 90 亿元。通过以上两项收入，为全市带来综合收益达到 160 亿元。

2018 年“五一”前夕，普兰店四平镇四平村的连厚吉天天在自家的大棚里忙碌着，“大樱桃在五一前就能上市了，现在的颜色一天一变，逐渐由黄变红。前年春天在政府的相关政策支持下我建了 3 栋冷棚，去年是第一年，结果较少，今年产量上来了。如果卖得好的话，我还想再建一栋，地已经准备好了。”连厚吉说。大连市较早明确把都市现代农业定位为农业的发展方向，并把樱桃产业确定为加快推进农业现代化的重要举措之一。近两年，市、县两级政府又出台新政策，激发了果农和新型农业经营主体栽植大樱桃的积极性，全市大樱桃生产面积从 10 年前徘徊在 10 万亩左右，到 2017 年已经发展到 28 万亩(其中设施大樱桃面积 7.4 万亩)，产量达到 17 万吨。当前大连市大樱桃生产面积超过 1 万亩以上的乡镇达到 11 个。2017 年设施樱桃平均销售 100 元/公斤，最高售价 400 元/公斤，平均亩效益达到 10 万元以上；露地樱桃平均亩效益 1 万元以上，是种植玉米的 15～20 倍。大樱桃品种多而杂，大连市高度重视新品种的培育和推广。目前，除引进传统的“美早”等品种外，在国内大樱桃育种专家的带领下，先后育成并推出“红灯”“明珠”等优良品种，这些大樱桃名字已被载入了国内外大樱桃育种史册。其中“红灯”的育成，在我国属于首创，填补了国内空白，更因该品种“果个大、口感好、外观色泽美、高产、质优”，成为接待外宾的指定采购水果。近两年，又筛选推广了“美早”“俄罗斯八号”等一批品种，使全市大樱桃的产量和质量得到了大幅提升，经济效益十分明显，大樱桃优质品种率已达到 95%以上。“樱桃好吃树难栽”，大连市持续开展标准化示范果园、精品果园创建活动，引导和规范果农和新型农业经营主体，从果园的基础设施、品种选择、水肥技术集成应用等生产全过程实行标准化生产和管理，并逐步形成以生产实践为依据、以市场为导向的标准化优质高效栽培技术体系。同时，行业协会也不断示范引导，助力大樱桃品质提升。今年全国樱桃年会在大连市召开期间，北美“美早”樱桃发明人、美国密歇根州州立大学教授、国际樱桃权威专家郎教授现场考察后，对大连市大樱桃栽种技术赞不绝口。

瓦房店市得利寺镇的大樱桃从2月初上市后，一直受市场追捧，在北京新发地批发市场供不应求，盖过了进口车厘子的光芒。在2017年中国樱桃年会上，得利寺获得了“中国大樱桃设施栽培第一镇”的美誉。得利寺樱桃不愁卖，得利寺镇蔡房身村的于连波在棚里对记者说：“有好几个经纪人到这看过了，前几天有人出价45元一斤包棚我没卖，现在出到47元了。今年‘大连大樱桃’获得地理标志认证，影响力更大了，估计五一时的价格不会低于50元。”品牌就是价值，就是影响力。大连市积极引导果农和农业经营主体开展“三品一标”[①]认证。截至2017年年底，全市已开展大樱桃有机食品认证1个、绿色食品认证20余个，无公害生产技术覆盖率达到100%。大连市拥有金州红、大圣、樱哥、春晚、丹珠格格等大樱桃产品注册商标50余个，“金州红”大樱桃在“2010年中国樱桃年会暨中国优质甜樱桃北京擂台赛”上摘得金奖，“千岛绿”“丹珠格格”大樱桃荣获省级名牌农产品，“仙缘”大樱桃荣获市级名牌农产品。2017年，为有效改变大连市大樱桃品牌多而杂、竞争优势不明显的现状，“大连大樱桃”申报获得国家农产品地理标志认证和全国农产品区域公用品牌，成为东北地区首个获得的全市域性的国家农产品地理标志认证；同时大连市被中国园艺学会樱桃分会授予全国首家“中国优质大樱桃示范区”称号。“大连大樱桃”从全市众多特色优势农产品中脱颖而出，成为代表大连市农产品形象最亮丽的一张名片。

从2018年3月19日开始，北京照祥果业公司的李青山与他的团队就进驻金普新区炮台街道的樱桃市场，李青山向记者介绍：“一天能收四五千斤，这里的樱桃口感好、个大，有的为了新鲜要空运，都是送到深圳的大型超市。”像他这样的客商在市场里有200多家。大连市金普新区炮台街道党工委书记王德世告诉记者：“街道一共有11.2万亩土地，以大樱桃为主的保护地面积达4.5万亩。大樱桃不仅仅是一个产业，而且把整个产业都拉动起来了，我们的包装箱企业买了进口的设备扩大生产。从2月初暖棚大樱桃上市再到冷棚大樱桃与露地大樱桃错峰成熟，可以一直卖到7月上旬，产业链拉长带动了一方百姓。大樱桃在加快产业结构调整、推动农业供给侧结构性改革上真正起到了作用。”在2015年以前，由于生产面积较

---

① 无公害农产品、绿色食品、有机农产品和农产品地理标志统称“三品一标”。

小，大连市大樱桃在东北市场供不应求，因而造成了“山海关外人人知、山海关内无人识”的尴尬境况。到了2015年，由于栽植面积的迅速扩大，产量大幅增加，出现了卖难问题。为了解决这一问题，大连市制定了跳出东北、走向全国、放眼世界的销售战略，政府和新型农业经营主体联手合作，采取了系列措施，通过陆海空全面出击、线上线下共同发力，实现了由“产得好”向“卖得好”转变。改变“酒好不怕巷子深”的传统销售思维，首先加大在媒体上的宣传力度。同时，加大产地交易市场建设，新建5个区域性大樱桃交易中心，形成产销衔接的产地市场体系。2017年产地交易市场销售量占到了全市总产量的1/3，其中仅老虎山村交易市场就吸引了12个省140多个城市的500多家水果收购商进驻市场。通过举办“中国大连·金普新区国际樱桃节”等系列节庆活动，2017年把500多万国内外旅客吸引到大连市体验大樱桃采摘、品尝大樱桃美味。通过观光、采摘、餐饮、休闲和体验，以大樱桃为主线的乡村旅游拉动综合消费90亿元，其中接待海外游客2万余人次。2017年大连市大樱桃销售价格高出上年同期20%以上。

（二）案例解析

1. 教学目的与用途

通过本案例的教学，使学生较全面地了解大樱桃产业的发展历程和现状；熟悉大樱桃的分布特征，把握大樱桃产业发展的特有规律以及政府如何更好促进本产业的可持续发展。在教学过程中，注重理论联系实际，运用所学理论知识和方法分析现实问题，及时跟踪学术发展前沿；注重培养学生主动获取知识的能力，加强专题研讨、案例研究和团队项目的内容训练，为学生将来从事相关理论和实际工作打下坚实基础。

2. 背景分析

土耳其、伊朗是世界大樱桃的发源地。大樱桃原产西亚及欧洲东南部，全世界大樱桃产业90%以上分布在北半球。目前我国初步形成了山东、辽宁、陕西三大产区，安徽、江西、河北、甘肃、新疆、山西、北京、四川、重庆、云南、贵州、青海等多省市局部有所发展的产业布局。烟台是全国栽培大樱桃最早的城市，是中国栽培大樱桃的发源地、全国大樱桃之乡。我国甜樱桃栽培开始于19世纪70年代，1871年，由美国一位传教士引进，当时引进了首期10个樱桃品种，栽种于烟台东南山。我国大樱桃种植面积至今已有220万亩左右，居世界第一位。

大樱桃引入我国后，其发展大体上经历了以下三个阶段：一是引进试栽阶段。大樱桃原产欧美，大约在19世纪末20世纪初，通过外国传教士、商人、船员引入我国东部沿海地区的烟台、大连等地开始试栽。二是缓慢发展阶段。新中国成立以前，由于连年战乱，大樱桃的发展受到极大的限制，发展相当缓慢。新中国成立后，百废待兴，生产进入恢复期，政府在种植业方面，将主要精力用于解决国民吃饭的问题，提出了“以粮为纲”的战略目标，经济作物发展相对滞后，大樱桃由于栽培技术的不完善，各地少量地进行了引种试栽。三是快速发展阶段。改革开放后，农村生产力得到极大的解放，效益型农业受到重视，人们多途径进行高效生产，以期从单位面积的土地上收取最大的回报，最大限度地提高土地产能。在这段时间内，特别是20世纪八九十年代后，由于大樱桃生产产值高，受到普遍关注，各地纷纷引种，呈现适宜区全面开花式发展，种植范围、生产规模持续扩大，进入快速发展阶段。

由于大樱桃冬季休眠需7.2 ℃以下低温，我国长江以南绝大部分地方不能满足这一条件，所以大樱桃以江北栽培为主，西南高地有少量发展，但品质远不如西北黄土高原产区。在总体上，我国大樱桃在布局上呈现低纬度高海拔、高纬度低海拔分布态势，初步形成了山东、辽宁、陕西 三大产区，安徽、江西、河北、甘肃、新疆、山西、北京、四川、重庆、云南、贵州、青海等多省市局部有所发展的产业布局。进入21世纪以来，我国甜樱桃生产进入快速发展期。在环渤海湾优势产区栽培面积逐步扩大的同时，陕西、河南、甘肃等内陆，以及青海、新疆、西藏、云南、贵州、四川冷凉高地也积极规划发展，并初步建成秦皇岛、西安、郑州、四川阿坝州以及北京近郊采摘园等新兴产地。

3. 理论依据与分析

大樱桃，也称西洋樱桃，于19世纪70年代由西方传教士和侨民传入山东烟台，是欧洲甜樱桃和欧洲酸樱桃及其杂交种的总称，因其规格比中国原产的樱桃大而得名。由于酸樱桃和杂种樱桃在生产中栽培数量很少，故而一般意义上的大樱桃均指甜樱桃。我国发展大樱桃的优势包括劳动力优势，适栽地条件优势，易管理，贸易畅通，市场前景广阔(于国合　等，2003)。大樱桃引入我国后，发展大体上经历了以下三个阶段：一是引进试栽阶段，二是缓慢发展阶段，三是快速发展阶段。在总体上，我国大樱桃在布局上呈现低纬度高海拔和高纬度低海拔分布态势(王田利，2014)。大樱桃产业不断向优势产地布局，形成了产业集聚发展的态势。

大樱桃是大连市的主要经济作物之一，栽培面积接近2.67万公顷，市政府每年投入大量资金扶持大樱桃产业，农民的栽植热情也十分高涨，获得了良好的经济效益。存在的主要问题是：产业化程度低、生产组织方式落后，现代物流体系和果品流通差,资金投入不足,技术培训力度不够,村级技术人员缺乏,大樱桃企业、协会的技术指导机制尚未完善,品种结构不合理,土肥水管理不到位,病虫害防治技术不过关,存在安全越冬问题等(王文有　等,2011)。烟台全市的大樱桃种植面积近 2.05 万公顷,占全国栽植樱桃面积的 1/4,产量占全国的 2/3。需要进一步加大投入设施栽培,提高产量;吸纳外界资本;加强政府指导和政策扶持;提高产业人员专业知识技能水平(蔡国栋　等,2016)。烟台市福山区发展大樱桃产业优势明显,无论是面积还是产量,一直在全国县(市、区)保持领先地位,是全国产量最高的大樱桃生产基地,曾获得"中国大樱桃之乡"的荣誉称号。制约大樱桃产业发展的因素有树龄已老化,质量难保证,优质不优价;建议加快品种更新、品质优化、品牌创建(张洪霞,2016)。大樱桃产业高度市场化,必须高度重视市场对资源配置的决定性作用。

4. 思考和讨论题

(1) 大樱桃产业发展的优势有哪些?

(2) 大樱桃产业发展的劣势是什么?

(3) 如何推进大樱桃产业的供给侧结构性改革?

案例十六：柑橘产业的难题

（一）案例介绍

百亿产值的广西柑橘产业如何避免“香蕉之痛”

2018年1月，正是砂糖橘、沃柑、金橘等农产品集中上市之时，广西壮族自治区荔浦、宜州、武鸣等地橘园一派热火朝天的景象。枝头黄澄澄的柑橘经过果农们的采摘、分拣、包装，将被运往华中、华北等地区，部分果品还将出口到东南亚、中亚，变成果农们口袋中日益增长的收入。近年来，广西柑橘产业发展迅猛，柑橘占广西全区全年水果总产量的40%，是广西第一种产值突破100亿元的水果。据农业部官网公开数据显示，截至2016年年底，广西柑橘种植面积达555.6万亩，位居全国第二；产量达578.21万吨，位列全国第一。“前景与风险并存，柑橘市场饱和、生产技术偏低、产业转型升级阵痛等问题反映了产业发展存在许多隐患。”1月13日在南宁举行的2018广西柑橘产销对接暨柑橘全产业链博览会开幕式上，面对一片繁荣的市场景象，广西壮族自治区农业技术推广总站原副站长许立明道出了自己的隐忧。

家住广西荔浦县花篢镇凤联村的刘大叔，从去年开始，将家中20亩地全部改种砂糖橘，尽管还要等上2年才能有收成，但隔壁村种植砂糖橘大户从地里收获的真金白银，让他实在坐不住了。在荔浦县，一些年收入10多万元的砂糖橘种植农户自称是“贫困户”。据《广西日报》报道，2017年荔浦县版纳村72户村民中，砂糖橘收入达百万元以上的超过了30户。刘大叔说，当地砂糖橘种植已经形成产业规模。每到收获季节，都有人开着大车到地里收果。去年地里的收购价每斤五六元，今年掉了点儿，一斤也有四元左右。广西作为柑橘原产地，具有天然的地域优势。据广西农科院前院长、研究员白先进介绍，2016年广西柑橘种植面积新增56.21万亩，今后这一数字还会有所增长。广西柑橘行业协会秘书长李忠华分析，近年广西柑橘产业发展迅速，一个重要原因是广东柑橘产业因黄龙病扩散而萎缩，而全国市场对柑橘的巨大需求，给了广西柑橘产业发展空间。2012年，沃柑的引进，更推动了广西柑橘产业的迅猛发展。据不完全统计，2017 年广西沃柑种植面积已达 100 万亩。据《广西日报》报道："沃柑种植热潮的冲击波以广西武鸣为中心，一圈圈向外扩散。种植热潮高峰时，10 多元一株的沃柑苗竟然一苗难求。"柑橘产业发展速度如此之快，令许多行内人开始担忧未来发展的质量和效益问题。2014 年，林卓智经营的公司在广西隆安县那桐镇那门村种植了 600 亩沃柑，到今年已全部回本，并可赚 100%～200%的利润，但他表示，未来几年坚决不再扩种。"现在我每亩地产值可达 3 万元，沃柑效益太好了，想入行的人太多，现在还能卖到每斤五六元甚至 7 元，但未来有可能会降到 2 元一斤，到时新入行者将无利可图。"林卓智说。广西柑橘行业协会秘书长李忠华也有同样的担忧，他认为现在全国的柑橘市场状况还是供小于求，但以目前的发展速度，未来几年就有可能出现产品滞销。"目前广西柑橘业处在盲目扩种、追求产量的阶段，忽略了品种多样化和精细化管理，将会造成品种单一、品质标准化程度低的问题。"

柑橘种植的疯狂，让许多人看到了当年广西香蕉产业的影子。"入行千万要谨慎，否则就是害人害己。"广西隆安县那桐镇那门村双林果业总经理林卓智说，从 7 年前他的公司就开始种植香蕉，目前种植面积 3 000 亩。2014 年，香蕉行情突然好转，收购价飙升至 4 元/斤，导致许多人跟风种植，让人没想到的是 2015 年香蕉的收购价跌到了 0.4 元/斤，林卓智的公司每卖出一斤香蕉就要亏损 0.5 元，每亩地要亏将近 5 000 元。目前他的香蕉园已连亏 3 年。广西是我国香蕉主产地，据《经济参考报》报道，2014 年是国内香蕉销售的黄金时期，吸引了大量社会资本进入香蕉产业。因无序扩种，2015 年至今，每年 9～10 月，广西香蕉出货高峰，全国香蕉行情都难逃"魔咒"陷入低迷。许多蕉农禁不住连年亏损开始砍掉香蕉树，负面情绪笼罩整个香蕉行业。在林卓智看来，如果按目前的状况发展下去，未来广西柑橘产业很有可能出现和香蕉产业类似的状况。

广西柑橘行业协会秘书长李忠华在帮助农户销售柑橘产品时曾经一度认为，在形势大好的情况下，"只要有货就不愁卖"。可随着人们消费能力的提高，果商对产品的品质要求也更为苛求，外观、口感、标准化程度等，无一不在考验着农户种植和管理的水平。"品种多样化是避免水果产品滞销的关键。"李忠华建议。在广西区内，早熟的温州柑、南丰蜜橘，中熟的砂糖橘，晚熟的沃柑、茂故柑都要有所发展，错峰上市，避免单一品种大量集中上市造成供过于求。"比起一味把柑橘产业做大，我更想看到的是大家能把柑橘做精。"李忠华提到。目前广西主要是沃柑和砂糖橘等几个品种在超速发展。他认为在保证柑橘大品种齐全的条件下，应尽可能发展小品种,创造新的市场需求点,同时努力提高产品品质,才不至于产生“买方需求旺盛、卖方产品滞销”的局面。“我相信柑橘不会成为广西的‘第二个香蕉’。”李忠华充满信心地说。比起柑橘,香蕉耐储性较低,采摘时间较为集中,需要大量人力,因此销售压力比较大、人力成本也较高;而柑橘可储藏时间较长,果实还可留树保鲜,采摘销售的时间和空间都更富余。

一颗柑橘转型的“苦酸甜”

“橘奴千树,筐篚满家,市橘之舟,鳞次河下。”这是徐霞客笔下的衢州柑橘。衢州为中国椪柑之乡,衢橘历史闻名。2017 年衢州市柑橘总产量达到 39.4 万吨,然而面对丰收,却是几家欢喜几家愁。在衢州市柯城区金坂村,橘农徐金美无奈地将满车的柑橘倒掉:“一块钱一斤还没人要,不如都倒了。”然而,就在离金坂村不远的莫家村,橘农叶华昌正在大棚内悠闲地修剪柑橘枝叶:“我家的 3 万斤椪柑,春节前就销完了,每公斤最低卖到 10 元!”同样是衢橘,为何境况截然不同?“愿意转型的,就赚;不愿转型的,就亏。”柯城区农业局副局长方培林道出原因,“市场从来都是公平的。这几年衢州推动柑橘产业转型,在三产融合发展的路上充满了苦酸甜。”

苦:一斤柑橘几毛钱,市场倒逼产业之变。“3 个橘子一块钱,卖掉橘子好过年。”叶华昌是当地最早的一批柑橘贩销户,他感叹,20 世纪 80 年代,柑橘 3 元一斤,比猪肉还贵!最辉煌时,柑橘收入占了村民收入的七成多。市场火了最易跟风,一时间,越来越多的农民开始种橘,但品种单一、管理粗放,使得衢橘质量参差不齐,市场风险悄然集聚。2008 年,衢州柑橘大丰收,收购价却一路跳水。随后几年,一斤柑橘几毛钱的情况越来越多,不少橘农无奈撂下橘园,外出打工。“这几年被市场淘汰的,正是落后生产观念种的低品质柑橘,这也提醒我们,柑橘产业要‘变’了。”方培林说。痛定思痛,衢州柑橘开始转型,提升种植效益。柯城整合分散的土地,实现规模化种植。2016 年柯城打出橘园规模流转、设施栽培、金融扶持等一系列组合拳。对新流转、连片 50 亩以上的成龄橘园,连续 3 年每亩给予 500 元的补助。叶华昌成了第一个“吃螃蟹”的人。两年来陆续投入 300 万元,建起了精品柑橘园。走进他的家庭农场,50 亩大棚连栋成片,有机施肥、绿色防控等生态技术透着科技范儿。“有了避雨大棚,椪柑可以延期两个月采,糖度能达 14.5 度,精品果率达到 95.8%。”围绕柑橘产业升级,近两年全市累计淘汰“三低”橘园 10.6 万亩,规模经营面积从 2015 年的 300 多亩发展到近 7 000 亩。品种改良只是第一步。如何最大程度提高衢橘效益?衢州探索三产融合发展。向深加工要效益。常山胡柚是当地独有的柑橘品种，从卖鲜果到青果入药，胡柚实现了全果利用，提取的黄酮素片成为高端保健品市场新宠。运用这一技术，每吨胡柚产值超过 20 万元，是销售鲜果的 100 多倍。常山县胡柚商品化率达到 70%以上，列全国柑橘之首。向休闲农业要效益。越来越多的柑橘园办起了农家乐、采摘园。全市发展休闲农业经营主体 3 373 个，从业人数 3.5 万人，休闲观光农业成为农民致富的新产业。

酸：老橘农转型难题不少，须引导先进要素握指成拳。三产融合，离不开质量支撑。经过两年摸索，一门心思改良品种的卢志承成功了。他的家庭农场种的杂柑新品种，刚挂果就被人订走了。“到丰产期，亩产可达 1 万斤，那就是 20 万元的收入。”效益源自科技。衢州市农科院果树研究所所长郑雪良告知记者：“现在推广的新品种，到第二年的七八月份都有很多汁水，保有本来的品质不变。”也有部分橘农仍在传统种植模式上徘徊不前，无奈倒橘的徐金美就是其中之一。“家中 2 亩柑橘地，六成橘树没人管，品质也确实不好。虽然我家不靠卖橘为生，但看着橘子倒掉，还是有些心疼。”徐金美说。看着别人挣钱，徐金美难免心酸。但转型路上，土地、科技、资金、人才的要素缺一不可，难题不少。说到今后的打算，他表示，未来会专心打工，把土地交给那些懂技术、会经营的人来打理。推动柑橘转型，衢州直面难题，政策引导先进要素握指成拳。人才在哪儿？柯城区吸引各路人才当起了“职业橘农”。农法自然农业科技有限公司的陈林，原来是搞计算机的，如今成了一名职业橘农。“从柑橘育苗、种植延伸至深加工、休闲观光采摘游，我们以工业思维打造一条全产业链，提升柑橘效益。”他说。从一家一户到抱团发展，衢州成立柑橘专业合作社 550 家，家庭农场 720 家，柑橘龙头企业 30 家，社会化服务组织 50 多个。资金在哪儿？柯城区出台政策，一连 3 年，每年拿出 500 万元资金用于扶持，撬动 1 亿元信贷资金，全力推进柑橘产业转型。基础怎么样？衢州各部门都行动起来了。供电部门升级了柑橘加工园区变压器，确保柑橘丰收期供电充足。柑橘主产乡镇成立了柑橘技术服务队，全程指导橘农开展橘园改造。信息服务跟上，从 2011 年开始衢州对柑橘市场实施数据监控，关注库存警戒线，多渠道为果农卖橘牵线搭桥。为提升品质，越来越多的柑橘合作社与高校合作，引进无籽椪柑新品。柯城区建立柑橘良种繁育中心，100 多个优新品种陆续推向市场。龙游县模环乡兰塘村的姜宝祥，种了 130 多亩新品甜橘柚，去年第一年挂果，15 万斤果子供不应求。“一条枝上能挂七八个果，到时候我会剪掉几个，品质好了不愁销。”加快柑橘产业融合，柯城区与华中农大邓秀新院士对接，建立了院士工作站，与浙江大学开展冷链物流技术研发，建立柑橘适温冷库 3 000 立方米。“柯城建成了中国柑橘博览园,形成集柑橘种植、果品加工、旅游观光为一体的三产融合示范区,再现了'一江碧水、两岸橘香'的画卷。"方培林说。

甜:融合产生乘数效应,橘农分享更多增值收益。柑橘品质逐年上升,加工订单纷至沓来,产业融合愈加紧密。柑橘囊胞是饮料企业的主要原料,今年以来,柯城区出口柑橘囊胞近 4 700 吨,产值达 340 万美元。方培林说,深加工用的是次等柑橘,带动橘农平均增收 3 000 余元。不独工业加工,柯城区"柑橘+文化+旅游"为主导的产业框架已经形成。前不久,在柯城区城西村石梁溪畔,一场与艺术相结合的"首届中国衢州柑橘文化艺术节"登场,数十万只圆滚滚、红彤彤、黄澄澄的"椪柑果""胡柚果",勾勒出 29 座巨型柑橘主题卡通雕塑,吸引数十万人次的观赏和游玩。农田是最大的风景,农业是最大的生态。乡村休闲旅游发展,让柑橘文化与美丽乡村建设深度融合。柯城区石梁镇"龙潭柑橘大世界"项目已开工,建成后将有农民创业园、科技创新园、无籽椪柑示范园、林下经济带和产业融合带。"远看是公园、近看是果园、走进是乐园,柯城区将迎来产业融合发展、乡村旅游腾飞的新局面。"方培林说。高品质的柑橘吸引无数游客纷至沓来,带火了民宿、农家乐等乡村旅游;乡村旅游的火爆,又让柑橘有了消费者。由卖产品向卖风景、卖文化转变,3 年来,衢州乡村旅游带动从业人员人均年增收 2 万元,民宿经济、旅游综合体等业态不断向中高端迈进。搭建出口柑橘综合服务平台,柯城区在石梁镇和姜家山村建造起 134 亩的柑橘出口产业园。目前,园区的柑橘已出口至菲律宾、马来西亚、孟加拉国等 11 个国家和地区,通过出口拉动,全区每公斤柑橘平均价格增加 0.4 元。

产业融合,最开心的是橘农们。"现在城里人来村里自驾游,我这里 50 亩大棚还不够他们摘的呢!再有客户来电话订购,树上的果已经没有了!"叶华昌想起去年秋天的情景,一脸幸福。农民吴双良也从三产融合中有了收益。他告诉记者,自家有 2 亩多地,以前种了 3 次柑橘都被冻死了,干脆让地荒在那里。今年他把地流转给了农法自然公司,自己成了公司工人,每月工资 3 700 元,每年还能拿到土地租金 2 000 多元,村集体每年也有 50 万元分红。三产融合的大势不可挡。对衢州的许多老橘农来讲,此刻着手转型,应该还不算晚。

(二) 案例解析

1. 教学目的与用途

通过本案例的教学,使学生较全面地了解柑橘产业的发展历史和现状;熟悉柑橘产业面临的瓶颈,能够把握柑橘产业集聚的规律以及政府对柑橘产业发展的有效支持措施。在教学过程中，注重理论联系实际，运用所学理论知识和方法分析现实问题，及时跟踪学术发展前沿；注重培养学生主动获取知识的能力，加强专题研讨、案例研究和团队项目的内容训练，为学生将来从事相关理论和实际工作打下坚实基础。

2. 背景分析

柑橘是全世界产量最大的水果。作为世界水果之王，目前无论是从面积，还是从产量都雄居各类水果之首。柑橘是目前世界第一大果品，也是我国的第二大水果品种。柑橘是全球最重要的经济作物之一，是世界第三大贸易农产品。1949 年我国柑橘的栽培品种主要是甜橙中的普通甜橙和宽皮柑橘中的红橘等。目前，我国柑橘品种发生了巨大变化。柑橘品种走了既引进国外适合我国栽培的优新品种，又推广我国自行选育的特色品种和市场仍需求的传统品种的路子。柑橘的甜橙类、宽皮柑橘类、柚类、柠檬类的优良品种几乎应有尽有，柑橘早、中、晚熟品种实行配套栽培。从 2008 年起，我国跃居世界柑橘第一大国。目前世界柑橘种植主要集中于亚洲，2014 年柑橘种植面积排名第一的是中国，达 240.4 万公顷，成为近年来增长面积最快的国家之一。

我国柑橘种植面积居世界第一，产量居世界第二。共有 19 个省(市、自治区)生产柑橘，其中福建、浙江、四川、湖南、广西、广东、湖北、江西和重庆等 9 个省(市)为主产区，产量占全国总产量的 95%左右。我国的柑橘生产实行的是分散栽培、分户管理体制，真正集中成片、统一管理的大型现代化橘园较少，难以与美国和巴西果园规模化经营模式相媲美。我国生产体制的弊端主要表现为管理水平低、生产效益低、经济效益低，极大地削弱了我国柑橘产品的国际竞争力。目前我国柑橘产品主要以鲜食为主，这种结构有很大的局限性，经不起市场的冲击。目前各地在注意加工型橙汁品种开发，且发展速度也很快。

2003 年，农业部发布《柑橘优势区域发展规划(2003—2007 年)》，各地积极采取措施，加强工作指导，加大投入扶持，推进规划实施，长江上中游柑橘带、赣南-湘南-桂北柑橘带和浙南-闽西-粤东柑橘带以及一批特色柑橘生产基地(简称“三带一基地”)建设取得了显著成效，柑橘种植规模、单产水平、销售价格和出口量同时增长，有力地促进了我国柑橘产业的快速发展。根据农业部编制的《中国柑橘优势区域布局规划 2008—2015》，重点发展“四带一基地”，即长江中上游柑橘带、浙-闽-粤柑橘带、赣南-湘南-桂北柑橘带和鄂西-湘西柑橘带四带；特色柑橘基地包括岭南晚熟宽皮柑橘、南丰蜜橘、云南特早熟柑橘、丹江口库区柑橘基地等。

2018年1月,农业部发布了《柑橘优势区域发展规划》,对目前我国柑橘业发展现状以及今后5年内主导产品及市场定位、优势区域布局、竞争力、市场前景及主要建设项目作了详细分析和规划。其中优势区域布局含:长江上中游柑橘带、赣南-湘南-桂北柑橘带、浙南-闽西-粤东柑橘带。其中浙南-闽西-粤东柑橘带重点发展优质外向型温州蜜柑、椪柑、柚类生产,适度发展早熟温州蜜柑、晚熟椪柑,调整品种和熟期结构;试验推广新技术,提高品质、降低成本;稳步扩大橘瓣罐头出口。

单纯地发展柑橘种植会遇到发展的瓶颈,食品深加工是行业发展的重要出路,要在食品的深加工上下工夫。要加快柑橘商品标准和生产标准的制定,形成统一的标准和标识,对柑橘进行分类分级销售,保护具有区域优势的柑橘品牌;同时引进企业,对产品的价值再利用,充分利用好柑橘果肉和果皮的价值,打造完善的产业链条,助力柑橘产业发展。

3. 理论依据与分析

在全球一体化的竞争中,柑橘产业已经逐步由发达国家向发展中国家转移。中国是世界柑橘生产与贸易大国,但不是生产与贸易强国,与巴西、美国、澳大利亚、西班牙、意大利、南非等柑橘产业比较发达的国家相比,还存在较大差距。柑橘产业发达国家发展的基本特征:重视柑橘良种繁育体系建设,形成无病毒苗木生产链;柑橘品种优化布局,实现鲜果周年供应;柑橘产区布局集中,专业化、规模化生产水平高;柑橘产业化程度高,综合加工效益显著;柑橘营销、贮运体系完善,资源配置及时高效;瞄准国际柑橘市场,适应性调整品种结构(何劲 等,2010)。国外柑橘产业发展模式对中国的借鉴包括以下方面:依靠科技,强化管理,大力推行柑橘生产标准化;统筹国内国际两个市场,优化柑橘产业布局和品种结构;大力发展柑橘产业化经营,以工业理念推进果业现代化;构建快捷高效流通渠道,提高柑橘产业流通效率;进一步完善相关政策法规,建立健全柑橘产业良性发展的长效机制。在国际市场上,江西省柑橘产业具有较弱的竞争力,且存在一定的波动;在国内市场上,江西省柑橘产业竞争力单产效率较高,规模效率递增且优势明显,处于比较优势的地位(李道和 等,2010)。柑橘产业集聚与柑橘产业经济效益呈正向相关关系,且由于高水平集聚带来巨大外部效应,吸引土地、劳动力、资本、技术的汇集,进一步促进经济效益增加,带动产区农民收入的提高(汤路昀 等,2016)。地理标志使用对农户生产行为影响很大。第一,地理标志的使用对农户采用环境友好型技术、施用环境友好型肥料和农药具有显著的促进作用,也显著增加了农户的农资投入，但对农户增加地理标志产品的种植面积和劳动投入的影响不显著；第二，户主性别、户主受教育年限、黄果柑收入占总收入比例、是否科技示范户、农户果园坡地地形条件对农户地理标志使用有正向影响，但户主种植经验对农户地理标志使用有负向作用(薛彩霞　等，2016)。随着柑橘产业市场化进程的加快推进，产业集聚的趋势更加明显。

交易成本是影响农户农产品销售方式选择的重要因素。其中，反映信息成本的是否了解柑橘市场行情变量、反映谈判成本的农户对中间商报价公平程度的看法变量对农户选择自行销售方式有显著的正向影响；反映信息成本的是否通过中间商了解柑橘价格变量、反映谈判成本的自行销售同等级柑橘相比于通过中间商销售的销售价格差异变量、反映执行成本的农户到最近农产品市场的距离变量对农户选择自行销售方式有显著的负向影响；另外，户主受教育程度、家庭是否有成员从事非农产业这两个反映个体特征的变量对农户选择自行销售方式也有显著的影响，且其影响方向为正(宋金田　等，2011)。可见，柑橘销售环节呈现出更多的效率特征。

柑橘属于鲜活农产品，具有鲜活易腐的特点，产业发展受市场波动的影响较大。国内各柑橘优势产区的竞争力不断提升，面临的问题又大同小异。湖南柑橘产业居于全国领先的地位逐步稳定。但产业发展面临政策滞后于产业发展需求，长效发展机制不完善，生产技术层面仍然有基础设施落后、管理粗放、产品质量差、上市时间集中、市场潜在风险大，龙头企业发展缓慢、农业合作组织尚待完善，产品市场的物流疏导不够，产品分级、冷藏、包装、精深加工的份额过少等问题(姚季伦　等，2015)。崇明柑橘是上海城市建设的重要“绿色屏障”，对促进崇明区农民增收、农业增效特别是崇明生态岛建设和生态环境改善起到了积极的推动作用。但近年来受外部大环境及自身不足的影响，导致崇明柑橘产业经济效益低而引起该产业发展不稳定；针对这些问题，结合崇明柑橘生产特点和区位优势，应重点围绕“品质、品牌、营销”开展工作，实行差异化竞争策略，以进一步推进崇明柑橘产业发展(任节红，2017)。福建柑橘产业存在的问题包括，品种结构欠合理，产业链发展不平衡，专业经济合作组织发展缓慢，柑橘黄龙病制约福建柑橘业发展(施清，2014)。影响广东柑橘产业可持续发展的主要问题有，缺乏宏观规划，品种结构不合理；科技支撑力度不够，优质果比例不足；产业化程度低，综合效益不高(卓铜勋　等，2006)。广西柑橘加工业的发展优势包括原料来源充足，人力资源条件充足，交通区位优越，国际市场需求旺盛，国内市场的柑橘消费量逐年上升。广西柑橘加工业存在的主要问题有，柑橘种植与加工脱节，柑橘加工企业不能迅速成长，柑橘加工的档次不够高，品牌效应不明显（关景灵，2007）。四川省柑橘产业主要面临着供过于求和同质化竞争全面加剧、市场预警和风险机制缺失以及缺乏集体行动能力等主要现实挑战（王蔷，2015）。需要强化中长期规划约束，调整政策支持重心，整合资源以打造区域品牌，建立市场预警机制，构建危机处置机制。

4. 思考和讨论题

（1）柑橘产业的竞争力表现在哪些方面？

（2）如何提高柑橘的深加工率？

（3）简述柑橘产业的发展趋势。

案例十七：草场确权与牲畜圈养的意愿

(一) 案例介绍

盐池“攻克”草原确权头号难题，为宁夏全面推广草原确权承包登记探路

盐池县青山乡郝记台行政村月儿泉和田西湾两个自然村，因交界的400亩草原权属存在争议，两村群众寸土不让。作为宁夏回族自治区首个草原确权承包登记整乡推进的试点，盐池县青山乡对两村争议草原多次实地勘验，通过GPS精准勘察，并充分尊重群众意愿，多次召开县乡村组会议，邀请有威望的村民代表参与纷争调解。2016年5月26日，该县采取“中线法”妥善解决了这一草原确权纷争。

盐池县是宁夏唯一一个草原属集体所有的县区，2015年7月24日，宁夏草原确权承包登记试点工作在盐池县青山乡正式启动。该县按照“四个不漏”确保调查信息准确无误，严把政策、公示、签字“三个关口”，确保群众认可，破解特殊地块确权、草原纠纷调解“两大难题”，做到面积精准、程序规范、公开透明、阳光操作，稳步推进草原确权试点。其中，草原地界纠纷是确权中的头号难题。该县充分借鉴“八五”“八七”等协议，采取由双方协商、村两委调解、乡镇政府调处，司法、土地、草原、农业、林业等单位参与的办法，依法依规处理历史遗留问题。红庄村和南梁村分别是营盘台和方山两个行政村的自然村，因在1987年草原承包中，原始协议中的草原以“坡”和“梁”为界，这次确权GPS采集要精准到点，两村为200亩草原发生了纷争，尤其是红庄村对“八七协议”不认可，该县积极发动老党员、人大代表、离任村干部等做工作，最终双方各让一步，这场纠纷也随即化解。目前，该县摸清了户籍人员信息底数，完成青山乡54个自然村的GPS数据采集，完成了38个自然村的确权，处理地界矛盾纠纷41件。下一轮将开展人员信息、人均草原面积等的三轮公示。“我们充分摸清地情民情，不回避争议，不激化矛盾，变‘独唱’为‘合唱’，真正把解决问题的权利交给群众，破解确权中的各种难题，为今年全区全面推广草原确权承包登记工作探路。”盐池县相关负责人介绍。

内蒙古形成草原保护和畜牧业生产双赢局面

在鄂尔多斯,过去“黄沙漫天飞,养畜没草喂”的荒漠草原,由于近几年实行禁牧封育、牲畜圈养,已经鬼斧神工地恢复了绿色植被。全市牲畜饲养量也由2000年的615万头(只),发展到2005年的1 380多万头(只),出现了生态恢复、生产发展的双赢局面。内蒙古草原过去由于忽视草原保护,牧区牲畜大量超载,草原生态严重恶化,全区畜牧业生产一直难以突破传统的粗放经营格局。近年来,内蒙古在认真落实草原所有权、使用权和承包到户的草原家庭承包制的同时,按照科学规划、有效保护、加快建设、持续利用的方针,大力实施草原保护建设工程,走出了一条保护、建设和合理利用相结合的路子,草原生态建设取得显著成效。全区草原全面推行以草定畜、季节休牧、划区轮牧的科学饲养方式,探索草畜平衡,实施禁牧、休牧和划区轮牧、基本牧场保护等制度,在保护草原资源方面取得了成效。2005年,全区禁牧休牧面积达到6.24亿亩,草原建设总规模达到9 670万亩,为全区生态建设实现“整体遏制、局部好转”作出了重要贡献。

调整和优化牧业结构,给自治区畜牧业带来质的变化。在草原畜牧业稳定发展的同时,大力发展农区畜牧业,目前,全区农区和半农半牧区牲畜头数占全区牲畜总头数已由5年前的20.9%提高到2005年的68%,总量已经超过牧区。大力发展现代畜牧业,使内蒙古畜牧业从追求数量向质量、效益与生态并重的方向转变,畜牧业在第一产业中的比重明显提高,产业化经营水平不断提升。目前,自治区畜牧业产值占第一产业的比重由2000年前的37.8%提高到2005年的47.6%,首次超过了种植业产值,已经成为全区第一产业的主要增长点。而且,牲畜存栏规模不断扩大。2005年牧业年度,全区牲畜存栏总数突破1亿头(只)大关,比5年前增长45.4%。牲畜出栏率大幅度提高,由5年前的52.3%,提高到2005年的79.07%,生产周期也显著缩短。更可贵的是,内蒙古发挥畜牧业优势,培养起伊利、蒙牛、鄂尔多斯、鹿王、维信、草原兴发、小肥羊等一批畜牧业龙头企业和特色畜产品名牌产品,市场优势日益突出。据自治区农牧业厅提供的数据,2005年,全区百万元以上畜产品加工企业实现销售收入612亿元,年实现利润48亿元。全区畜牧业产品质量安全水平稳步提高,已认定无公害畜产品产地89个,认定绿色食品205个。

中国草原禁牧令为牧民提供生产生活新选择。虽然家里超过一半的牧场被列入禁牧区,一半的羊被售卖,蒙古族牧民乌仁其其格一家仍然依靠畜牧业为生。在当地政府支持下,48岁的她向银行贷款买了20头牛,如今家里经济状况大有改观。2006 年，乌仁其其格一家 5 000 亩草场有 3 000 亩列入禁牧范围。“虽然刚禁牧的时候，我家遇到不少困难。但如果不禁牧，我家的草场比 2011 年要糟糕不知多少倍，连起码的生活都难以维持。”她说。乌仁其其格一家四口生活在内蒙古自治区中部锡林郭勒草原，这里的人们世世代代以放牧为生。在他们的传统观念中，畜群代表着财富。随着牧区人口增加，草原上的牛羊越来越多，锡林郭勒约 3 亿亩的草原上牲畜一度超过 1 800 万只。

常年的过度放牧和连年的干旱少雨，使有限的草原难以承载，草原严重退化沙化，牧民生活水平下滑，传统的畜牧业因此遭遇严重挑战。“从十几年前开始，一到春季，几乎天天刮沙尘，草原上的草越来越少，放牧一天，走几十里路牛羊也吃不饱，一旦遇到雪灾、冰雹等自然灾害，掉膘的畜群很难扛过去，我们的生活也受影响。”乌仁其其格说。呼和浩特民族学院教授奥特根巴雅尔指出，出现这种现象的主要原因是一些地区的畜牧方式粗放，单纯追求牲畜头数，不重视经济、生态效益有机结合，这种情况下，即使不实行禁牧也难以为继。生态恶化的影响远超出草原范围。20 世纪末，锡林郭勒这座曾经绿草如茵的生态屏障，变成了悬在北京头顶的“沙盆”，沙尘天气甚至波及更远的地方，草原生态治理刻不容缓。

2000 年以来，中国相继实施了退耕还林、退牧还草、京津风沙源地治理等生态治理工程，内蒙古被列为重点地区。为了让草原尽快得到休养生息，内蒙古在生态恶化地区实施禁牧、在生态较好的地区实行休牧和轮牧的政策，牲畜圈养和提前出栏减少草场压力，失去生产和生存条件的地区牧民易地搬迁。拥有 13 亿亩草场的内蒙古禁牧休牧轮牧面积达到 7.81 亿亩，其中禁牧面积约 7 000 多万亩。新的畜牧政策给牧民生活带来了挑战。赤峰市巴林右旗牧民阿拉坦苏和说，禁牧后牲畜需要圈养，增加了许多购买草料的成本，2009 年纯收入 3 万元，而各种生产生活费用却有 4 万元。为保障牧民的生活，中国政府投入巨额补贴。包括内蒙古在内的 8 省区启动草原生态保护补助奖励机制，从 2011 年开始，对实施禁牧封育的草场每亩补助 6 元；对实行草畜平衡的牧户给予每亩 1.5 元的奖励；对 200 万户牧民给予每户 500 元的综合生产资料补贴，对牲畜良种、牧草良种、牧业机械给予补助。而内蒙古从 2010 年开始的 5 年内，阶段性禁牧区内牧民每亩草场可获每年 5 元的补偿，每人每年可获补偿金额在 3 000 元至 5 000 元。内蒙古农牧业厅副厅长纪大才介绍说，从全区来看，禁牧政策是在牧民失去生产生活条件的草原严重退化区域实行的，各级政府采取了许多措施，创造条件扶持引导牧民自愿向二、三产业和城镇转移；草场条件较好地区按照“草畜平衡”原则合理利用草原，通过划区轮牧、季节性休牧、草场和畜种改良、建设优质饲草基地等措施发展绿色畜牧业，提高畜牧业质量和效益。

内蒙古财经大学教授包明山指出："按照'谁受益谁补偿、谁开发谁保护'的原则建立草原生态补偿机制，政府通过宏观调控、财政转移支付等方式，调整地区间经济利益。"在当地政府支持下，乌仁其其格找到了新的增收方法。她利用银行贷款和项目资金购买了20头西门塔尔牛，还建起了160平方米的暖棚。"西门塔尔牛产肉量高，经济效益比以往养羊要高很多，一年下来纯收入大约有6万元，我们不仅盖了砖房，还买了一辆轿车和一辆四轮小货车，生活比过去方便多了。"她高兴地说。乌仁其其格所在的嘎查(村)，2009年牧民人均收入达到7 650元，比2005年的3 648元增长了一倍多。尽管仍有手把肉和奶茶，但随着时代进步，不少牧民的生活习惯也在变，尤其是年轻人，往往更向往城市生活。乌仁其其格认为，可以在草原上生活，也可以有更多选择，这才是进步。伴随牧民生活变化的还有草原面貌。据内蒙古草原监测部门统计，全区草原植被覆盖度2010年为38.85%，比2000年提高8个百分点，禁牧等生态治理区内草产量提高0.5倍至3倍，全区草场退化沙化面积由7亿亩减少至5亿亩。根据中国公布的第四次全国荒漠化和沙化监测结果表明，中国土地荒漠化和沙化整体得到初步遏制。5年间，中国荒漠化和沙化土地面积分别减少1.25万平方公里和8 587平方公里。

张家口禁牧1 500多万亩草原，变牲畜放养为圈养

作为首都水源涵养功能区和生态环境支撑区，从2017年12月1日起，张家口第一部地方性法规《张家口市禁牧条例》将开始施行。该市对1 500多万亩草原将实行全禁、休牧、轮牧等禁牧措施加以保护，要求禁牧区域的养殖户对牛、羊等草食牲畜实施舍饲圈养。同时，各级政府对实施舍饲圈养的养殖户给予政策扶持，调整农村产业结构，拓宽农民增收渠道。张家口市现有草原面积1 595.35万亩，占全市国土面积的28.84%，占河北省草原面积的30.3%，是河北省草原资源大市。其中天然草原1 513.53万亩、人工草地81.82万亩。该市处于半农半牧区，长期存在放养牲畜的传统。根据《张家口市禁牧条例》，张家口市政府将结合全市不同地域情况，制定禁牧总体规划。禁牧区域的养殖户应当对牛、羊等草食牲畜实施舍饲圈养，各级人民政府对实施舍饲圈养的养殖户应当给予政策扶持。与此同时，各级人民政府应当加强禁牧区域内农村产业结构调整，拓宽农民增收渠道。

(二)案例解析

1. 教学目的与用途

通过本案例的教学,使学生较全面地了解草场与牧业发展的相互关联;熟悉草场整治问题的由来和特征,能够把握草场经营的特有规律以及加强监管的必要性和适当方式。在教学过程中,注重理论联系实际,运用所学理论知识和方法分析现实问题,及时跟踪学术发展前沿;注重培养学生主动获取知识的能力,加强专题研讨、案例研究和团队项目的内容训练,为学生将来从事相关理论和实际工作打下坚实基础。

2. 背景分析

我国是草原资源大国,天然草原3.93亿公顷,约占国土总面积的41.7%,仅次于澳大利亚,居世界第二位;但人均占有草原只有0.33公顷,仅为世界平均水平的一半(全世界有永久性草原面积约31.58亿公顷,人均占有草原0.64公顷)。我国草原主要分布于北方干旱区和青藏高原,主要在内蒙古、新疆、西藏、青海、四川、甘肃、云南、宁夏等省区。很多牧区都是天然草场,但由于超畜和过载的问题,使得退化问题非常严重。通过舍饲圈养解决过去的放养和过牧的问题,就可以实现轮牧、禁牧。我国草原大都在边疆和少数民族地区,草原畜牧业是广大农牧民基本生产方式和重要生活内容,草原生态保护和建设工作,不仅关系到这些地区少数民族人民生产生活水平的改善和经济的发展,更直接关系到这些地区的民族团结和社会稳定。改革开放以来,国家加强草原建设和保护,改善了牧区牧民的生产生活条件,推行草原家庭承包制,调动了牧民保护和建设草原的积极性。

《中华人民共和国草原法》第十三条规定,集体所有的草原或者依法确定给集体经济组织使用的国家所有的草原,可以由本集体经济组织内的家庭或者联户承包经营。在草原承包经营期内,不得对承包经营者使用的草原进行调整;个别确需适当调整的,必须经本集体经济组织成员的村(牧)民会议三分之二以上成员或者三分之二以上村(牧)民代表的同意,并报乡(镇)人民政府和县级人民政府草原行政主管部门批准。集体所有的草原或者依法确定给集体经济组织使用的国家所有的草原由本集体经济组织以外的单位或者个人承包经营的,必须经本集体经济组织成员的村(牧)民会议三分之二以上成员或者三分之二以上村(牧)民代表的同意,并报乡(镇)人民政府批准。《中华人民共和国草原法》第十四条规定,承包经营草原,发包方和承包方应当签订书面合同。草原承包合同的内容应当包括双方的权利和义务承,包草原四至界限、面积和等级,承包期和起止日期,承包草原用途和违约责任等。承包期届满,原承包经营者在同等条件下享有优先承包权。承包经营草原的单位和个人,应当履行保护、建设和按照承包合同约定的用途合理利用草原的义务。《中华人民共和国草原法》第十五条规定,草原承包经营权受法律保护,可以按照自愿、有偿的原则依法转让。草原承包经营权转让的受让方必须具有从事畜牧业生产的能力,并应当履行保护、建设和按照承包合同约定的用途合理利用草原的义务。草原承包经营权转让应当经发包方同意。承包方与受让方在转让合同中约定的转让期限,不得超过原承包合同剩余的期限。

《中华人民共和国草原法》第三十三条规定,草原承包经营者应当合理利用草原,不得超过草原行政主管部门核定的载畜量;草原承包经营者应当采取种植和储备饲草饲料、增加饲草饲料供应量、调剂处理牲畜、优化畜群结构、提高出栏率等措施,保持草畜平衡。《中华人民共和国草原法》第三十四条规定,牧区的草原承包经营者应当实行划区轮牧,合理配置畜群,均衡利用草原。《中华人民共和国草原法》第三十五条规定,国家提倡在农区、半农半牧区和有条件的牧区实行牲畜圈养。草原承包经营者应当按照饲养牲畜的种类和数量,调剂、储备饲草饲料,采用青贮和饲草饲料加工等新技术,逐步改变依赖天然草地放牧的生产方式。《中华人民共和国草原法》第四十五条规定,国家对草原实行以草定畜、草畜平衡制度。县级以上地方人民政府草原行政主管部门应当按照国务院草原行政主管部门制定的草原载畜量标准,结合当地实际情况,定期核定草原载畜量。各级人民政府应当采取有效措施,防止超载过牧。退耕还林工程实施内容也包括退牧还草。目前我国草本的退化除了气候的影响之外,还有畜牧超载的问题,超过草地承载量,造成草场退化。可以实行牲畜圈养,或者采取禁牧的方式,让草原得到一个休养生息的机会,防止草原退化。

3. 理论依据与分析

从 20 世纪 90 年代开始,国家希望通过草场承包的方式避免草原“共有地悲剧”的结果。但是,草原承包并没有带来预期的效果,因为承包打破了草原的整体性,破坏了草原牧区的地方规范,加剧了草原利用的冲突。从 2000 年以后,国家积极地介入草原生态保护中,试图通过补贴和干预牧民的微观生产行为来保护草原生态环境。草原环境保护政策制定和实施的权力集中于中央政府。但是,违规行为普遍存在,大部分地区的生态环境并没有得到改善。国家干预的失败在于国家决策的简单化和决策过程的再集中。草地要素相对价格变化将长期决定草地产权制度变迁的方向,我国草地承包制度将改变目前仅仅名义上有效、操作中无效的

“双重”性质，最终将演变成为具有实际效力的产权制度，而草地产权的私有化程度将在草地承包制的框架内得到极大提高。就我国的草地产权制度而言，国家大力推行的草地承包制在大的方向上与草地要素相对价格的变化趋势相吻合，草地产权制度变迁的路径具有一定合理性(廖祖君，2009)。应从促进围栏技术和放牧技术等草原畜牧业技术的进步及运用为切入点来加快和强化草地产权制度变迁的趋势。草场超载的主体是草场面积较小且未进行草场流转的牧户，草场流转有助于草原生态保护(胡振通　等，2014)。为了达到草原生态保护，在禁牧制度和草畜平衡制度的基础上，应考虑将草场流转纳入草原生态保护的制度中去，给予一定的重视。温性草甸草原区，草地的适度规模经营面积为200～360公顷/户；温性典型草原区，草地的适度规模经营面积为140～180公顷/户；温性荒漠草原区，草地的适度规模经营面积为270～400公顷/户(张立中　等，2012)。草场流转有助于提高畜牧业的规模经济效益。

从20世纪80年代开始，中国牧区的人民公社解体，牲畜被承包到户。为了遏制牧民对公共牧场的滥用，中国北方草原普遍在90年代开始实施草场承包，希望通过牧民家庭保护自己的牧场，从而达到保护草原的目的。草场承包并没有有效地阻止草原退化，中国各级政府开始直接介入草原保护，特别是中央政府希望通过法律、政策和资金支持来扭转环境恶化的趋势。为了强化环境保护，中央政府建立了垂直管理的生态管理机构，例如，林业部门的管护系统被大大加强，隶属于农业部门的垂直的草原监管机构被普遍建立。这些机构在人员、设备和资金方面得到了支持。不难看到，中国北方草原的生态环境越来越依赖自上而下的监督管理机制，称之为环境保护中的“再集中”。有两个理由支持环境保护中的“再集中”机制：第一，环境保护被认为与地方经济发展和农民目前的利益相冲突，因此，地方政府和农民对环境保护是消极的，为了环境政策的落实，国家和中央政府必须直接介入环境保护，并作为行动的主动者；第二，环境保护的收益被认为是外部化的，因此，要平衡当地人的利益，那些外部的受益者就应该给予相应的补偿，而这些补偿需要通过中央政府的二次分配来完成(王晓毅，2009)。“再集中”并没有能够扭转中国草原退化的趋势，严格的监管、沉重的罚款和补贴也没有能够帮助当地居民严格按照政府的规划放牧，违规行为仍旧普遍发生，更重要的是，从上而下制定的政策根本没有得到当地居民的认同。通过强化国家权威可以保障国家在基层社会的影响，但是，在涉及生态环境问题的时候，我们却发现了另外一个过程，尽管从正式制度的角度看，国家的生态保护政策对基层社会产生了越来越大的影响，为基层监管机构管理牧民的放牧行为提供了合法性，但是，这种理论上的合法性并没有转化为有效的行动。生态政策是强硬和具体的，在国家与牧民中间缺少一个中间环节将简单划一的环境政策转化为适合地方具体实际的操作，这就使得牧民经常抱怨政策不切合实际；在简单划一的政策下，基层牧民的利益得不到有效表达，牧民就采取普遍的违规行为来对抗生态保护政策；这种制度格局给了基层管理机构扩大自己利益的机会，例如，容忍违规现象的发生，这样不仅可以减少村民的损失，也可以扩大自己的利益。“再集中”的决策和政策实施机制削弱了环境政策的效力。尽管个人理性和国家权威都对环境保护起到了不同程度的作用，但是，要保护草原生态环境仍然需要制度创新。草地共管是一种有效的草地资源可持续管理模式，它促进了牧民增收、草地资源的保护和社区治理的改善，提高了牧民的生态意识。在草地共管的机制形成和成功实践中，社会资本发挥着关键性作用，包括传统文化、社区制度、社区组织、社区信任、民间规范和社区联系等在内的社会资本有利于草地共管的认同机制、制度安排机制、运行机制和监管机制的形成（陈秋红，2011）。通过完善政府和社会、牧户的协同机制，发挥各方面在草场管理方面的合力。

新疆从 2003 年开始实施草地禁牧政策并在恢复生态、转变生产方式等方面取得了一定成效。但由于牧民认识不足、人工饲草料地面积严重不足、饲草料不够、政府执行和监督力度不大、草原禁牧补助及相关的补贴标准低等原因，许多牧民无法满足生产和生活需要而重返游牧生活，已经逐渐开始恢复的草原生态环境受到威胁，禁牧政策无法达到预期效果（海力且木·斯依提　等，2012）。因此，随着政府财力的增加，考虑牧民生计水平的动态变化，需要适当提高对草原禁牧的补助水平。

草原生态补偿的监管对于保证草原生态补偿支付的条件性进而实现草原生态补偿的生态目标具有重要意义。弱监管会极大地限制草原生态补偿生态目标的实现，弱监管的根源在于草原生态补偿标准偏低、违约成本太低和实际监管概率偏低（胡振通　等，2016）。为了改进草原生态补偿的监管，应该合理制定草原生态补偿标准，提高草原生态补偿的违约成本和完善已有的草原生态补偿监管体系。草原是共享性的自然资源，相互之间关系异常复杂多变，简单承包草原后使用者的各种“创新”行为会导致产权更加模糊不清，所以对于共享性的草原，将草原家庭承包和草畜平衡管理综合建立草原放牧权家庭承包制是可行的新思路：草原不能整体承包，而应该只将生产功能之一的放牧权承包到户，建立起责权利相对明晰的“不退化无偿获得放牧权、退化有偿获得放牧权”的草原土地产权初始配置，在此基础上建立新的市场激励管理模式——可交易放牧权制（杨理，2011）。草场超载放牧的主体是中小牧户，草场面积越小的牧户越有可能超载，而且超载的程度越高。中小牧户超载的根本原因在于维持家庭收支平衡和促进家庭增收，而国家草原生态保护政策尤其是草畜平衡奖励政策，由于没有考虑到牧民之间的差异性，并不能改善中小牧户的收入状况，也很难调动起承担了绝大多数减畜指标的中小牧户保护草原的积极性（靳乐山　等，2013）。为了有机地协调草原生态保护的目标和牧民增收的目标，在草原生态保护补助奖励机制的基础上，应该制定不与草场面积挂钩的牧民收入支持政策，减弱中小牧户超载的经济动机。

草场流转受当地的区位条件、政策背景、草场质量、围栏精细程度的影响，并面临着诸多困难。应在条件适合的地方实行有条件的开牧政策，规范草场经营权流转管理，从而促进草场流转，推动草场资源利用的规模化、市场化与科学化，实现草场可持续发展（余露　等，2011）。为了有效解决“三牧”问题，控制牧区人口快速增长，对牧区草场实行彻底的承包，对一些特困牧民实施社会保障和必要的补贴，延伸牧业产业链，提高牧业产品深加工比例和附加值，实行牲畜“家圈饲养”，恢复天然草场和增加人工草场等措施是很有必要的，除此之外，更为重要的是应设计出一种有效的机制，化解草畜不平衡矛盾，实现牧民增收、牧业发展和牧区生态恢复三者之间的和谐互动。在牧民人口多、户均草场小等现实国情约束下，草场资源整合是其中一种可行的机制设计。现实中出现的家庭式草场、合作制草场和股份制草场是牧民为适应生存环境而自发尝试的制度创造，这些“朴素”而具有“天才性”的制度创造，可有效地解决草畜不平衡问题和“三牧”问题，不仅丰富了“公地悲剧”等相关理论，而且代表了中国天然草场资源整合的发展方向。以牧民生活困难、牧业发展减缓和牧区生态恶化为主要特征的“三牧”问题与“三农”问题有着明显不同，其形成关键在于“草畜不平衡”，解决“三牧”问题的出路在于通过机制设计实现“草畜平衡”，在现有草场承包制基础上，通过有效组织形式及草场承包权流转实现资源整合（于立　等，2009）。草场面积、是否打草、户主的放牧经验和草场是否围栏等因素对牧户选择不同的草场经营方式有显著影响。轮牧次数、牲畜数量和户主学历等三个因素对牧户的收入有显著的正向影响（宝希吉日　等，2012）。作为牧户最主要的生产资料之一，草场的合理利用对牧民的收入提高有不可忽视的作用。

4. 思考和讨论题

（1）草场过牧的原因是什么？

（2）草场确权发挥了哪些作用？

（3）草场确权之后，需要做好哪些配套改革措施？

案例十八：乳制品安全为什么重要

（一）案例介绍

三聚氰胺事件是中国奶粉乃至中国乳业发展史上的转折点，事发之前，三鹿商标是中国驰名商标，品牌价值达149.07亿元。2007年三鹿集团销售收入突破100亿元，巅峰时在全国拥有30多个工厂和子公司，然而，一夕之间，三鹿就这样顷刻间倒塌。面对消费者的信任值下滑和国外品牌的攻城略地，国产奶粉品牌在夹击中也开始了艰苦卓绝的重建之旅。如今，失地在收复，口碑在回升，经营在扩大，监管在加强。从更长远的角度来看，国产奶粉的复兴之路，依然任重而道远。

轰动一时的三聚氰胺事件

2008年5月，医院爆发幼儿结石事件。2008年5月20日，一条控诉三鹿奶粉质量问题的帖子，赫然出现在天涯社区，发布者是一名女性，她13岁的女儿因为喝三鹿奶粉导致身体异常。此后不久，第二、第三、第十、第一百……起投诉事件，剑指三鹿奶粉。三个月后，三鹿集团送检的16个婴幼儿奶粉样品中，15个检出了三聚氰胺的成分，毒奶粉事件轰动一时。9月，甘肃全省共发现59例肾结石患儿，这些婴儿均食用了三鹿同一系列奶粉；截至12月2日，全国累计报告因食用问题奶粉导致泌尿系统出现异常的患儿共29.40万人……2008年9月11日，石家庄三鹿集团公司发出声明，经自检发现部分批次三鹿婴幼儿奶粉受三聚氰胺污染，公司决定立即对2008年8月6日以前生产的三鹿婴幼儿奶粉全部召回。2009年1月，时任董事长田文华被判无期徒刑；2009年2月，石家庄三鹿集团股份有限公司宣告破产。这座曾经全国最大的奶粉生产企业，就这样土崩瓦解了。

半个世纪的奋斗，毁于一旦。1956年，石家庄"幸福乳业生产合作社"成立，这是三鹿的前身。1983年，企业率先研制生产出婴儿配方奶粉，探索培育自己的奶源基地。之后的十几年，品质上乘、风味独特、搭配合理的三鹿产品，畅销国内30多个省份，成为乳品行业绝对的老大哥。自此，三鹿频获各大荣誉奖励。2006年，经权威中心评定，三鹿品牌价值近150亿元；当年，集团与全球最大乳品制造商之一恒天然的合作，推动三鹿跻身世界一流乳品企业阵营。2007年，三鹿集团坐拥30多个工厂及子公司，创下100亿元销售额，不愧为当时国内最大的奶粉生产企业。在毒奶粉事件发生前四个月，携“新一代技术”的三鹿还登上国家科学技术奖励大会，拿下了“国家科学技术进步奖”，打破国家科技大奖20年来从未出现过乳品企业的局面。

三聚氰胺是一种低毒性化工产品，放入乳品中可提高蛋白质检测值，但大量摄入将导致身体患疾。因此，含有大量三聚氰胺的婴幼儿奶粉，将对患儿的健康产生严重影响。为什么要用三聚氰胺呢？关键是含氮量很高，生产工艺简单、成本很低，给了掺假、造假者极大的利益驱动。有人估算在植物蛋白粉和饲料中使蛋白质增加一个百分点，用三聚氰胺的花费只有真实蛋白原料的1/5。所以，“增加”产品的表观蛋白质含量是添加三聚氰胺的主要原因，三聚氰胺作为一种白色结晶粉末，没有什么气味和味道，掺杂后不易被发现等也成了掺假、造假者心存侥幸的辅助原因。三鹿奶粉事件，受“污染”的都是最便宜的18块钱一袋的婴儿奶粉。显然，三鹿为了占领农村奶粉市场这块最后的肥肉采取了低价倾销战略，但是卖这18块钱一袋的奶粉连本钱都不够，大量生产岂不亏老本了吗？于是三鹿为了节省成本，在奶粉中添加廉价大豆蛋白粉来替代奶粉，这大豆蛋白粉本来也没啥大事，但是，恰恰这次里面被添加了伪造蛋白质的三聚氰胺这高科技玩意儿，于是最终制造出这起轰动全国的三鹿奶粉事件。

究其原因，莫过于管理疏忽。三鹿集团高管层为极力扩展规模，放松了对奶源的把控，降低了质量要求，使得低质量奶源流入生产线上，这是造成毒奶粉事件的核心因素。其次，在市场竞争愈演愈烈之时，三鹿以价格战为主要战略。但随之降低的利润之差，却被硬压在上游，比如提供奶源的奶站。可人家怎能甘愿受挨，于是便通过牺牲奶源质量保障原有利润。再有，市场出现婴儿服用三鹿奶粉导致身体异常时，集团高管没有及时遏制。为了封杀事件，想方设法隐瞒实情，致使毒奶粉回收进程缓慢，造成事态进一步恶化。除此之外，不乏企业模式弊端、市场监管不严等因素。这场特别重大的奶粉安全事故，不仅让老企业轰然倒下，更令中国乳品行业遭受重创，信任亦难再建。

三聚氰胺事件之后，市场占有率下降45%，国产奶粉滑铁卢

从香港带奶粉到内地犯什么罪？走私罪；从内地带奶粉到香港犯什么罪？贩毒罪！当然，这只是坊间流传的一则关于国产奶粉的段子，但其背后隐藏的是国产奶粉的窘境。

2015年3月15日,在"中国婴儿奶粉创新崛起与质量升级"高峰论坛上,中国奶业协会会长高鸿宾告诉《华夏时报》记者,2008年的三鹿奶粉事件对中国奶业造成了全面、系统、彻底的破坏,其影响直到现在也没有完全消除。其实,奶业只是整个"中国制造"的一个缩影。中国奶业已经经历了长达7年的"冰河时代"。高鸿宾表示,中国奶业这几年走过了一个艰难曲折的历程,2008年的三鹿奶粉事件影响了国人对中国奶业的信心。虽然,事件过后政府痛下决心,彻底整顿了乳品行业,而目前中国奶牛的数量也已经超过了三鹿奶粉事件之前,而且规模化养殖的程度也增长到40%以上,但是业内还是低估了三鹿奶粉事件对消费者信心的影响。"这两年中国消费者在欧美、中国香港抢购婴儿奶粉就是证明。"高鸿宾说,"过去也有一些农产品安全事件造成过恶劣影响,但很快就淡出了人们的视野,比如苏丹红、瘦肉精。但婴幼儿奶粉不是,尽管我们尽了很大努力,但还是没有完全消除这种影响。"数据显示,2008年后外资奶粉的进口量大增,不断蚕食国产奶粉的市场份额。2007年时,外资奶粉在国内市场的占有率还只有35%左右。到了2012年,就已经接近60%了,市场占有率排名前三的均为外资奶粉。在国产奶粉中,只有贝因美、合生元等少数品牌的高端产品销量还不错,但贝因美高端品牌"爱+"和合生元高端品牌超级金装幼儿配方奶粉的奶源均来自国外,如果加上这部分,外资奶粉在中高端市场的占有率可能超过80%。奶业是"中国制造"的最大痛点,在遭遇严重的信任危机。

奶协:国产奶粉声誉恢复,今年将超三聚氰胺事件前水平

2017年11月15日,中国奶业协会会长高鸿宾发言指出,纵向比较,今天的中国奶业已达到前所未有的历史最高水平,并且,国产奶粉的声誉正在恢复,现在的市场份额不仅恢复到了三鹿事件之前的水平,今年更是有望超过并达到70%。随着奶粉配方注册制的实施,他预测未来将新增700亿元市场份额。

高鸿宾认为,婴幼儿奶粉企业正面临前所未有的历史性机遇。未来几年,婴幼儿奶粉市场需求增加,供给企业减少,至少有三个因素推动我国婴幼儿奶粉的市场需求大幅度扩大。一是放开生育二孩的政策。自2016年元月一日允许二孩政策实施后,新生人口迅速增加。目前婴幼儿平均奶粉需求为50公斤,即使按照新生儿增长下限计算,也将增加10万吨的奶粉市场需求,估计"十三五"期间年平均可以达到90万吨以上。二是母乳喂养率持续下降。20世纪五六十年代,母乳喂养率通常在80%左右,但是随着职业女性的增加和工作节奏加快(城市化进程),母乳喂养率持续下降,到2014年已降至27.8%,其中城市降至15.8%、农村降

至30.3%。母乳喂养下降就意味替代品,也就是婴幼儿奶粉需求的增加。三是奶粉价格上升。根据统计,2017年5月,国产奶粉的销售均价为170.3元,如果按照2013—2017年国产奶粉复合增长率(CAGR)2.3%计算,我国奶粉市场总规模将会从目前1 200多亿元的基础上跃升到1 600亿元以上。我国这几年居民收入增长和婴幼儿人均消费额提升也为奶粉价格上升提供了条件。城镇居民婴幼儿人均消费2007年4 260元,2016年超过14 000元。四是实施配方注册制,国家食药监总局2016年10月开始实施《婴幼儿配方乳粉产品配方注册管理办法》,奶粉市场彻底洗牌、重塑格局。总配方预计保留500个以上,不少企业将退出,预计出让25%的市场和300亿元的份额,加上未来发展增加400亿元以上的空间,总计将新增700亿元的市场份额。

(二)案例解析

1. 教学目的与用途

通过本案例的教学,使学生较全面地了解乳制品产业的发展历程和现状;熟悉乳制品安全问题的由来和表现,能够把握影响乳制品安全的各种因素以及重振产业的各项举措。在教学过程中,注重理论联系实际,运用所学理论知识和方法分析现实问题,及时跟踪学术发展前沿;注重培养学生主动获取知识的能力,加强专题研讨、案例研究和团队项目的内容训练,为学生将来从事相关理论和实际工作打下坚实基础。

2. 背景分析

我国奶业仍然面临着产品供需结构不平衡、产业竞争力不强、消费培育不足等突出问题。目前,我国牛奶的消费水平还不高,或者可以说还很低。2017年,人均乳制品消费量折合成生鲜乳是36.9公斤。我们的消费水平只有世界平均水平的1/3。所以我国奶业发展潜力和空间十分巨大。

奶业一个现代化程度比较高的产业,是一个很长、很完整的产业链,所以监管问题也在加强。"大头娃娃""多宝鱼""红心鸡蛋"事件,特别是三鹿牌婴幼儿奶粉事件,严重损害了群众利益,在国内外造成了极其恶劣的影响。三鹿牌婴幼儿奶粉事件给数以万计的婴幼儿带来严重伤害,在海内外造成了极为恶劣的影响。这一事件发生后,社会上不少人对我国食品安全状况表示忧虑。人们呼唤进一步健全法制,为食品安全监管提供有用、有效、有力的法律保障,切实防止危害人民群众生命健康的重大食品安全事故的发生。从三鹿奶粉事件所造成的恶果来看,绝不仅仅是一个经济账,还有道德账、政治账。除了企业本身垮台,整个奶制品行业也陷入灭顶之灾，甚至食品行业也受到严峻的挑战，我们的政府声誉、国家形象也受到了影响。三鹿牌奶粉事件影响太大了，无论是从食品安全、生命安全，还是国际影响、社会影响，乃至国家的形象、政府的信誉，影响都非常大。其范围影响到了全国千家万户，后来把所有的奶制品都牵扯进来了，可以说是影响到家家户户。一下子国人就不买国产的奶制品了，跑到香港去买奶粉。也影响了经济发展，一个品牌，没人打你，自己就败下来了，国人都不信任了，不买国产的了，而且特别重要的是影响了国家的形象和政府的信誉。“三鹿事件”的教训很多，其中最值得我们总结的教训是食品安全的监管体制不健全，监管责任不明确，监管主体不到位。《食品安全法》要解决的问题很多，要特别着力解决的是食品安全的监管体制问题。我国现在对食品安全管理实行的是多头分段管理的体制，应该说这种体制在多年的实践中发挥了应有的作用，这一点应该肯定。但是在这次“三鹿事件”中，这种多头分段管理的体制暴露出了很多问题。“三鹿事件”，突显了我国在这方面的管理缺失，不同部委和管理机构之间，缺少沟通，一些环节缺少监管，出现问题时不能及时做出反应，导致形成很严重的问题。比如，奶牛养殖由农业部门管，乳品生产质量由食品质量监测部门管，而牛奶收购、运输环节无人监管。

中国奶业国际关联度高，涉及乳制品进口，目前在我们奶业发展过程中，进口乳制品的问题是个不容回避的问题。近年来，像大包粉等进口乳制品，完税后的价格大幅低于国内的生产成本，进口大包粉大量进入国内市场，出现了国内“卖奶难”与大量进口乳制品并存的现象。据海关的数据，我国乳制品进口量从 2008 年的 38.7 万吨，增加到了 2017 年的 247.1 万吨。2017 年进口乳制品如果折合成生鲜乳的话，达到了 1 485 万吨，这个量占到了我们国内生鲜乳产量的 40.6%。乳制品进口大头是原料粉，也就是大包粉，2017 年进口量是 71.8 万吨，折合成生鲜乳相当于 570 万吨生鲜乳，可见这个量非常大。这有两个方面的原因：一方面是国内奶业的竞争力还不强，特别是饲料等养殖成本比国外高。另一方面是我们乳制品关税低，国际上乳制品的进口关税平均是 55.6%，而我们的关税是 12.2%。

随着监管加强，乳制品质量有了大幅提高。2017 年，生鲜乳抽检合格率达到 99.8%，三聚氰胺等违禁添加物抽检合格率，已经连续 9 年保持在 100%。生鲜乳乳蛋白抽检平均值达到 3.23%，脂肪抽检平均值达到 3.81%，主要质量指标均高于生乳的国家标准，达到奶业发达国家的水平。

习近平总书记指出，我国是乳业生产和消费大国，要下决心把乳业做强做优，生产出让人民群众满意、放心的高品质乳业产品，打造出具有国际竞争力的乳业产业，培育出具有世界知名度的乳业品牌；并多次强调要提高奶业质量安全和发展水平，实现奶业振兴。李克强总理批示，实现国内乳业健康发展，既关系广大奶农利益，又关系奶制品安全和群众健康。2018年5月23日，国务院常务会议审议通过了《关于加快推进奶业振兴和保障乳品质量安全的意见》。该意见贯彻党的十九大精神，以习近平新时代中国特色社会主义思想为指导，突出落实新发展理念、推进供给侧结构性改革等要求，围绕奶源基地建设、乳制品加工流通、乳品质量安全监管以及消费引导等方面作出全面部署，是指导今后一个时期我国奶业发展的纲领性文件。

在三鹿奶粉事件中，导致多名儿童患泌尿系统结石病的主要原因是患儿服用的奶粉中含有三聚氰胺。三鹿奶粉事件是一起重大的食品安全事故。在原料奶里加入三聚氰胺，是牛奶收购机构为了虚增牛奶的数量，在牛奶里加水。同时为了保障牛奶中含有合格的蛋白量，就加入了三聚氰胺，虚增了牛奶中蛋白质的检测量。2008年9月之前，即三鹿奶粉事件之前，政府没有对奶粉当中的三聚氰胺含量进行检测。我们国家对婴幼儿配方奶粉的国家标准有31项，它包括热量、蛋白质含量、维生素含量、水分等等这些重要的指标。在我们国家这方面的标准和国际食品法典相关的标准当中，都没有对有毒有害的化学物质进行规定。因为这些物质是不允许添加到食品当中的。三聚氰胺是一种低毒的化工原料，动物实验结果表明，它在动物体内代谢很快，而且不会存留在体内，主要是对泌尿系统有影响。三聚氰胺是一种非食品化工原料，按照国家规定，严禁用作食品添加物。

推进奶业振兴是一项复杂的系统工程，必须突出重点、把握关键。要加快确立奶农规模化养殖在奶业发展中的基础性地位，积极发展奶牛家庭牧场，培育壮大奶农合作社，支持有条件的奶农和合作社发展乳制品加工流通。要鼓励乳制品加工企业做优做强，建立健全与奶农的利益联结机制，切实保障奶农利益。要加强婴幼儿配方乳粉品牌建设，提高品质、竞争力和美誉度。要强化乳品质量安全监管，健全检验检测体系，坚决守住质量安全底线。要加强政策扶持，强化科技支撑服务，发挥自身优势，打造有竞争力的民族奶业。

2018年6月，国务院办公厅发布了《关于推进奶业振兴保障乳品质量安全的意见》，指出奶业是健康中国、强壮民族不可或缺的产业，是食品安全的代表性产业，是农业现代化的标志性产业和一二三产业协调发展的战略性产业。近年来，我国奶业规模化、标准化、机械化、组织化水平大幅提升，龙头企业发展壮大，品牌建设持续推进，质量监管不断加强，产业素质日益提高，为保障乳品供给、促进奶农增收作出了积极贡献,但也存在产品供需结构不平衡、产业竞争力不强、消费培育不足等突出问题。主要目标是到2020年,奶业供给侧结构性改革取得实质性成效,奶业现代化建设取得明显进展。到2025年,奶业实现全面振兴,基本实现现代化,奶源基地、产品加工、乳品质量和产业竞争力整体水平进入世界先进行列。提出加强优质奶源基地建设、强化乳品质量安全监管、加大乳制品消费引导。

3. 理论依据与分析

经过多年的快速发展,我国乳业取得了显著成绩,但也暴露出诸多问题。乳业面临的国内外形势日趋复杂,既蕴含着发展机遇也存在风险挑战。未来奶牛养殖业将转向内涵扩大再生产;乳业生产布局更加合理与优化,乳制品加工企业集团化、集约化进程加快并成为产业链有效整合主体,农村市场将成为乳制品消费的主要增长点,贸易逆差加大、高端婴幼儿奶粉进口增加的趋势不会逆转。为实现我国乳业健康发展,必须转变思路,全方位保证原料奶质量,推进乳业发展方式转变,完善补贴方式,实行"蓝箱"政策试点,转变管理方式,健全乳业监测预警机制。中规模、小规模养殖模式的技术效率明显高于散养模式的技术效率;相比散养户来说,中规模、小规模养殖模式的产出效率更稳定(郜亮亮　等,2015)。因此,现阶段适度规模养殖是中国奶牛产业发展的目标。

牧民草原畜牧业经营代际传递意愿总体较弱,仅有34.0%的牧民明确表示愿意子女继续从事草原畜牧业经营。少数民族、家中有村干部的牧民具有较强的草原畜牧业经营代际传递意愿;年龄越大,牧民草原畜牧业经营代际传递意愿越强。天然草场和劳动力是草原畜牧业的两种主要生产要素,与两者相关的家庭人均草场面积、草场质量状况、家庭人口数和家庭畜牧业从业人数都对牧民草原畜牧业经营代际传递意愿有显著的正向影响(孔德帅　等,2016)。因此,通过引导牧区人口合理、有序地向外流动,鼓励天然草场和劳动力要素禀赋较好的牧户承租草场进行规模化经营,可以在有效缓解草场人口承载压力的同时促进牧区可持续发展。液态奶产业链中乳品零售商(超市)的利润率远远高于乳品企业和奶农,奶农的收益状况受到乳品企业和零售商的双重价格转移的影响,这是影响液态奶产业链平稳和健康发展的重要因素。奶农获得整个产业链利润的24.5%,乳品加工企业23.7%,超市51.8%(钱贵霞　等,2013)。因此要降低奶业产业链各环节的成本、加强液态奶产业链各环节的相互合作、提高奶农组织化程度和议价能力、建立合理的利润分配机制。

中国奶业正进入快速发展时期,但同时原料奶供给环节也存在规模化程度低、经常性的供需失衡、价格不稳定、原料奶质量低和奶农收益不稳定等突出问题，这不利于中国奶业健康、稳定和有序发展。但是原料乳产量增长的速度一直滞后于加工乳品企业需求增长的速度。这主要源于我国原料乳生产仍处在一个较低的发展阶段，奶牛养殖模式落后，散户养殖所占比重大，效率较低的原料乳生产成为引发我国乳制品质量安全和制约乳业发展的关键因素（李翠霞　等，2012）。牛奶生产配额政策不仅对稳定供给和保护奶农利益发挥了积极作用，而且对稳定价格、提高生鲜乳质量和引导奶牛养殖的规模化也间接地发挥了作用（栾敬东　等，2014）。中国奶业应重视包括生产配额政策在内的供给管理政策，并与已有的奶业政策相结合来解决当前存在的问题，以此促进奶业健康、稳定和有序发展。

受“三聚氰胺”事件和金融危机影响，2009 年奶牛养殖业急剧萎缩，奶牛单产、牛奶总产量大幅度下降。目前我国奶牛养殖仍以散养和小规模为主，饲养规模在 20 头以下的小规模户奶牛存栏占奶牛总存栏量的 60% 左右。“三聚氰胺”事件后散养比例降低，规模化比例提高。奶牛养殖的规模化主要是养殖主体适应市场和各级政府实施规模化养殖政策的结果，自 2008 年开始中央和地方政府均投资支持奶牛标准化、规模化小区（场）扩建，2011 年中央对规模化养殖资金支持力度进一步加大。在政策准入、市场需求和利益的驱动下，催生了一批万头以上的超大规模牧场，该模式资金需求量大，对资源和环境要求更高，污染和防疫的管理难度增加，潜在风险大。尤其是“三聚氰胺” 事件后，国内奶粉遭受信任危机，奶粉进口激增，2008 年奶粉进口量在乳制品进口量中的比例为 28.82%，2009 年和 2010 年则分别达到 41.34% 和 55.99%。奶粉主要进口来源国是新西兰和澳大利亚，对新西兰依存度最高。2002—2010 年进口新西兰奶粉由 7.04 万吨增加到 33.68 万吨，占奶粉总进口量的比例由 62.98% 提高到 80.70%。乳品质量安全问题是我国乳业发展面临的最大挑战。进入 21 世纪以来，伴随我国乳业的快速发展，发生了多起乳品质量安全事件，如郑州的“回产奶”事件、浙江和上海的“早产奶”事件、安徽阜阳的“大头娃娃”事件、以三鹿为代表的“三聚氰胺”事件、“皮革奶”事件、“散奶风波”和“致癌门”等。这些事件尤以“三聚氰胺”事件突出，使我国乳业遭受重创，动摇了国内消费者的信心，影响了我国乳制品的国际声誉，乳制品出口受阻，以奶粉为主的乳制品进口速度加快，洋奶粉“有恃无恐”不断涨价，损害了乳业生产者和广大消费者的利益（王胜雄，2012）。乳制品安全事件最终损害的是整个产业链条的每一环节的利益。

国内外乳制品企业对国内奶粉市场的竞争最为激烈。在“三聚氰胺”事件前，我国品牌奶粉的市场占有率为60%左右,而到2010年进口奶粉已经与国有品牌奶粉平分秋色。在2012年前后,在国内高端婴幼儿配方奶粉市场洋品牌已经占据了85%左右的份额。我国乳制品国际竞争力很弱,在高端婴幼儿奶粉的质量、信誉和主要生产原料提取技术等方面与国外发达国家相比毫无优势。根据中国传统文化中“情—理—法”的评价标准将产品伤害危机事件分为违法型、违理型和违情型三种类型。以2008年“三鹿奶粉三聚氰胺危机事件”、2005年“光明回锅奶危机事件”、2012年“美素丽儿掺过期奶粉危机事件”为研究对象,研究发现,纠正性补救对三类危机事件具有较好效果,对违法型危机应该采取纠正性、情感性和信息性补救策略,对违理型危机事件应采取纠正性和信息性补救策略,对违情型危机事件应采取纠正性和情感性补救策略,无论采取何种补救措施,外控者比内控者的补救效果更好,品牌承诺度高的消费者补救效果也更好(青平 等,2013)。消费者对乳制品质量安全的信任倾向和品质层面信任偏低,对情景层面持一般信任态度,对未来乳制品质量安全状况较为担忧,突显了消费者对乳制品质量安全的信任危机。供应链主体的无德行为,即利益主体的隐蔽违规行为引致消费者信任缺失。政府监管失效,即政府监管的缺位、失范及低效引致了消费者信任缺失(李翠霞 等,2015)。必须认清政府监管在确保乳制品安全的主导地位,以此推动生产经营者严格落实主体责任。

4. 思考和讨论题

(1) 三聚氰胺事件对行业发展的危害是什么?

(2) 如何重新树立消费者对中国乳制品的信心?

(3) 乳制品安全监管需要从哪些方面进一步加强?

案例十九：生猪养殖成本与价格波动

（一）案例介绍

老百姓对“养猪”有着不少误解。猪长得快，是被催肥的吗？中国农科院畜牧所研究员王立贤表示，生猪正常的养殖周期被缩短至五六个月，这与营养均衡的饲料和养殖技术进步密不可分。“生长速度快的原因有很多方面，第一个方面主要是品种选育，另外一个是饲料营养改善，猪的生存环境、猪舍建筑、饲养管理工艺、饲养技术改善，也会导致猪的生长发育快。现在猪生长发育这么快，从检测来看，它的肉品质并没有发生非常多的不利变化。”

缓解生猪市场价格周期性波动

猪肉价格上涨由市场供求关系所决定，难免出现波动。国家对猪肉市场进行宏观调控，对于稳定市场、改善民生具有重要意义。从2009年、2012年至2015年，猪肉价格似乎每三年都要出现一次周期性波动。怎样看待“猪周期”现象？如何有效缓解生猪市场价格周期性波动？

猪肉价格上涨刺激农民积极性造成供给增加，供给增加造成肉价下跌，肉价下跌打击了农民积极性造成供给短缺，供给短缺又使得肉价上涨，周而复始，这就形成了所谓的“猪周期”。财政部财政科学研究所副所长白景明在接受本报记者采访时说，“猪周期”现象在国外普遍存在，但在我国表现得尤为突出。一个是繁殖周期，一个是利润导向，两个因素叠加使得猪肉价格出现波动。我国是世界养猪大国，猪肉产量占了世界猪肉产量的一半，尽管如此，我国近年来从国外进口猪肉的数量还在不断攀升。国内猪肉市场不仅影响价格指数，也在不知不觉中影响着GDP。因此，国家对于猪肉市场的调控至关重要，通过宏观调控，稳定市场也稳定民生，促进企业的改革发展，为企业稳定和发展创造条件。

猪肉价格上涨的背后是生猪价格的飙升。河北省廊坊市欧华农牧股份有限公司负责人郭宗华说，“生猪价格2014年是5元多一市斤，近两个月涨势明显，目前是8.8元一市斤。”猪肉价格的上涨，其联动作用也开始在上下游显现。“生猪价格上涨，不管是上游的饲料，还是下游的食品加工行业，很多行业都会受到影响。”郭宗华说，“当猪肉价上涨趋势明确，养殖户加大补栏量，饲料价格就会出现明显增幅。”猪肉价格在CPI中占据十分之一权重，因而常被称为通胀的“标的指数”。现在猪肉价格上涨，市场开始担忧通胀会卷土重来。“猪肉价格上涨，老百姓不必过于担心。猪肉价格上涨是市场供求关系所决定的，生猪繁殖周期在那儿，猪肉价格难免出现波动。”白景明说。据农业部近期发布2015年6月份能繁母猪数据显示，母猪和生猪存栏在减少，6月份全国生猪存栏38 460万头，比去年同期减少10%，环比5月减少0.4%；能繁母猪存栏3 899万头，同、环比分别下跌14.8%和0.6%，这也是该数据连续第22个月持续下滑。白景明认为，2015年猪肉价格波动虽然与2012年那次波动基本原因差不多，有繁殖周期问题，也有市场需求问题，但此次波动引起社会反响小，皆因人们的膳食结构发生了变化。

从2013年开始，我国养猪行业进入了漫长的下行周期，猪粮比价长期徘徊在6∶1以下，养殖户损失较大。除政府这只“看得见的手”调控外，生猪价格保险对养猪户度过寒冬也至关重要。对拥有年出栏量达1万头左右、能繁母猪数量超过500头的北京顺义区生猪养殖大户曹学义来说，2015年猪肉价格的上涨会在一定程度上刺激他的养猪热情。“作为养殖大户，我们把所有的精力全投到这里来了，遇到猪肉价格下跌，我们只能削减母猪数量。”曹学义对记者说，一般一个“猪周期”大约在3年左右。从前遇到下行周期，也就是猪肉价格整体萧条，养殖户只有一个办法，就是杀猪，削减能繁母猪数量。2014年11月，曾一度“靠杀猪过冬”的曹学义收到了来自安华农业保险股份有限公司的46万元赔款，在养猪亏损了100多万元之后，这个生猪价格指数保险让他稍微有所安慰。按照安华农业保险股份有限公司与生猪养殖户签订的2014年生猪价格保险合同的约定，当6个月理赔周期内的猪粮比平均值跌破6∶1的盈亏平衡点后，保险公司将对由此造成的生猪价格损失进行赔偿。据安华农业保险股份有限公司副总裁周县华介绍，按照6∶1的盈亏平衡点的约定，对于去年11月届满6个月理赔周期的76户被保险人养殖的88 637头生猪，公司赔付生猪养殖损失共计815万元。周县华说，北京的生猪价格保险以猪粮比为参数，以6个月为理赔周期，参数每低0.01，每头猪就赔付两块钱。目前北京市生猪价格保险分为两款，一款为保期一年，一年算一次，保费为每头猪12块钱；另外一款则是此次赔付的“升级版”，保期依然为一年，不过一年赔两次，保费为每头猪32块钱。按农户承担保费的20%、政府补贴80%的原则，两款保险，农户为每头猪交付的保费分别为2.4元和6.4元。

“生猪周期”倒逼产业转型

2018年5月14日下午，资阳市广场路蓝海长城超市，生鲜猪肉货架早早收了摊。售货员告诉记者，今年以来，猪肉价格持续走低，每公斤从24元跌至16元，利润趋薄。2017年11月中旬起，资阳生猪价格遭遇周期性市场波动，价格一路“跌跌不休”。资阳是生猪大市，生猪存、出栏量多年来一直位居全省前列，2017年全市出栏生猪约330万头。“猪周期”来临，该如何应对？

据资阳市农业局透露，当前，资阳三元生猪出场价9.6～10元/公斤，同比下降37%，已跌破成本价。仔猪出场价为390元/头左右，同比下降38%；猪肉价格16～18元/公斤，同比下降33.5%。仔猪、猪肉均出现销售不畅、消费疲软。资阳市农业局相关负责人分析，此轮生猪市场周期性波动的主要原因是供需宽松，绝对价位重心下移。从供给侧看，生猪生产能力刚性提升。2016—2017年连续两年生猪价格高企、利润丰厚，刺激了生猪产能持续增加。特别是大型行业巨头快速扩张布局释放了大量产能，落户安岳的温氏集团生猪年出栏量以10万头计。从需求侧看，上半年是畜产品的消费淡季，加之肉类产品需求弹性不断增大，猪肉消费占比呈现下降趋势。与生猪行情呈反向走势，受全国生猪存栏增加等因素影响，饲料原料价格不同程度上涨。目前资阳玉米均价为2 280元/吨、同比上涨9%，豆粕3 700元/吨、同比上涨5.7%，全价饲料价格较年初每吨上涨200元以上。受此影响，生猪价格已连续8周低于盈亏平衡点，每头生猪亏损高达300元以上、仔猪亏损50～100元，部分养殖场(户)存在压栏惜售的现象，圈存肥猪多、个体大。

目前，资阳市农业局正密切关注市场走势，及时提供市场信息，加强市场研判，引导养殖场(户)科学安排生产经营，及时销售在栏肥猪，积极开拓仔猪市场。雁江百盛、永鑫、四海等规模养殖场已经开拓仔猪销路，减少亏损。东庵合作社启用风险金补贴，淘汰低产母猪，购进豆渣降低成本。不过，值得注意的是，“跌跌不休”的一片惨淡中，规模养殖不论是生产或利润都保持相对稳定。一些与大型集团公司开展寄养托管合作的养殖场依然有利可图。雁江宏鑫生猪专合社自与正大、安佑等公司合作以来，代养仔猪4 000余头，每头利润100元以上。乐至县龙门乡农科村，为正大集体代养的2 000头猪仔也按计划售出。乐观地看，“猪周期”正倒逼产业转型升级，走标准化、特色化的路子。资阳市农业局正加快安岳温氏生猪一体化项目和乐至县生猪种源基地项目建设，推进标准化生产，引导规模养殖场加大自动投料、环控、防疫、清粪等方面投入，提高生产效率和水平。同时，引导规模养殖场与行业龙头通过参股经营、寄养托管等方式开展合作，走专业化、一体化发展的路子,实现要素互补、互利共赢,增强抵御市场风险能力。

北大高材生陈生创办的壹号土猪

1984 年,广东人陈生从北大经济系毕业,陈生被分配到广州市委的秘书科当公务员,后来下海经商。1993 年,陈生和朋友一起进入房地产业,短短三年就做到湛江房产界老大。之后进入食品行业,卖过白酒,卖过饮料,养殖销售土鸡,后来又发现更大的猪肉市场。2006 年,在广东实地调研时,他偶然发现在收入高的地方,人们消费的猪肉,并不是肉香味美、营养丰富的土猪。当时,广州的土猪肉仅占市场份额的 1%、湛江市为 30%、县城为 50%,乡镇一级几乎达到 100%。但是正常的市场需求不应该是如此倒置。

所谓土猪,即中国地方猪种,其中最常见的为黑毛猪。随着瘦肉需求增加,养殖户逐步淘汰活动量大、生长速度慢、养殖时间长的土猪,于是瘦肉率更高、成长期更短的“洋猪”逐渐垄断了国内猪肉市场,养殖成本太高的“土猪”在猪肉市场几近消失。随着国内消费者食品安全意识增强,市场开始重视健康、安全的产品,土猪肉才被重新重视起来。

在广州,陈生打造的猪肉品牌“壹号土猪”,排骨每公斤卖到 58 元,天天却有人排队来买。原因何在?陈生笑称,这是自己的定位:卖猪肉里的“奔驰”“宝马”。对于高价位的市场接受度,陈生也自有一套理念:“我从来都不主张人人都能吃上土猪肉。我们养土猪的成本是普通瘦肉猪的两倍以上。如果人人都吃土猪,饲料生产负荷将大大加重。其次,土猪出栏要 10 个月,而瘦肉型的只要五六个月,时间成本上又高出一倍多,如果人人都吃土猪,我们也养殖不过来。所以,不鼓励人人吃土猪,应该根据市场来调节。所幸的是,壹号土猪从来不缺忠实爱好者。”陈生瞄准城里人想吃好猪肉的市场需求,首创土猪规模养殖、连锁经营的新模式,从“北大才子”变身为“猪肉大王”,并在广东、上海、北京掀起一阵“土猪”旋风。

2015 年 10 月 26 日,新三板挂牌公司天地壹号公告称:公司拟发行股票数量不超过 2 500 万股,发行价格为 25 元/股,预计募集金额不超过 6.25 亿元。发行对象为不超过 35 名新增投资者。若按当天 30 元/股的股价计算,天地壹号的市值更是高达 130 亿元。而持股超过 8 成的天地壹号董事长陈生身价则接近 100 亿元。

(二) 案例解析

1. 教学目的与用途

通过本案例的教学,使学生较全面地了解生猪生产的发展现状和主要特征;熟悉生猪价格变动的规律,能够把握生猪周期波动的特有规律以及熨平生猪生产周期的有效方式。在教学过程中，注重理论联系实际，运用所学理论知识和方法分析现实问题，及时跟踪学术发展前沿；注重培养学生主动获取知识的能力，加强专题研讨、案例研究和团队项目的内容训练，为学生将来从事相关理论和实际工作打下坚实基础。

2. 背景分析

中国是全球最大的生猪和猪肉生产国，生猪养殖量、存栏量、出栏量和猪肉产量均占全世界的一半以上。但我国生猪养殖成本高于欧美生猪养殖发达国家。2014 年生猪规模养殖户和农户散养的平均成本为每公斤 6.78 元和 7.86 元。需要加大政策保护和支持力度，加速推进规模化养猪步伐，着力加强生猪市场体系建设，加快推动养殖、屠宰、销售一体化产业化发展。据统计，1965 年美国养猪场共有 105.8 万个，到 2008 年减少到 7.3 万个，其中小型养猪场(1～499 头/农场)5.74 万个，特大型养猪场(大于 5 000 头/农场)2 920 个，其存栏占总存栏量的比重分别为 3.4%、61.1%。实践表明，规模养猪场投资多、市场风险大，但有利于新品种、新技术的应用，有利于标准化生产和质量监控，有利于粪便排放的减量化和资源化。我国生猪养殖的规模化进展较快，截至 2017 年，500 头以上的规模化养殖已经占到接近一半左右。

东进农牧公司始建于 1997 年，现已形成一条“饲料加工—生猪饲养—种猪繁育—环保养殖—生猪屠宰—冷链加工运输—肉制品深加工—自营连锁菜篮子便利店销售”的完整农牧产业链，是国家级农业龙头企业。以国家级农业龙头企业东进农牧公司为例，探讨了中国社会文化因素对农业龙头企业与农户之间合作的影响。这种影响通过乡土社会“差序格局”体现企业与农户合作关系各个方面：东进农牧公司与合作农户之间呈现出正式的合约治理和非正式的关系治理并存的局面，并且其关系治理呈现出一种以企业为中心的“新差序格局”，而正式治理也体现“核心合约”和“边缘合约”并行的差序化特征；差序格局等社会文化因素在企业地域拓展过程中亦产生了深刻的影响。研究发现，管理实践与社会文化因素的巧妙结合有助于保障企业与农户合作的顺利进行。广东温氏食品集团股份有限公司(简称“温氏”)，创立于 1983 年，现已发展成一家以畜禽养殖为主业、配套相关业务的跨地区现代农牧企业集团。2015 年 11 月 2 日，温氏股份在深交所挂牌上市。2017 年温氏上市肉猪 1 904.17 万头、肉鸡 7.76 亿只、肉鸭 3 098 万只，总销售收入 556.57 亿元。温氏的业务以养鸡、养猪为主，长期以来探索与实践“公司＋农户”的组织运作方式。“公司＋农户”的温氏模式案例表明：温氏与农户依赖对方的优势资源合作经营取得巨大成功,农户垫付的保证金具有追加的专用性投资性质,流程价格结算解决了合作剩余分配的难题,温氏通过对产业链和价值链的双重整合扮演了价值发现、价值生产和价值分配的三重角色。

猪粮安天下。生猪生产少了不行,过多也不行,价格高了也不好,过低也不好,做好生产者和消费者的平衡,是非常重要的,需要做好宏观调控。自 2009 年国家出台猪价调控措施后,2012 年预案将生猪养殖猪粮比盈亏平衡点设定为 6∶1,而随着养殖水平的提高,标准化规模养殖快速发展,生产水平明显提高,养殖成本逐渐企稳,目前全国养猪行业一般在 5.5∶1 以上时实际上已开始盈利。2015 年 11 月,国家发展改革委、财政部、农业部、商务部发布了新版《缓解生猪市场价格周期性波动调控预案》(2015 年第 24 号公告,下简称《预案》)。新版《预案》把生猪生产盈亏平衡点从 6∶1 调低到 5.5∶1 至 5.8∶1。这是首次下调并采用区间设置。"6∶1"的预警指标是在运用大量价格、成本历史数据测算,并充分听取大型养殖企业、专家等多方面意见的基础上最终确定的。此外,考虑到生猪养殖利润在 10%～30%之间较为合理,超过 40%即意味生猪价格出现过快上涨,生猪养殖利润水平过高,可能诱发盲目补栏,加剧生产周期性波动。因此,新版《预案》将猪粮比价 5.8∶1 作为防止生猪价格过快上涨的预警点。

生猪的生产,有一个小周期和大周期。小周期取决于当期的价格,价格高了,农民养猪积极性提高,会增加饲养。农民饲养生猪的积极性,又要受到母猪猪群的制约,就是说现在市场上能够提供仔猪的数量,是决定短期内生猪供给的关键。如果说现在仔猪价格上涨,调动了农民养猪的积极性,农民就开始饲养母猪,把现在的仔猪当作母猪来饲养。这个仔猪长成母猪,然后再怀孕产出仔猪,再到育肥猪投放到市场,一般可能要一年半左右。

处理生猪养殖污染问题很重要,主要包括以下四个方面:第一个是"禁"。在集中饮用水水源保护区、风景名胜区等重点地区,包括一些教育、科技园区等,划定禁养区。国家有明确的政策,农业部和有关部门也出台了技术指南。第二个是"限"。对南方一些水网密集、养殖量比较大的地区,承载力不够的地方禁限养。第三个是"转"。把生猪养殖向环境承载容量较大的地区转移,如到东北地区,那里有玉米,土地也比较多。第四个是"治"。采取生态养殖、资源化利用等方式治理畜禽粪便、治理环境污染。通过这四个方面能够处理好生产发展、保障供应、环境保护、生态友好的关系。东北容量环境比较大的地区,接纳了南方水网地区不少的生猪养殖。在禁养的过程中,不能简单地一禁了之,必须科学划定、严格控制禁养范围,维护好农民利益。通过“禁”“限”“转”“治”四个方面处理好生猪生产发展和环境保护的关系。

中国是世界上最早养猪的国家，其考古证据出现在距今大约 9 000 年的广西桂林甑皮岩遗址早期文化层中。世界上总共有 300 多种猪，中国现有猪种 125 种，而现存的地方猪种就有 88 种，它们广泛地分布在我国辽阔的土地上。然而，第二次全国畜禽遗传资源调查显示，中国特有的 88 种地方猪种里，就有 85%左右地方猪种的存栏数量急剧下降，其中 31 个品种处于濒危状态和濒临灭绝。

1990 年代，是一个分水岭，进口猪的入侵与中国地方猪的消亡，几乎是在同一时间。在短短十余年之间，来自英国的大约克夏猪、来自丹麦的长白猪、来自美国的杜洛克猪，以及它们的二元杂交、三元杂交后代，几乎占据了中国所有的生猪市场。超短的生长周期、瘦肉率高达 65%以上，没有养殖户再愿意养中国的地方土猪了。相对于本土猪，外国生猪品种具有增重快、瘦肉率高等优点，直接引进种猪相对经济效益高，但这些种猪的后代很容易退化，并易出现成活率低等问题。

中国的土猪，是以前老百姓自己在农村养起来的，在非常艰苦恶劣的自然环境中，繁衍千年，传承至今，抵抗不良环境的能力和抗病力都要强一些。而现在引进的白猪不是自然杂交的，是“长期在条件非常好的环境中”培育出来的品种，抗逆性就低一点。生长速度和瘦肉率的提高均直接或间接地导致了猪肉品质的下降。随着人们生活水平的提高及营养、保健意识的增强，对猪肉的需求已不仅仅局限在量上，对质的要求也越来越高。例如肌内脂肪含量的高低，决定了猪肉好不好吃，纯种的中国土猪的肌内脂肪含量可以达到 3.5%，而市场流行的白猪的只有 1%。

3. 理论依据与分析

我国生猪养殖行业在 1990 年以前主要以散养模式为主，年出栏生猪占比达到 90%。规模化养殖程度显著影响波动幅度，当前较小的专业化生产规模是导致中国猪肉价格波动幅度远大于美国和日本的重要原因之一（李明　等，2012）。政府应鼓励和扶持生猪养殖规模，发挥规模化养殖企业在稳定猪肉价格上的作用。近年来，生猪规模化养殖比例不断上升，养殖规模化驱动因素包括机会成本、周期洗牌、环保压力。从行业进入退出模式分析，未来生猪养殖行业格局将呈现龙头企业产能快速扩张，但同时黏性化散户并存；在公司与农户紧密结合型、公司与农户松散结合型、重资产型三种主流规模化模式中，紧密结合型是现阶段符合我国国情的发展模式（许彪　等，2015）。规模化经营是畜牧业现代化的重要标志和重要推动力量。补贴政策是推动生猪养殖规模化在 2006 年以后加速发展的主要原因，政策的作用路径主要表现在推动大量小型养殖场扩张进入中型养殖场行列(周晶　等,2015)。户主为男性、家庭规模较大、到县城的距离较远、饲料市场化程度较高、户主受教育程度较低、家庭非农收入所占比例较低、养猪收入所占比例较低、生猪商品化率较低或到乡镇的距离较近的农户,继续从事生猪散养的概率更高;与山区的农户相比,平原与丘陵地区的农户继续从事生猪散养的概率更低;而养殖效率对农户继续从事生猪散养行为的影响不显著(王雨林　等,2015)。这为如何引导农户退出生猪散养、扶持生猪散养农户从事生猪规模化养殖和对生猪散养进行地域限制等方面提出了有关政策启示。

从本质上看,我国生猪生产的周期性变化在于其充分竞争的市场属性使然,任何一个生产者或消费者都难以对生猪生产和消费产生影响。在此状况下,生猪市场价格的形成和走势取决于整个行业的供求关系及其与其他产品的替代程度。由于生猪生产的繁育倍增效应以及面临的疫病、市场双重风险,很容易造成生产大起大落、市场价格剧烈波动,唯有国家把握生猪业宏观调控的方向、重点、力度和节奏,防止其周期性大幅涨落,努力增强调控的预见性、针对性和有效性,方能实现生产者有利可图、消费者放心满意、市场平稳运行的总目标(王东阳　等,2009)。近年来,中国养猪业价格波动频繁,对整个宏观经济和城乡居民生活造成了严重影响。中国养猪业上下游价格传导存在着不超过 5 个月的时滞,养猪业市场纵向整合度较高。因此,政府应当把玉米价格、生猪价格作为价格监控的重点对象,并且要加强对生猪流通领域的宏观调控力度(王芳　等,2009)。近年来,猪价波动幅度较大,影响到农民的收入和广大居民生活。受到劳动力成本、饲料成本上升的影响,生猪价格中长期上移(许彪　等,2014)。养猪规模、养猪年限和仔猪来源渠道对养猪场(户)市场风险预控能力有显著影响。与散养和其他规模养猪场(户)比较,中规模养猪场的风险预控能力最好,且养猪场(户)适度地扩大规模后市场风险预控能力也随之提高;养猪年限越长,养猪场(户)市场风险预控能力越强;仔猪来源渠道偏向于“外部采购”的养猪场(户)市场风险预控能力较强(朱金贺　等,2014)。中国猪肉市场规模和生产效率不断提高,猪肉消费持续增长,进口不断增加而出口萎缩。预计到 2025 年,中国生猪存栏量为 55 641.06 万头,其中,能繁母猪存栏量为6 042.15万头,出栏生猪为 99 328.53 万头,出栏率为 178.52%;猪肉产量和消费量分别为 8 190.73 万吨和 8 596.54 万吨,猪肉自给率达到 95.28%(胡向东　等,2015)。2000 年 1 月至 2011 年 5 月,北京市猪肉价格总体呈周期性波动上升态势,价格短期波动剧烈。价格波动的主要动因来自生产波动,猪肉价格周期波动与生猪生产周期波动基本一致，波动周期大致为3年；规模化养猪，有力促进了北京猪肉市场的抗波动能力（于少东，2012）。国外的猪肉价格和生产也有波动，但是波动的幅度没有我国大。猪肉价格对CPI的影响较为显著，且随时间递增。猪肉价格上涨20%时，1个月和3个月后CPI分别上涨0.72%和0.85%；猪肉价格上涨50%时，1个月和3个月后CPI分别上涨1.75%和2.12%（韩一杰　等，2011）。生猪生产具有固定的成长周期且产业链较长，上游玉米、母猪、仔猪及下游毛猪价格和存量会对猪肉的供给产生影响。玉米价格、仔猪存栏及毛猪等对生猪供给有较稳定的滞后影响（谭莹，2011）。在我国的生猪补贴政策方面，“能繁母猪补贴”政策实施时机选择不当，应加强良种补贴及疫病防治补贴，适当增加饲料补贴。中国生猪价格与猪肉价格之间的传导是非对称的，且这种非对称现象具有双向特征，即生猪价格对猪肉价格的传导是非对称的，猪肉价格对生猪价格的传导也是非对称的。虽然猪肉价格对生猪价格的正向波动反应更敏感，而生猪价格对猪肉价格的负向波动反应更敏感，但是，从经济学意义上看，与“利好”消息相比，生猪价格与猪肉价格之间的非对称传导均表现出对“利空”消息反应更敏感。不完全竞争的市场结构、必需品的商品特性、价格上涨的“棘轮效应”、劳动力成本持续的较大幅度增加，是这一现象产生的主要原因（董晓霞，2015）。提高生猪和猪肉市场的竞争性，引导生产者形成合理预期，可以减少市场波动。

生猪生产波动的成因可以归纳为两个方面：一是内部因素，包括生猪价格、玉米价格和能繁母猪数量；二是外部冲击，包括GDP增长率、相关政策及重大疫病等。能繁母猪对生猪生产的影响最大，其次是玉米价格和生猪价格，GDP增长率和疫病的影响较小，但疫病的持续影响较大（王明利　等，2012）。建议生猪业宏观调控要充分考虑到波动的重要影响因素及其影响时滞，并在养殖基础设施、养殖科技进步及疫病防控等支撑体系建设上加强扶持，进而全面提升生猪产业的整体素质，从根本上减缓波动。若政府可以选择一组及时适当的政策组合并辅以一套合理的干预策略，即使政府仅有不完全信息也可以保证生猪价格稳定在某个均衡价格或某个合理的价格范围内；并且政府干预的时间长度不仅依赖于养殖户的价格预期，也依赖于政府自身的信息状况（燕志雄　等，2014）。中国生猪产销市场整合程度逐步提升，已经达到了较高水平；与其他地区生猪市场整合程度最高的中心市场既可以是生猪主产区中的辽宁省和河南省，也可以是生猪主销区中的天津市和福建省，针对中心市场制定的政策可以较快且较完全地传导到其他地区；生猪产区和销区的人均猪肉产量、人均收入水平、规模化养殖程度和公路密度是生猪产销市场整合的决定因素,且这些决定因素对生猪产销市场整合的影响存在着基于省际地理距离的门槛效应(潘方卉　等,2016)。市场一体化程度的增进,会更好地平抑区域范围内的生猪价格波动。

生猪良种繁育体系是在一定发展环境下产生并持续运行的开放系统。该系统是由生猪良种繁育和推广应用的相关主体及其关系构成的网络结构,其功能发挥需要知识创新、技术创新和制度创新的有机融合,其有效运行需要良种培育、扩繁、推广应用的有效推进和信息反馈,其目标是提高生猪生产率和猪肉质量;我国生猪良种繁育体系运行效率较低的主要原因是相关主体能力素质不足、行为不规范和相互间关系不协调(乔娟　等,2017)。为此应进一步加大财政资金支持力度,鼓励相关主体创新经营模式,完善政策法规和营造良好发展环境,尽快健全完善以相关主体紧密协调和相互支撑为核心的生猪良种繁育体系。

决策者的文化程度、养猪场(户)的养殖规模、专业化程度、是否加入优质猪肉供应链和对健康养殖的认知以及政府是否宣传并提供支持6个因素对养猪场(户)健康养殖实施意愿有正向影响;而决策者的年龄和养猪场(户)是否符合"标准化养猪场"的要求对其健康养殖实施意愿有负向影响;养猪专业户比规模化养猪场更愿意实施健康养殖(彭玉珊　等,2011)。这一研究结论为促进中国实施生猪健康养殖、提高猪肉产品质量提供了一定的理论借鉴和现实指导。养猪场户对种(仔)猪的质量和疫病传播有良好的认知,有较好的种(仔)猪采购和引进行为,对兽药潜在危害及合理使用、人员传播疫病、生猪耳标和健康养殖的认知度较低,在兽药(含疫苗)采购与使用、饲养员健康检查、养殖档案建设和动物福利改善等方面的行为不够规范(孙世民　等,2011)。为进一步规范和优化养猪场(户)的质量安全行为,应加强宣传、鼓励、培训和考评,提高养猪场(户)的质量安全认知水平。生猪养殖户对病死猪无害化处理政策认知水平直接影响其病死猪处理行为选择。如果生猪养殖户对病死猪无害化处理政策的满意程度越低,其病死猪不当处理行为风险发生的概率越高;生猪养殖户对病死猪无害化处理政策的了解程度和重视程度越高,其病死猪不当处理行为风险发生的概率越低(王建华　等,2016)。为此,把征询生猪养殖户的建议作为相关政策优化的出发点,能够更有效地降低生猪养殖户病死猪不当处理行为风险,从源头上保障猪肉及其制品的消费安全。

在可追溯食品属性体系中设置原产地属性具有积极意义。消费者对可追溯信息真实性的政府认证属性支付意愿最高,对原产地属性的支付意愿高于对可追溯信息属性的支付意愿,且追溯到屠宰加工环节的可追溯信息属性与本地产属性之间存在替代关系，与外地产属性之间存在互补关系（吴林海　等，2015）。因此，尽管消费者群体存在异质性，但不同类别消费者对可追溯猪肉的本地产属性均具有一定的支付意愿。

改革开放以来我国畜牧业迅猛发展，但是畜牧业的集约化、规模化的同时带来了环境污染、生态破坏等一系列问题。农业面源污染问题是我国农业发展和环境保护之间严重的矛盾和冲突，制约着"建设美丽中国"和"实现农业现代化"宏伟目标的实现。畜牧养殖的规模化与环境污染之间形成了比较明显的倒 U 形农业环境库兹涅茨曲线。规模化养殖是畜牧业发展的必然趋势，也成了解决问题的根本出路（王俊能　等，2012）。然而，畜牧业发展水平受资源环境、社会经济发展和科技水平的制约，过快、过急或"一刀切"地推进规模化养殖，我国将有可能面临沉重的环境压力与严重的生产风险。我国畜牧业的规模发展模式应在空间上呈现"协调发展"格局，在时间上保持"适度演进"趋势，通过建立优势产品、优势产区、生态养殖模式，不断完善市场机制体制，实现规模化养殖的稳妥过渡。嘉兴生猪面源污染的案例分析表明，我国农村生猪面源污染具有污染物量大、污染面广、危害严重的特点，而生猪饲养者的有限理性、公共物品作用下市场失灵和多因素主导的政府失灵是引起这一问题的主要原因（杨惠芳，2013）。为此，需要从降低生猪饲养者有限理性、防治市场失灵和政府失灵等方面采取对策。养殖户对不同畜禽粪便处理方式的选择行为之间相互依赖，有较强的替代关系和互补关系；年龄、受教育年限、人均耕地面积、非农劳动力比例、养殖规模、产业组织、风险偏好程度、畜禽粪便环境影响认知、畜禽粪便人体健康影响认知以及畜禽粪便无害化处理意愿是影响养殖户选择环境友好型畜禽粪便处理方式的重要因素，而畜禽养殖环境保护政策认知、政府补贴和技术培训对养殖户选择环境友好型畜禽粪便处理方式影响不显著（潘丹　等，2015）。沼气补贴、牲畜粪便处理技术支持、牲畜粪便排污费和粪肥交易市场 4 种牲畜粪便污染治理政策对农户提高环境友好型牲畜粪便处理率影响显著，牲畜粪便排污技术标准政策对农户提高环境友好型牲畜粪便处理率影响不显著。农户对不同的牲畜粪便污染治理政策的偏好程度具有较大差异，对沼气补贴政策的偏好程度最高，其次是牲畜粪便处理全面技术支持政策和牲畜粪便排污费政策，之后是牲畜粪便处理一般技术支持政策，最后是粪肥交易市场政策（潘丹，2016）。不同区域的农户对不同牲畜粪便污染治理政策的偏好程度具有显著差异。生猪生产正在发生从环境规制严格地区向环境规制宽松地区转移的现象，从而验证了生猪生产布局中存在"污染天堂效应"，污染密集型企业倾向于从环境规制严格的地区向环境规制宽松的地区迁移,使后者成为“污染天堂”(虞祎　等,2011)。要加大不同区域间环保政策的协调,防止生猪生产者利用政策套利,对局部地区造成过大的环境压力。

4. 思考和讨论题

(1) 我国生猪生产有哪些特点?

(2) 我国生猪价格波动周期较短的原因是什么?

(3) 谈谈我国生猪价格波动周期的调节对策。

案例二十:蔬菜价格为何起伏不定

(一) 案例介绍

大蒜价格走势:2016 年入冬“蒜你狠”卷土重来,一斤 12 元,直追猪肉

2016 年入冬以来,北京市蔬菜价格总体平稳,但细心的消费者发现,蒜价一路蹿升,“蒜你狠”卷土重来的凶猛程度甚至超过 6 年前。“堪比肉价啊。”面对大蒜每斤 12 元的高价,不少顾客感叹舍不得买了。新一轮蒜价暴涨,既有主产地产量减少的原因,也有游资炒作的身影。业内预计,大蒜的高价行情将维持到春节,然后才可能会出现小幅回落。“怎么又涨了 2 块?”丰台新村的李女士到小区附近的泰富兴菜市场买菜,发现蒜价还在涨。她前两天去买蒜时,还是 10 元一斤,昨天再一问,品相好的已涨到 12 元一斤,最差的也得 10 元一斤。李女士还记得,大概半月前,每斤大蒜差不多是 9 元钱,当时觉得高得离谱儿,本以为价格到顶了,谁知道现在又涨了一波。“都快赶上肉价了。”李女士说,“市场里猪肉摊上,前尖后尖也就十五六元一斤。价格贵,就少买点呗,又不当饭吃。”年初时,大蒜每斤批发价才 3 元,现在便宜的一斤也要 7.5 元,一般都超过 8 元。

虽说大蒜只是用来调味,食用量并不是很大,但价格上涨对一些餐馆也产生了影响。前几天立冬时,京城老字号惠丰饺子楼推出一款全新的白菜大蒜饺子,淡淡的蒜香和多汁的白菜混搭,颇受顾客欢迎。但最近大蒜价格的上涨,让这款饺子似乎“生不逢时”。记者了解到,白菜大蒜饺子推出后,每天销量都在上百份。“蒜价确实涨得厉害,不过白菜大蒜饺子里,大蒜只占 5%。”饺子楼张经理说,店里每天用蒜量在 20 斤上下。“不少消费者喜欢吃饺子蘸蒜汁、就蒜瓣儿,只要有需求,我们还是会全力满足的。”不过,在一些小餐馆,由于蒜价上涨,老板们开始“精打细算”,把原来餐桌上盛大蒜的小筐悄悄撤掉。在丰台南路一家刀削面馆,之前餐桌上醋、酱油、辣椒油、大蒜一应俱全,几乎是标配,但最近大蒜已经没了踪影。“主动问服务员要,才给送来三四瓣儿。”经常光顾这家小店的张大爷说。负责从新发地

给餐馆送菜的张师傅告诉记者，他每天要给4家餐馆送菜，现在大蒜批发价太高，原来一天用五六斤蒜的餐馆，已经减到了一两斤。6年前，一波“蒜你狠”令人印象深刻。2010年10月，大蒜批发价最高突破每斤5元。如今看来，时下这波“蒜你狠”涨势更猛，创下历史最高水平。

炒家囤蒜巨亏：谁动了我的“蒜”盘

在2016年的“蒜你狠”之后，2017年“蒜你完”接踵而至。因价格过山车被称为“白老虎”的大蒜，其背后的囤蒜产业链遭遇重创，一些经销商不惜血本地甩货背后，大蒜产业怪圈再度引发关注。

清仓了100多吨的库囤蒜之后，囤蒜商刘先生长出了一口气，“终于甩出去了。”他如释重负地说。这笔生意，他总共亏损了十几万元。刘先生的“事迹”，已经成为当下蒜市被投机砸了脚的囤货商的一个特写。最近一年多中，在“中国大蒜之乡”——山东省济宁市金乡县，库内大蒜价格从2016年9月至2017年3月20日附近一直维持在7元/斤，随后价格一路上涨，到4月底5月初一度涨到了10.5元/斤，随后价格出现断崖式下跌，至今跌至2.2元/斤附近，较最高价格跌幅达79%。在这段时间里，大蒜价格跌幅已经大大超过“腰斩”程度，几乎可以用“脚踝斩”来形容。在北京新发地批发市场，截至10月31日，金乡大蒜报价2.30元/斤～2.40元/斤(库内5.5 cm)；河南大蒜报价2.60元/斤左右(库内大混级)，邳州蒜报价3.15元/斤左右(库内6.5 cm)、2.85元/斤～2.90元/斤(库内6.0 cm)。记者走访市内多家超市发现，目前超市售卖的大蒜价格在每斤5元附近。一位超市工作人员介绍说，“去年同期，大蒜价格一度突破了10块(每斤)，今年最低的时候只有三四块，想不到会跌到这么低。”随着大蒜掉价，大肆囤蒜、高价囤蒜、囤蒜商之间相互倒手这样热闹的“洛阳纸贵”景象一去不复返，取而代之的是囤蒜商争相出货，一些人甚至不惜血本地清仓。据介绍，前期冷库囤蒜的经销商，很多人现在每吨至少要亏损一千多元。刘先生就是这波打错“蒜盘”的囤蒜商之一。今年，他在2.7元附近收的大蒜，加上入库成本等各项费用，每斤囤蒜的成本在3块多，而他刚刚出手清仓的蒜价还不到2元/斤。也就是说，每斤要亏掉一块多。“统共下来亏了16万多，但幸亏都出手了，再往后还不知道会跌成什么样子。”他说。要知道，在2012年的“蒜你惨”中，蒜价一度跌到了每斤1元以下。据业内人士介绍，像刘先生这样的交易模式，在当地被称作“炒蒜”。在2010年和2016年，蒜价涨到每斤4元多的时候，还有人大量囤蒜。“炒蒜商”之间还会相互倒手，当这批蒜走到消费者手中的时候，已经加过了好几轮价。像这样发“大蒜财”的人每年都有一波。蒜价周期是决定“炒蒜商”“战绩”的重要指标，在2009—2010年的“蒜你狠”周期中，大蒜价格一度疯涨超过100倍，甚至超过肉和鸡蛋价格；在2016年最近一轮的“蒜你狠”中，大蒜全年批发均价为每公斤11元，同比涨88%，比2010年历史高位涨22.9%。本期望像去年一样再捞一笔的囤蒜商今年彻底“失蒜”了。据山东一位大蒜经纪人张先生介绍，今年全国大蒜价格普遍下跌，当地冷库蒜开卖之后，价格起起伏伏，最低跌到了1.9元/斤，这让很多囤蒜的人吃了大亏，一些资金实力雄厚的还能“咬牙”撑一撑，对一些小户甚至借钱囤蒜的人来说，真是有苦说不出。

1公斤接近6元　大葱成了“向前葱”

2015年8月份，大葱价格上涨明显，菜市场上去年五六毛钱的大葱，现在逼近了6元一公斤，“向前葱”可以说是重现市场，大葱价格再次上涨的原因是什么，未来大葱价格走势如何？大葱价格一直维持高位运行的状态，卓创资讯分析师郭娟分析，原因主要来自供应链。第一，现在库存的大葱基本上消耗完毕，目前山东、河北小葱的发货量不大，大葱正处于一个青黄不接的时期。第二，在种植面积上，由于去年冬天、今年春天大葱的价格非常低，农户种植积极性下滑，种植面积减少，也加剧了产区供应链紧张的局势。第三，今年降雨比较多，所以大葱的储存和运输成本就比较高。郭娟表示，预计未来大葱行情依然保持较高的价位，需要特别提醒的是，种植户不能盲目跟风，以免带来不必要的损失。中国农业大学经济管理学院教授穆月英告诉笔者，要解决小生产和大市场之间的矛盾，当前农业部门不仅应对农民种植蔬菜的品种进行引导，还要提高农民种植蔬菜的专业化水平，让每户农民根据自身所在的地域、条件，把一两种蔬菜做精做好，建立不同蔬菜的供应基地，保证市场供应和价格的稳定。

“别拿白菜不当菜”——聚焦春季蔬菜价格上涨

从东北到海南，价格亲民的白菜一直是中国人菜篮子里最常见的蔬菜。但2016年入春以来，原本廉价的白菜“身价”猛增，更不用提其他蔬菜了。随手买菜，动辄上百，老百姓直呼“吃不起”。究竟是什么推高了蔬菜价格？菜价还能回归常态吗？

“如今走在街上，看到手中提着青菜的人会无比嫉妒，比起背着名牌包包的人，这才是真正的炫富。”今年春天，关于蔬菜的段子不绝于耳，一路飙升的菜价不断冲破着老百姓的心理预期。白菜4元/斤、莲藕7元/斤、青椒9元/斤、菜花10元/斤、生姜20元/斤，在某网络社区，网友吐槽着各地高昂的菜价。网友“谁知是谁”说：“以前家里穷，没菜就捣俩蒜头，把蒜汁当菜吃。现在中国GDP全球第二，蒜却要10元一斤，蒜汁都吃不起了。”在梳理国家统计局公布的《50个城市主要食品平均价格变动情况》后发现，以白菜为代表的蔬菜价格今年涨势明显。2016年3月下旬，白菜价格每公斤为5.13元，较1月初上涨122%。而去年同期，白菜价格每公斤仅为3.13元。山东、海南、甘肃、安徽等地的农产品市场，无论是批发价还是零售价，今年白菜价格均高于往年。

(二)案例解析

1. 教学目的与用途

通过本案例的教学，使学生较全面地了解农产品价格波动的基础理论和基本知识；熟悉蔬菜价格问题的由来和特征，能够把握影响蔬菜价格变动的影响因素以及政府的有效调控方式。在教学过程中，注重理论联系实际，运用所学理论知识和方法分析现实问题，及时跟踪学术发展前沿；注重培养学生主动获取知识的能力，加强专题研讨、案例研究和团队项目的内容训练，为学生将来从事相关理论和实际工作打下坚实基础。

2. 背景分析

蔬菜是重要的农产品，也是重要的民生产品。近年来，我国蔬菜产业发展成效显著，面积持续增加，产量稳步增长，质量不断提高，对农民增收作用显著。当前，我国农业发展进入加快转型升级的新阶段，蔬菜产业也面临着市场价格波动大、产品质量不稳定等挑战，市场需求不断升级和产业发展不平衡不充分的矛盾日益显现，迫切需要采取有针对性的措施加以解决。

我国是世界上最大的蔬菜生产国和消费国。2010年，我国人均蔬菜占有量为370公斤。截至2017年，我国蔬菜总面积3.2亿亩，总产量7.69亿吨，分别占世界的43%和49%以上，稳居世界第一。播种面积由1990年的近1亿亩增加到2010年的2.3亿亩左右，产量由2亿吨提高到5亿吨，人均占有量由170公斤左右增加到370公斤左右，常年生产的蔬菜达14大类150多个品种，逐步满足了人们多样化的消费需求。2010年全国蔬菜播种面积占农作物播种面积的11.9%，总产值1.2万亿元，占种植业总产值的33%。另据农业部测算，2010年蔬菜对全国农民人均纯收入贡献830多元，占农民人均收入的14%。

蔬菜是人类的基本食物来源之一，提供人体健康所必需的维生素、膳食纤维和矿物质。鲜食为主、需求量大的传统饮食习惯，决定了蔬菜在我国城乡居民膳食结构中具有特殊重要的地位。蔬菜生产在保障城乡居民基本消费需求和提高生活质量方面发挥了重要作用。

中国也是世界上最大的蔬菜出口国。进入21世纪以来，世界蔬菜消费量年均增长5%以上，年均增加蔬菜消费4 000多万吨，到2020年总消费量将达到16.34亿吨。蔬菜产业发展空间广阔，但蔬菜具有鲜活易腐、不耐贮运，生产季节性强、消费弹性系数小，高投入、自然风险与市场风险大等特点，存在着种植规模小、生产成本高、蔬菜种植专业化程度不高等问题。生产成本过高、质量安全难保成为影响蔬菜产业发展的两个主要瓶颈，如何"降成本、保安全"成为蔬菜产业发展的紧迫任务。近年来蔬菜质量安全问题时有发生，成为社会各界关注的焦点。蔬菜生产以分散农户为主，且品种多、种植和栽培方式多变，农药、化肥容易出现使用过多或不规范使用的情况。

蔬菜是不可或缺的生活必需品。大力发展蔬菜产业，是关系城乡居民生活和农民增收致富的民生工程，也是改造传统农业和发展现代农业的内在要求，更是推动区域经济协调发展和建设和谐社会的战略举措。2010年3月，国务院办公厅《关于统筹推进新一轮"菜篮子"工程建设的意见》(国办发〔2010〕18号)，指出要通过5年左右的努力，实现生产布局合理、总量满足需求、品种更加丰富、季节供应均衡，市长负责制进一步落实，供应保障、应急调控、质量监管能力明显增强，提出要加强生产能力建设，夯实稳定发展基础；以现代物流和信息化为重点，推进市场体系建设；转变发展方式，提高质量安全水平；完善调控保障体系，提高科学发展水平。

2012年1月，国家发展改革委、农业部印发《全国蔬菜产业发展规划(2011—2020年)》，提出到2020年，我国蔬菜总需求量比2010年增加8 950万吨，主要通过提高单产和减少损耗解决。坚持市场调节与政府调控相结合。规划六大优势区域，包括华南与西南热区冬春蔬菜、长江流域冬春蔬菜、黄土高原夏秋蔬菜、云贵高原夏秋蔬菜、北部高纬度夏秋蔬菜、黄淮海与环渤海设施蔬菜。

2017年1月，国务院办公厅发布《"菜篮子"市长负责制考核办法》，提出考核内容包括"菜篮子"产品生产能力、市场流通能力、质量安全监管能力、调控保障能力和市民满意度五个方面。考核结果作为市政府主要负责人和领导班子政绩考核的内容之一。

3. 理论依据与分析

2003年至2010年，中国农产品价格经历了两轮以上的明显上涨，这受到自然灾害、农产品供求因素、农产品生产成本、农业政策、国际农产品价格波动的传导、国家宏观调控政策如货币供应等多重因素影响。无论是从短期还是从长期来看，国内农产品价格都面临较大的上涨可能性,将会影响到农业生产者和食品消费者的利益,需要政府采取措施,稳定农产品市场(李国祥,2011)。2006年以来,世界粮食价格高涨且波动剧烈,包括绿豆在内的小杂粮等农产品价格也出现了市场价格波动频繁的现象,特别是2009年冬天至2010年春天以来,绿豆等小杂粮市场价格发生了异常上升的波动,给绿豆产业的发展带来了诸多不利影响。蔬菜作为生活必需品,其需求弹性系数较低,而供给弹性系数却较高,蔬菜供给弹性大于需求弹性,蔬菜产业的供给符合"发散型蛛网理论"特征(杨锦秀,2005)。从根源上看,2010年绿豆价格高位运行的动因部分来自2008年与2009年绿豆产量连续两年下滑,绿豆供需失衡,这是绿豆价格上涨的起始原因。产区绿豆货源紧张现象抬头,市场囤货惜售心态加剧了2010年绿豆价格的上扬;国内需求增加,国际市场供应不足。农产品市场体系不规范,易形成资本炒作,也是造成绿豆价格大幅度波动的原因之一(张蕙杰　等,2012)。小杂粮市场化程度高,也使得炒家容易兴风作浪。

农产品价格的波动虽然是正常的,但是过大幅度的波动会影响居民的生活和农民的收入,应该引起政府的重视。但是干预什么、如何干预是政府农业政策的核心。粮食安全是国家利益,具有外部性和公共物品的属性,政府应该给予干预和支持,其中对于口粮的小麦和水稻应该更加关注;而对于玉米、大豆等具有粮食属性也可以作为饲料、燃料等其他用途的作物也要给予充分重视。大宗农产品作为必需品,一般具有较低的价格弹性和收入弹性。农产品生产受制于天气等自然因素,比较小的一个数量变动就会导致价格的大幅度变动,使得农产品价格波动大。如果农产品增产就会使农产品价格大幅下降,进而导致农产品总收入的下降。低的收入弹性意味着消费者很大的收入增长仅造成对农产品需求的小幅增加,特别是城镇居民收入的增加更多地投入到房产、子女教育、股票等市场,收入增加对农产品需求的增加非常有限。大宗农产品这种低价格弹性和收入弹性的特点,再加上国家农业政策和技术推广双向促进导致农产品的持续丰收,最终结果是农产品价格(不变价计算)下降、农民收入降低,农民利益受损,而消费者和国家的利益得到了保护(于冷　等,2012)。我国农民是弱势群体,付出了更多的努力却没有得到相应的回报。制定农产品价格调控政策时,短期内要明确干预的范围和品种,分清批发价格和零售价格,长期内应该关注城市居民中的低收入群体利益,更要激励农民生产积极性,提升国家粮食生产能力。稻谷价格与水稻面积之间存在长期稳定关系,其中,稻谷价格波动对水稻面积的影响有较长的时滞,而水稻面积变化对稻谷价格的影响时滞较短且显著。进一步分析稻谷价格波动和水稻面积变化的若干影响因素发现，稻谷价格对水稻面积的影响有较长时滞的主要原因是刚性的口粮需求、稳定的预期收益及有效的技术进步支撑等；而水稻面积变化对稻谷价格的影响时滞短且显著的主要原因则是粮食长期短缺的历史心理、区域或品种间的供求结构性矛盾以及市场炒作等(方福平　等，2010)。大宗农产品涉及粮食安全的核心问题，政府必须保持较大的干预力度，防止价格的大起大落。

农产品金融化是近年来描述农产品价格波动原因时的新提法。从影响农产品价格波动因素的角度出发，农产品期货市场发展及农业金融衍生品开发、国内外市场高度融合格局的形成、生物质能源产业发展以及货币流动性过剩等是推动农产品金融化的重要条件。通过对金融化特征明显的农产品的价格波动分析发现，农产品金融化导致农产品价格波动幅度加大、波动周期缩短，农产品价格的不确定性、不稳定性增强(翟雪玲　等，2013)。在这种状况下，调控农产品市场和价格不仅要关注农产品供给和需求的变化，还要加大对宏观经济的调控，强化对期货市场以及资本市场的监管，以及完善农产品市场信息收集和发布体系。汇率变动对中国农产品进口价格的传递较完全，人民币升值将显著压低农产品进口价格水平；汇率变动对国内农产品价格的传递效应相对较小，汇率变动对国内农产品价格的传递是不完全的(刘艺卓，2010)。因此，中国应该更加关注影响国内农产品价格的重要因素，通过增加对农业的扶持、稳定国内大宗农产品供给来防止中国农产品价格的剧烈波动。

蔬菜市场是一个风险发生频繁且发生程度较高的一类农产品市场。正态分布并不是拟合蔬菜市场风险的最优分析模型，不同品种的蔬菜，其市场风险发生程度有所不同，其中，叶菜类蔬菜的市场风险程度较高；蔬菜价格上涨风险与下跌风险同等重要，并且两者的发生频率基本相当，在关注价格上涨风险的同时更要重视价格下跌风险(王川　等，2011)。我国蔬菜产能过剩、跨区流通和流通体系不健全是导致蔬菜价格不稳定的主要原因，提出的相应对策建议包括对蔬菜生产规模进行宏观调控，大力推进蔬菜生产本地化，构建完善的蔬菜流通体系以及鼓励产销对接、减少流通环节(周振亚　等，2012)。蔬菜全产业链条价格之间有超越“线性”的影响关系，呈现出“相互影响”的特点，蔬菜全产业链条价格之间的传递呈现出明显的“非均衡性”。与零售价格相比，蔬菜批发价格的上涨更能带动生产价格的提高(李桂芹　等，2012)。因此，要实现蔬菜全产业链价格的科学传递和合理分配，必须提高菜农组织化水平，发展蔬菜产地批发市场，优化蔬菜零售终端。在蔬菜价格形成机制的功能方面，“农超对接”流通模式所代表的契约交易优于大型批发市场流通模式和地头市场流通模型所代表的市场内交易；从价格形成路径来看，市场竞争是蔬菜价格形成的关键；蔬菜供给成本是蔬菜价格形成的重要基础，也是判断蔬菜价格合理性的重要依据（李崇光　等，2015）。果蔬产品价格波动主要表现为季节性波动、循环性波动和不规则性波动，价格长期上涨趋势也是其明显特征。蔬菜价格波动的最主要驱动是季节性和气候因素，流通中货币供应量的超额供给是价格长期上涨趋势的重要原因；城乡人口结构变化所引致的需求上升和果蔬生产及流通成本的上升也推动了价格的上涨（李崇光　等，2016）。缓解蔬菜水果产品价格波动的主要任务是加强主产地基础设施建设，鼓励发展设施蔬菜和大中城市城郊速生蔬菜，控制货币供应量发行速度。政府调控应充分发挥市场机制作用，重点关注和调控异常的果蔬产品价格波动。

4. 思考和讨论题

（1）蔬菜产业的特点是什么？

（2）如何看待蔬菜的价格波动？

（3）政府需要如何调节蔬菜的价格波动？

案例二十一:寿光蔬菜产业的奇迹

(一) 案例介绍

“菜谷”的蝴蝶效应——山东省寿光市“设施蔬菜产业大融合”推动富民强市纪实

这里是“中国设施蔬菜之乡”,这里正在打造“中国设施蔬菜产业硅谷”(简称“菜谷”),设施蔬菜种植面积约 60 万亩,年产量达 450 万吨,菜农亩均纯收入超 3 万元;这里是温室大棚建造及管理模式的输出地,催生了 1 100 多家“农”字号企业,近年来全国各地新建的温室大棚,有一半有“寿光元素”;这里是设施蔬菜从业者心中的“圣地”,每年接待为菜而来的客人超过 200 多万人次。这就是山东省寿光市“设施蔬菜产业大融合”带来的富民强市效应。所有乡镇都是国家级环境优美镇,1/4 的村成为楼房村,实现了村村通柏油路、通客车,户户通有线电视、通互联网;户均存款 15 万元,是山东第一个存款突破 900 亿元的县级市;2017 年,寿光又以全国县级第五名的成绩创建为全国文明城市。寿光市委书记朱兰玺坦陈:“推动乡村振兴,产业兴旺是基础。寿光推动设施蔬菜产业融合发展,不是由一个主体或一个园区主导的‘区域小融合’,而是全市立足世界一流的设施蔬菜生产水平,推动接二连三而实现的‘产业大融合’。这样,寿光对外输出的就不仅是蔬菜及相关加工品,还有种子种苗、建造方法、硬件设施、先进技术、管理模式、人才资源等,更为寿光带来了人流、消费和智慧,形成了‘蔬菜兴带动百业旺’的发展局面。”

在寿光,菜农之间见面打招呼,最常用的问候语是:“你今年玩了几个棚?”以往,谁家玩的棚多,代表这家“水平高、能受累”。而今,上口镇王留营村菜农孙明山却另有一种底气:“俺就玩了一个新大棚,但去年俺一个棚毛收入近 50 万元。”孙明山所言的新大棚,不是一些企业投大钱建设的“高大上”玻璃温室,而是现在寿光农民正在普遍使用的大棚。“东西长 260 米,宽近 20 米,高度六七米,棚内使用面积 4 亩多,是老棚的 3 倍,土地、阳光的利用效率更高。再看咱棚里的设施,水肥一体化,自动卷帘、放风、喷淋、补光、杀虫,都能通过手机操作。”孙明山谈笑间点出了新大棚的“奥妙”。寿光市委副书记孙修炜介绍，孙明山使用的新大棚，是寿光正在推动的大棚“两改”中的智能化冬暖式大棚。新大棚除了棚体更大外，还配套水肥一体化、温湿度自动控制等物联网管理新技术，并尽量让农民学会“使用手机种菜”，既大幅降低劳动强度，又提高管理精准度。到目前，寿光已建成新大棚 1.5 万多个，总占地面积约 9.3 万亩。洛城街道李家村党支部书记李昌全说：“以前，种菜是个辛苦活儿，年轻人不愿意干。2018 年，很多年轻人回来了，他们用手机就能完成卷帘、调控温湿度、浇水、施肥等环节，还带头使用高碳有机肥、生物源农药等新技术，蔬菜品质更好，销售渠道也更多元，种棚收入远超打工收入。”靠着品质过硬的蔬菜，稻田镇崔岭西村村“两委”领办了众旺果蔬专业合作社，带领村民打开了俄罗斯市场。西红柿经过 36 个小时到达内蒙古满洲里口岸，然后转运到莫斯科、圣彼得堡等城市。得益于此，即便西红柿市场价每斤不到 1 元，崔岭西村西红柿价格也一直维持在两三元。“正是始终瞄准世界设施蔬菜生产先进水平，不断求新求变，才有了菜乡的今天。”孙修炜说。据他介绍，寿光设施蔬菜产业自 20 世纪 80 年代孕育，其科技水平和富民能力始终领跑全国，2010 年以来，与美国加利福尼亚、荷兰兰辛格兰、西班牙阿尔梅利亚并称为“世界四大蔬菜区域优势中心”。

崔西良是寿光市圣城街道崔家村人，也是一位土生土长的寿光农民，自 1987 年开始种植设施蔬菜，一路走来，现在已是山东西良农业科技有限公司总经理。他管理着 3 个设施农业园区，包括一个功能性蔬菜生产示范园；旗下的温室工程建造公司，每年为全国各地建造大棚 3 000 个以上；公司研发的两种水肥一体化设备，已被列入山东省农机购置补贴目录。“我们现在能够提供完善大棚建造服务，可称其为‘交钥匙工程’。”崔西良自豪地说，“从规划设计、选址选材、建造安装、棚内设备，到优质种苗供应、人才输出、技术服务、市场销售，我们都能满足客户的要求。”寿光农民能吃苦、爱钻研、善创业，他们不仅会用温室大棚，更会建温室大棚。目前，寿光已有大棚建造及管理设备研发企业 600 多家，种子种苗企业 429 家，叫响了“温室大棚、寿光制造”这一响亮品牌。

据不完全统计，近年来，山东的新建大棚，70%以上有“寿光元素”；全国的新建大棚，一半以上有“寿光元素”。得益于此，众多国际国内一流的种子种苗、先进技术、智慧管理等企业，也将示范推广基地选在了寿光。美国孟山都、瑞士先正达、荷兰瑞克斯旺等国际知名种子公司，都在寿光设有分公司。“在此建设农业物联网大数据平台，就是看中了这里农业新技术、新模式输出地的品牌优势，实现企业农业大数据、大棚物联网管理等科技成果的加速落地转化。”海芯华夏科技股份有限公司寿光分公司经理常小娟说。寿光市副市长王丽君介绍，为了聚合大棚建造和管理智慧，寿光正在规划建设国家级智慧农业装备产业园，该园是一处集温室园艺设计、建设、服务于一体的全产业链专业化综合园区，涵盖温室工程、温室材料、高档农膜、自动卷帘机和智能水肥一体机、温室机械、智能控制器等多类行业顶尖企业。"等 2019 年建成后，'想建好大棚，园区走一趟'就能实现，'温室大棚、寿光制造'的品牌将会更加响亮。"王丽君说。

在寿光，比建设中国智慧农业装备示范园区先行一步的，是已经初现雏形的现代农业高新技术集成示范区和蔬菜产业创新研发基地这两大高科技示范园区。在位于洛城街道的高新技术集成示范区，穿行约半小时，记者就看到了高标准冬暖式大棚、新型冬暖式阴阳棚、荷兰纹洛式智能玻璃温室、新材料薄厚墙冬暖式大棚、新型双层保温大拱棚等十几种现代化大棚。寿光市农业局项目办主任石磊介绍："示范区旨在展示设施蔬菜新品种、新技术、新模式、新装备及销售新业态，目前正在重点打造'五区一中心'。我们所在的位置是设施农业技术展示区，此外还有科研成果转化区、生物育种技术实验区、数字农业和节水农业示范区，一中心就是全国农民教育培训中心。""这里今后就是寿光'中国设施蔬菜产业硅谷'的核心区。"王丽君说，"以往，每年约有 200 多万名来寿光参观学习的蔬菜产业从业者，有的对接农业局等政府部门，有的找到了相关企业，有的冲着寿光蔬菜科技博览会、设施蔬菜品种展等节会平台。今后，他们就可以直接到这个示范区来，用最短的时间全面了解感受国际一流的设施农业。有志于此的，还可以留下来参加系统培训。"现在，自信而开放的寿光，敞开怀抱迎接来自全球各地的朋友，他们为寿光带来人流、带来智慧、带来消费，更带来无限的商机。寿光举办的中国国际蔬菜科技博览会，已连续成功举办了 18 届，共有来自全球各地的 2 600 多万人次参会。今年 4 月 20 日，第 19 届菜博会又将拉开帷幕，会期 40 天，将展示国内外蔬菜品种 2 400 多个，植物工厂、智能化精准栽培、"鱼菜共生"、信息化温室远程控制等先进技术 100 多项，岩棉、椰糠基质等栽培模式 90 多种……"以菜博会为窗口，寿光将全面展示作为'中国设施蔬菜产业硅谷'的独特魅力。"寿光市委常委、宣传部部长袁世俊说。

寿光蔬菜价格指数竖起蔬菜产业发展风向标

2017 年 10 月，在山东省物价局和寿光市物价局的指导和帮助下，集团利用地域优势、技术优势，整合各类资源，比较圆满地完成了"寿光蔬菜价格指数"的研发编制及发布工作。通过对"寿光蔬菜价格指数"的编制发布，集团在覆盖主要蔬菜品种生产、流通、消费等各个环节建立了较完善的信息监测、预警和发布体系，该体系的运行有效地突破了蔬菜产业的信息瓶颈，进一步地巩固了寿光蔬菜在全国市场的信息中心的龙头地位，在通过"寿光蔬菜价格指数"对蔬菜生产者、经营者、消费者提供全面真实有效的价格信息服务的同时，能够及时引导种植结构、销售结构和区域布局的调整，有效地分散了蔬菜生产、经营风险，进一步提高了市场价格的透明度，使市场供求关系更加平衡。

聚焦寿光产业振兴：着力培育种业发展体系

"一粒种子改变世界"，对于有"中国菜篮子"之称的山东寿光来说，一粒蔬菜种子意味着什么？30 多年来，寿光蔬菜生产全国领先，然而面对蔬菜种业短板，寿光人也曾困惑：农业种为先，蔬菜种子如果依靠国外，没有话语权，何来竞争力？寿光蔬菜笃定转型，经过艰苦努力，国产种子市场占比达到 2/3。

2018 年为期 40 天的寿光菜博会，主展区 10 个展厅琳琅满目，有些客商却专门跑到 10 公里外的大西环路，这是去看啥？原来他们是到田间地头参观设施蔬菜品种展，23 个温室、8 大类作物、3 424 个国内外品种，集中展示了当前设施蔬菜育种的最高水平。"国内外蔬菜种子在田间同台竞技，最能直观地展示各类种子的实力。"寿光蔬菜种业集团展会负责人袁媛说，由集团组织的蔬菜品种展已经连续办了 5 年，一个明显变化是国产蔬菜品种占比越来越高，今年占到了 95%。寿光菜博会被看作中国蔬菜市场的风向标。小小的一粒种子，折射出寿光蔬菜产业特别是种业发展的新变化。

在菜博会九号馆，潍坊科技学院共展示 232 种蔬菜新品，同样是国产品种唱主角，占到 75%，其中有 50 个品种还是"寿光造"。"喏，这个丝瓜品种抗性强，瓜条顺直，瓜肉细嫩脆甜，产量比一般品种高 30%，是国内杂交丝瓜品种的先行者。"工作人员孙虎感慨。这些年洋种子独占市场的局面正在改变，越来越多的国产种子得到农民认可。在菜博会种子种苗展区，前来参展的几乎都是国产种子企业。三木种苗公司业务经理刘钊拿着厚厚的一本宣传册，向来自山东肥城的一位菜农介绍："我们展示的全是公司自主研发的辣椒、番茄品种。'长剑''欢乐'辣椒是前几年研发出的杂交辣椒，耐高温，产量高，来买的基本都是回头客，目前能占到同类市场的近一半。""现在很多国产种子不比外国的差，价格却低一半以上，很多菜农越来越认可国产种子。"山东砚祥农业科技有限公司董事长张砚祥说，他跑过的一些专门种植黄瓜、胡萝卜的村庄，"整村种的都是咱自己的种子。这几年，可以说国产种子正在逐渐收复失地。"新品种不断推广到田间。降血压辣椒、VC 辣椒……在寿光市现代农业高新技术示范区内，一个个功能性蔬菜品种让人眼前一亮。来自蔬菜种苗企业培育的最新品种，都在这个园区内集中展示。上海乾德种业公司总经理王圣洁说："种子研发既要贴市场，也要接地气，一个大棚里，就有公司培育的99个西红柿品种，这是用来当水果吃的，这是专门用来煲汤的。"

"种子研发一直是寿光蔬菜的软肋。"寿光蔬菜产业集团总农艺师潘子龙说，10多年前，寿光蔬菜市场八成是洋种子，市场销售额一年6亿多元，大部分都被人家挣走了。潘子龙回忆，2000年前后欧美各大种子公司纷纷在寿光设立示范基地，以很便宜的价格把种子卖给农民试种，农民一时得了实惠。几年下来，外国种子价格翻了好几倍，有的种子一克卖到200多元，农民回过头来再想买国产种子，才发现不少企业在竞争中败下阵来，国产种子所剩无几。种业是蔬菜产业的制高点，也是产业发展的命脉。寿光市副市长王丽君说，寿光围绕增强农业核心竞争力，着力培育种业发展体系。瞄准世界前沿科技，搭建种业研发平台。寿光规划建设了138亩的国家现代蔬菜种业创新创业基地研发中心，市财政投资1.2亿元建设服务中心，国家蔬菜工程技术研究中心、中国农科院蔬菜花卉研究所等6家单位投资2亿元，建设了育种研发实验楼、种子储藏库以及种子加工车间等，将在这里建成全国规模最大的蔬菜种业科研平台。

(二) 案例解析

1. 教学目的与用途

通过本案例的教学，使学生较全面地了解蔬菜产业集聚发展的基础理论和基本知识；熟悉蔬菜产业成功发展的影响因素，能够了解寿光蔬菜产业的发展历程、机遇和优势以及促进蔬菜产业可持续发展的措施。在教学过程中，注重理论联系实际，运用所学理论知识和方法分析现实问题，及时跟踪学术发展前沿；注重培养学生主动获取知识的能力，加强专题研讨、案例研究和团队项目的内容训练，为学生将来从事相关理论和实际工作打下坚实基础。

2. 背景分析

蔬菜是中国种植业中仅次于粮食的第二大农作物，而山东自1991年以来就是全国第一蔬菜大省。据山东省统计数据，2015年，山东省蔬菜播种面积3 262.97万亩，约占全国的1/10；总产1.18亿吨，约占全国的1/7；产值2 142.27亿元，约占全省农业产值的43.45%。山东不仅是蔬菜种植大省，还是输出大省，每年瓜菜总产量的60%要流向省外，其中颇具代表性的是寿光市与兰陵县。寿光供应了北京蔬菜市场中大约1/3的蔬菜，而兰陵则供应了上海蔬菜市场5成以上的蔬菜。山东省的蔬菜输出形成了"北寿光、南兰陵"的布局。

三元朱村位于寿光最南端，是全国冬暖式蔬菜大棚的发祥地。三元朱村紧靠济青高速公路。全村有 215 户 800 口人，耕地面积 1 290 亩，其中，蔬菜种植面积 600 亩，果园 300 亩。先后被评为“中国特色经济村”“全国科普先进村”和“省级文明村”。王乐义发起了中国北方蔬菜种植的“绿色革命”。1980 年代末，寿光市三元朱村党支部书记王乐义发明了冬暖式蔬菜大棚，在冰天雪地里种出了反季节蔬菜。这次中国蔬菜生产方式的革命，使绝大多数的中国老百姓告别了冬天只有白菜、萝卜可吃的状况。这项技术迅速传遍全国农村，并一举确定了寿光的全国蔬菜购销中心地位。1988 年腊月二十八，王乐义的堂弟王新民从大连带回来 1 公斤顶花带刺的鲜黄瓜。寒冬腊月里这几根水灵灵的黄瓜让王乐义眼睛一亮：这不正是一条致富的好门路吗！当打听到黄瓜产自瓦房店市时，他再也坐不住了。春节刚过，他就带上干粮下了关东，直接上门取经。第一次去，吃了闭门羹；第二次去，人家还是不松口。王乐义就是不罢休，刚出正月，他又第三次来到那个小山村。人家问他碰壁撞墙都不回头，图啥？他诚恳地说：“俺们村穷，就是想学点技术让乡亲们过上好日子。”王乐义一心为民的执著之情终于打动了对方：“就凭你老兄对乡亲们这份心，我破例把技术教给你。”就这样，王乐义冒着严寒，废寝忘食，苦学一个月，终于掌握了这门新技术。1989 年，他带领村民率先在寿光试验成功了日光温室蔬菜种植生产技术，并引发了寿光乃至全国的蔬菜“白色”革命。他多次到河南、河北、湖南、湖北、新疆、吉林、山西等地讲课；派出 1 000 多人次到 20 多个省市实地指导蔬菜生产；引进、试验新技术、新品种十多个种类，为广大农民开创了一条致富路。在业内人士看来，寿光是中国蔬菜的集散配送中心、价格形成中心和信息交易中心，每天发布的寿光蔬菜价格指数称得上中国蔬菜价格的“晴雨表”。目前，寿光市蔬菜大棚已发展到 15 万个，瓜菜种植面积达到 60 万亩，年产量 450 万吨。

寿光能成为蔬菜之乡也是历届党和政府的高度重视，在建起了冬暖式大棚以后，农民种出来的菜，就运往全国各地，也让各地百姓能吃到新鲜的绿色蔬菜，由于开始的时候，发货送货极端散漫，非常没有效率，寿光市政府建起了专业的蔬菜物流园，以后全国各地的蔬菜都从寿光中转发往全国各地，同时寿光也开起了“蔬菜博览会”以便让更多的人认识寿光，发展寿光。现在寿光的“蔬菜博览会”享誉海内外，每年都有海内外客商来此洽谈合作，招商引资，见证寿光蔬菜产业的高速发展，也吸引了上千万游客观赏蔬菜盛景，因此寿光也被称为“中国的蔬菜之乡”。

寿光蔬菜产业的发展大致分为三个阶段：第一阶段，即 1989 年以前，以大田菜为主的粗放式生产阶段。寿光种菜历史悠久，寿光籍北魏农学家贾思勰在其农学巨著《齐民要术》中就对蔬菜栽培作了科学而详细的论述。明清时代，早春韭菜“寒腊冰雪便已登盘”，成为朝廷贡品。清代中叶，大葱已成为寿光的重要农产品。新中国成立后，寿光蔬菜种植虽有扩展，但由于体制等多种因素制约，到 80 年代中期，全市只有 5 万亩左右的大田菜和少量的土温大棚，没有形成规模，效益也不高。第二阶段，即 1989 年到 1995 年前后，以冬暖式大棚保护地栽培为主的蔬菜大发展阶段。从这一时期开始，寿光蔬菜逐渐闻名全国。1989 年，寿光市孙家集镇三元朱村党支部书记王乐义带头搞起了 17 个冬暖式蔬菜大棚，掀起了一场蔬菜反季节栽培的技术革命。从此，寿光蔬菜由季节性露天栽培向“四季常青，四季有菜”大跨度发展。蔬菜品种大量增加，产量和效益都有了极大提高。1990 年，全市冬暖式大棚发展到 5 000 个。1991 年猛增到 2.5 万个，1992 年发展到 7.5 万个。1995 年全市蔬菜发展到 50 万亩，其中冬暖式大棚近 20 万个，总产 20 亿公斤，收入 17 亿元。全市常年有 4 000 多名蔬菜种植技术员分赴全国各地指导种菜，蔬菜大棚发展到周边县市以及新疆、青海、甘肃等全国 20 多个省、市、自治区。第三阶段，即 1995 年至今，蔬菜产业由量的扩大为主开始向质的提高为主转变，也是实施蔬菜发展第二次革命的阶段。1995 年以来，随着全国菜篮子工程的全面实施，各地蔬菜生产迅猛发展，寿光蔬菜产业的优势受到严峻挑战。同时，随着经济发展和人民生活水平的提高，特别是日益增长的国际市场需求的变化，人们对安全、优质蔬菜生产提出了新的要求。对此，我们按照“人无我有，人有我优”的原则，积极实施三个转变，即由市场带动为主，向市场带动与龙头企业带动并举转变；由国内市场为主，向国内外市场并举转变；由传统栽培方式为主，向绿色食品蔬菜栽培方式转变。1997 年，我们聘请了科技部、农业部、中国农科院等单位的十几位著名专家担任我市绿色食品蔬菜生产的技术顾问，并与上级科研单位联合编制了《绿色食品蔬菜生产技术规程》，严格按国际标准组织生产，掀起了以发展绿色食品蔬菜为主要内容的蔬菜产业二次革命。经过近几年的努力，全市建成了蔬菜高科技示范园、文家、三元朱、钓鱼台、洛城等五大无公害蔬菜基地，全市无公害蔬菜发展到 20 万亩，有 20 个种类 100 多个品种通过了国家绿色食品发展中心的认证，获得了绿色食品证书。通过开展与国内外农业企业、大专院校合资合作，引进了 300 多个蔬菜新品种，推广了无土栽培等多种栽培模式，示范推广了生物防治病虫害等 80 多项新技术，以市农产品质量检测中心、乡镇无公害蔬菜生产基地蔬菜质量检测室、各地无公害蔬菜专营区为骨架，逐步构筑起了蔬菜质量检测销售网络。寿光蔬菜品种多、质量好、产销两旺。

中国是农业大国、人口大国,很多农产品的产量都是世界第一,所以必须得有自己的种业。在国家层面我们已经建立了甘肃、四川、海南这三大基地。现在杂交水稻和玉米基地规模已经占到全国的70%、80%。现在我国主要农作物自主选育品种面积占比达到了95%,水稻、小麦都是我们自主选育品种。但是,全口径统计的蔬菜品种,"洋种子"份额已经由2011年的20%降到了2016年的13%,单个品种的市场份额会高一些。

3. 理论依据与分析

寿光是中国最大的蔬菜产业基地,1995年被国务院命名为"中国蔬菜之乡"。寿光设施蔬菜种植始于20世纪80年代,最早采用的是单坡面春用型塑料大棚,这种棚型较拱圆棚型有许多优点,因其经济效益、社会效益显著而在山东省得到了迅速推广。1989年,寿光市孙家集镇三元朱村党支部书记王乐义率先实验成功了冬暖式大棚蔬菜种植技术,使蔬菜深冬生产成为现实,推动了一场遍及全国的"绿色革命"和"白色革命",寿光因此成为"中国一号菜园子"。设施农业给农民带来巨大收益的同时,出现了比较严重的环境污染,包括土壤污染、水资源污染和蔬菜产品污染(余航,2011)。需要增加对设施农业、蔬菜产品监督检验、环境保护技术研发、引进与推广、菜农环保教育的公共财政投入。

寿光蔬菜产业集群发展为寿光蔬菜的集聚种植,衍生和吸聚了一大批上下游产业以及其他相关辅助产业和服务机构,形成了寿光蔬菜产业集群。但寿光蔬菜产业集群在其发展中还存在一些诸如缺乏自主科技创新能力以及集群的核心竞争力,蔬菜加工企业规模小、深加工能力不强,集群内利益联结机制不够完善等问题(刘中会　等,2008)。寿光蔬菜产业集群内各部门的形成是垂直专业化分工的结果,包括产前的种子育苗公司和农药化肥等生产资料企业,产中的以农户为主体的蔬菜生产基地和蔬菜加工龙头企业,产后的批发市场和流通企业,侧面的科研机构、农业协会、中介服务组织、技术培训机构等相关服务部门以及政府机构等四个部分组成。寿光蔬菜产业集群的竞争优势主要体现在以下几个方面:成本优势、技术创新优势、人才优势、就业优势、制度环境优势(黄海平　等,2010)。蔬菜产业又成为农民增收的主要来源,据估算,寿光市农民每赚10元钱,至少有6元是来自蔬菜产业。寿光蔬菜产业化深化过程中存在的问题有,科研水平不高是制约寿光蔬菜产业发展的最大障碍,市场意识落后是阻碍寿光蔬菜产业进一步发展的又一重要原因,菜农与蔬菜公司关系不顺畅是妨碍产业化发展中的又一问题,土地流转的欠规范运作阻碍寿光蔬菜产业的进一步发展(邢希洁,2011)。农业产业集群作为一种有效的区域产业组织形式，可以提高农业综合生产能力，促进区域全面发展。山东省寿光市蔬菜产业集群的特征表现为以专业化小农户规模集聚为基础，以大型农产品批发市场为核心，以农产品产业链条为纽带，以显著的地理根植性为前提，外部经济联系紧密。其形成机制表现为技术创新、经营组织创新、管理与服务创新（徐丽华　等，2014）。多元关系邻近在集群创新过程中能够对消除过度的地理邻近、单一关系邻近造成的创新锁定起到作用，同时还为全球化背景下农业集群创新提供新的渠道。蔬菜集群企业具有明显的地理集聚特征，企业的空间邻近有利于集群创新氛围的形成；集群企业及各创新主体间拥有紧密的关系邻近网络，关系网络中多核心节点，促使创新资源、隐性知识、新技术等的扩散与传播；关系邻近对蔬菜产业集群创新作用更显著，永久性地理邻近在寿光蔬菜产业集群创新中仍然起到正向作用，但作用要弱于关系邻近（史焱文　等，2016）。产业集群为寿光蔬菜带来了专业化生产的优势，有助于形成持续的竞争优势。

寿光菜农的成功经验归纳为以下几个方面：合理的蔬菜种植规模和品种配置，稳定的蔬菜价格，固定的销售渠道，稳定的市场供应和优良的品牌品质（高新伟　等，2011）。寿光大约75%的蔬菜是大棚蔬菜，20%是露天蔬菜，大棚蔬菜一般会避开露天菜的上市期，在冬春季节上市，蔬菜市场供不应求，价格较高且波动不大，农民收入可观。技术进步、交通条件、市场需求和规模、知识溢出、政府政策对我国蔬菜主产地形成有显著的正向影响，要素禀赋因素影响较小。从影响效应看，政府政策的影响程度最大，之后依次为市场需求和规模、交通条件、技术、知识溢出和要素禀赋，同时政府政策对知识溢出也有显著正向影响（周应恒　等，2012）。寿光市素称“中国蔬菜之乡”，享誉国内，该市蔬菜种植规模宏大，品种繁多，绿色无公害，营养丰富，打造出寿光的“品牌蔬菜”。寿光以强烈的品牌意识发展蔬菜产业，实施品牌战略，培育名牌产品（张爱桥，2012）。从2000年开始，连续成功举办“蔬菜博览会”，利用“蔬菜博览会”打响寿光蔬菜品牌。强化质量意识，实施名牌战略。大棚蔬菜呈现资本密集型特征，主要表现在大棚建设成本增加，农资投入成本居高，劳动替代性资本增加，农业机械装备多。这主要与生产方式转变、专业化分工发展、劳动负效用水平提高及技术条件要求提高有关。大棚蔬菜产业具有较好的经济效益，净收益和净收益率较高，但存在收益两极分化和部分亏本经营现象（房风文　等，2012）。可以通过实施专业合作，带动寿光蔬菜种植户经营水平的提高，增强抵御风险的能力。

寿光蔬菜市场的年交易量约为40亿公斤，已成为“买全国、卖全国”的蔬菜集散中心、信息交流中心和价格形成中心。蔬菜从山东寿光生产者到北京最终消费者的流通环节包括从农户到批发市场、从寿光到北京的运输、在北京的批发和零售四个环节。在这四个环节中,从农户到批发市场的费用最高,北京零售环节的费用次之。在四个环节的总费用中所占比重最高的几项分别为包装费、燃油费、市场管理费和运费。蔬菜从寿光到北京的整个流通过程存在"三多"现象:第一,流通环节多;第二,每个环节收费项目多;第三,影响各费用的不可控因素多。因此,蔬菜经过层层加价,最终到达消费者手中,价格增长了两倍甚至三倍(王学真　等,2005)。还要继续减少流通领域不必要的环节和收费,提升寿光蔬菜的市场竞争力。

"洋种子"已控制了中国蔬菜种子的大部分市场,菜农并未认识到"洋种子"的风险状况。通过对寿光的调查发现,决定菜农使用种子的最根本因素是垄断和种子的收益程度(潘勇辉　等,2011)。因此,政府和国内种子企业应大力促进中国种子的研发工作,从根本上解决问题。

4. 思考和讨论题

(1) 为什么寿光蔬菜产业发展得很成功?

(2) 寿光蔬菜产业的影响力表现在哪些方面?

(3) 从 2018 年 8 月的寿光蔬菜受灾问题,谈谈寿光蔬菜产业的瓶颈是什么。

案例二十二：海洋捕捞安全生产如何进一步加强

（一）案例介绍

7 级海风掀翻“排子”，大连一渔船 5 船员 1 死 4 失踪

在庄河市王家岛镇，一种渔民搞海上养殖使用的小木船被当地人叫作“排子”，这种“排子”在风浪较大时不能出海。2005 年 1 月 7 日下午 5 时许，庄河王家岛镇海域一艘满载海蛎子的“排子”突然沉没，沉没地点距海边约 5 海里，船上 5 名船员全部落海。据王家岛边防派出所介绍，当时海上风力达到 7 级。目前，已经打捞上一具尸体，另外 4 人失踪，几乎没有生还可能。1 月 7 日傍晚，庄河市王家岛镇的这艘“排子”在海上养殖区内作业，当时海上风力较大，事后，岛内居民说，那样的天气，“排子”不具备海上作业的条件。这艘“排子”在满载着海蛎子打算返航时，一名看海人要求搭乘回岛上。不料，“排子”在返航途中，海上风浪骤大，本来就超载的“排子”很快就被汹涌的巨浪打沉，船上 5 人全部落海。事情发生后，当地政府立即组织人员和船只进行紧急打捞。目前，已经打捞上一具尸体，另外 4 人至今下落不明，救援工作仍在继续。据岛内渔民分析，就现在的天气情况，失踪的 4 人几乎没有生还希望。记者从岛内渔民处了解到，落海的 5 人中，只有一人是王家岛镇居民，其余 4 人全是外来打工人员。目前，这 4 人的家属已陆续赶往王家岛镇，处理善后事宜。

大连一艘渔船在黄海沉没，7 名船员失踪

2005 年 10 月 21 日，由于海上风浪过大，庄河栗子房镇大圈村的一艘渔船在黄海海域沉没，船上的 7 名船员落水后失踪。此事已引起辽宁省渔港监督管理局的高度重视，目前，搜救工作仍在紧张进行当中。昨日上午，记者来到了庄河市栗子房镇大圈村，由于刚刚发生了沉船事件，整个村子都沉浸在悲伤当中，两户居民家正在忙着办丧事。按当地人的习俗，渔船在大海中翻沉，船员失踪后，家里人就要

为出事的船员办理“影葬”。所谓“影葬”就是在棺木里放些船员平常穿戴的衣物,然后进行安葬。据村民们讲,沉船上的7名船员都于昨日上午进行了“影葬”。沉船为一艘80马力的木质渔船。在船长刘某家,一大群人正忙着办理“影葬”。刘某的妻子毕某从坟地回到了家里,她的嗓子已经哭得沙哑。据毕某介绍,渔船上连同她丈夫共7名船员。刘某是船长,其他6人都是刘某雇用的,船员都已买了保险。距离刘某家约100米的地方,程某家也在办理“影葬”。程某是刘某船上的船员,今年39岁。除了刘某和程某,另外的5名船员有2人来自庄河大营镇,1人来自附近的大屯村,1人来自大孤山镇,1人来自南方某省。7人的年龄均在三四十岁。

据当地群众介绍,10月13日,刘某的渔船前往北纬38度40分、东经124度附近海域捕捞鱿鱼。那里距离栗子房镇海边有90海里,80马力的渔船要行驶10个小时。出事时,大圈村的杨某也在海上。昨日上午,杨某回忆说,10月19日,他和几名船员驾驶一艘185马力的钢壳船前往刘某捕鱼附近的海域。出事前,他和刘某之间可以通过对讲机互相通话。21日6时许,海上就起风了,大约在6级左右。为避免发生意外,刘某和杨某的船在海上抛锚。随后,风力越来越强,甚至达到了9级。大约在13时许,杨某突然跟刘某的船失去了联系。随后,一艘东港渔船上的渔民告知杨某,他们发现刘某的渔船已经沉没,因风力过强无法靠近救助。杨某说,他顾不上大风的威胁,迅速将船启动前往出事海域,同时将消息通知了刘某家属。然而,在海上搜寻了一整天,除了渔箱、船板和旗子在波浪中漂浮,他们没有发现船只和船员。杨某说,他的船在狂风中飘摇,巨浪曾差一点将船掀翻。10月22日23时许,杨某和船员失望地返回了栗子房镇。搜救,尚无失踪船员确切消息。就此事,庄河市海洋与渔业局局长柯景仁介绍说,10月22日7点左右,他们接到事故汇报,得知出事时船上有7名渔民,生死不明。由于事故重大,他们马上组织船只到出事海域搜救,同时向辽宁省渔港监督管理局和大连市渔港监督管理局作了汇报。当天,省渔港监督管理局的相关领导就赶到了庄河。由于出事海域情况复杂,一直没有7位渔民的确切消息。搜救工作进行的同时,失踪船员的亲属也在多方寻找。有消息称,10月22日傍晚,有人在电视上看到一则报道,说是有韩国方面的船只救起过5名辽宁籍船员。这个消息让众多的家属心中生出了无限的希望。目前,家属和相关部门正在积极联系此事。不过,截至记者发稿时,尚未得到确切消息。

渔船冒险出海,管理遭遇空白。20日和21日两天,我国北方地区遭遇寒流“袭击”,黄、渤海海域风力超过8级,最高风力达到10级。海事部门的资料显示,虽然所有的客船、客滚船、快船全部在港口避风，但海事和救助部门的飞机、救助船仍救起多艘遇险船只，其中除了一艘货船外，其余10余艘均为渔船。为什么这些船在恶劣天气下仍然出海？"关键是我国对渔船出海规定没有明确要求。天气恶劣的情况下，海事部门只能通过高频电话提醒作业船只注意避风。"大连海事局一相关工作人员说。"按照有关规定，海面风力超过6级，渔船就不能出海，但这个规定没有被很好地执行。"大连海事局搜救中心的负责人说，"每一个恶劣天气里，从雷达监控系统上都会看到渔船的身影。"与客运船只的规范相比，海事部门表示，恶劣天气情况下发现渔船和货船，作为海事部门只能提醒这些船只注意避风，但大部分时间这些善意的提醒都被"忽视"。一位工作人员说，海事部门提醒某船注意避风时，有时船上的人不愿意接受，甚至将高频通话系统关掉，这样一旦发生危险，海事部门和北海救助局相关单位联系遇险船只也比较困难。"这样的天气，这些船只硬要继续作业，海事部门一点办法也没有，因为国家对货船还没有出台像客船那样的硬性天气条件规定。"海事部门称。海事部门和北海救助局有关人员认为，之所以会有船只冒险作业，是船主为了降低成本，不愿意再掏钱进港避风。"不管这些船只听不听我们的建议，遇到这样的恶劣天气，特别现在已经到了渤海海域多风的季节，我们还是要继续提醒他们。"大连海上搜救中心的工作人员说。

大连老铁山海域一渔船沉没，9名船员失踪

2010年6月17日零时许，私自出海的辽瓦渔75047号渔船船主接到船员手机电话报告：渔船发动机变速箱再次发生故障，被迫在旅顺老铁山隧道附近海域停锚。这是船上9名船员留下的最后一条信息。两天来，大雾笼罩着大连，弥漫着浓雾的大海中，一艘货轮与辽瓦渔75047号渔船相撞，渔船沉没。经过30多个小时的搜救，除了在出事海域发现渔船碎片外，9名船员下落不明。7时许，大连旅顺口区渔政部门的一位工作人员接到老铁山边防派出所的电话，一艘从旅顺驶出的渔船沉没。9时许，辽宁渔港监督局渔监处接到紧急信息，在旅顺老铁山隧道附近海域，辽瓦渔75047号渔船完全沉没，船上9名船员下落不明。10时50分，旅顺口区海洋渔业局救援船只开赴事发海域。"海上全是浓雾，能见度不到20米，而且风浪很大。"渔业局一位负责人说，救援船只启动雷达搜索，但没有任何发现，考虑船只安全，被迫返航。与此同时，沉船事故已引起多方关注，大连市海洋与渔业局、大连市海上搜救中心以及瓦房店渔政部门纷纷前往事发海域，搜救落水船员，调查事故原因。据旅顺口区渔政部门工作人员介绍，出事渔船为辽瓦渔75047号，船上共有9名船员，事发前渔船与另外5艘瓦房店籍渔船于6月3日停靠在旅顺口区郭家沟码头。6 月 10 日，未经渔政部门检查，6 艘渔船擅自出海。“我们一直追到海上，通过喇叭喊话，叫停渔船上船检查。船员称准备到山东小钦岛维修，但我们发现船只存在问题。”旅顺渔政部门工作人员说，当时 6 艘渔船均被带回码头。“我们曾对这 6 艘渔船下达过停航通知，禁止船只离开码头。”该工作人员说，出事渔船属于违规私自出海。

事故发生后，瓦房店市海洋渔业局对事故船只、船主进行了调查。辽瓦渔 75047 号渔船注册地为瓦房店市红沿河镇，船主为姜辉堂。据姜辉堂讲述，该渔船今年春天赴山东海域出海作业，进入休渔期后返回大连停泊在旅顺口区郭家沟码头。船员在检修时发现变速箱有毛病，随即进行了维修。6 月 10 日，渔船维修后进行试航，并邀请了 5 艘瓦房店籍渔船随行护航，被当地渔政部门发现后带回码头，并被罚款 3 000 元。因为渔船本身还有一些设备需要更新养护，而旅顺口区的几个修船厂活儿排得很满，船员与船主沟通后，决定奔赴山东秦山岛的一家修船厂进行维修，结果途中变速箱再次发生故障，被迫抛锚。瓦房店市海洋渔业局工作人员介绍，变速箱发生故障后，船员只是通过手机向船主通告了情况，并未及时与海事、渔政部门联系。时值凌晨零时许，船主也未及时向有关部门报告，加上两天来的大雾天气，停泊在老铁山“黄金水道”海域附近渔船，就在大雾笼罩的夜里被经过的货船撞沉了。“经过 30 多个小时搜救，我们在事发海域发现了大量事故船只的碎片，但一直没有发现 9 名船员的踪影。”这位工作人员说，搜救工作已经停止，9 名船员生还希望渺茫。

大连一无号“黑渔船”沉没，8 名船员全部失踪

2011 年 12 月 29 日早，一艘渔船在长海县海洋岛东南 40 海里的海域沉没，船上 8 名船员全部失踪。船主表示，该船没有船号，是艘“黑船”。4 名失踪船员的家属已经赶到大连，他们的新年在悲伤中度过。生要见人，死要见尸，这是家属的诉求。有人看见渔船沉没。昨日，30 多名失踪船员的家属，在大连西岗区大龙街的一家地下旅馆里焦急而悲痛地度过新年第一天。2011 年 12 月 29 日清早，船主乔先生的生活被一通电话铃声打碎了。“你家渔船沉没了，快报警。”打来电话的是另一艘船的人，他们远远看见渔船的“驾驶舱进水了”。乔先生立刻报了警，辽宁省海上搜救中心展开搜寻和救援。当日下午两点多，黑龙江省肇州县朝阳乡永强村的于长龙接到当地派出所打来的电话，说他弟弟在海上出事了，渔船沉没，人也失踪了。随后，于长龙和其他亲人租了一辆车，驱车 1 400 公里，跑了 13 个多小时，在 12 月 30 日凌晨 2 点多赶到大连湾的一家旅店，见到了船主乔先生。失踪船员家属

介绍，船上共有8人，年龄最大的38岁，最小的18岁。目前，已有4名船员家属接到船主的通知赶到大连。船主称，另4人的家属现在联系不上。根据失踪船员家属的整理，这8名船员中，船长来自瓦房店，其余7名船员来自黑龙江肇州县、黑龙江庆安县、沈阳市苏家屯、瓦房店、鞍山、云南和黑龙江。

搜救中心称发现尸体。失踪船员家属介绍，沉没的是条240马力的木质渔船，长30多米。自从船出事后，船主乔先生很少接电话。昨日，他的妻子王女士接受记者采访时表示，半年前，丈夫从别人手上买下了这条船，事发前几天，她丈夫才刚从船上下来，当时状况还好好的。"海上搜救部门在海面上发现有漂浮物，但是风浪太大了靠近不了，随后，让我们想想办法，有没有船可以过去，然后我们就找附近的船赶紧过去。在事发海面上，什么都没有找到。"王女士说。随后他们立刻通过警方，通知船员家属，目前尚有4人联系不上。23岁的柯明亮是家里的独子，父亲给他盖好了144平方米的大瓦房，原本打算让儿子春节后就结婚。父亲柯立才说，他没想到过要赔偿，就当20多年白养活了，但总得看他一眼，抱着儿子的骨灰回家，"人没了，还要钱有啥用!"，他甚至都没想要追究船主的责任。失踪船员家属表示，出事的船没有船号也没有正规手续，是条黑船。对此，王女士没有否认。"我们向海事部门、大连公安局等地方都找过，但搜救都没有进展。"失踪船员家属说。昨日，记者从辽宁省海上搜救中心获悉，的确有一条船出事，他们派了直升机搜救，在海上发现了尸体。目前，搜救工作还在进行中。

（二）案例解析

1. 教学目的与用途

通过本案例的教学，使学生较全面地了解海洋捕捞风险的基础理论和基本知识；熟悉风险的由来和特征，能够把握海洋捕捞风险的特有规律以及政府干预的必要性和适当方式。在教学过程中，注重理论联系实际，运用所学理论知识和方法分析现实问题，及时跟踪学术发展前沿；注重培养学生主动获取知识的能力，加强专题研讨、案例研究和团队项目的内容训练，为学生将来从事相关理论和实际工作打下坚实基础。

2. 背景信息

海洋捕捞的特有生产环境，决定了其危险系数较高，安全生产事故高发，容易引发社会和媒体的高度关注。我国的水产品产量、捕捞量和渔船数量都位居世界第一，海洋捕捞从业人员数量也位居世界第一，2015年世界海洋捕捞产量达到9 060万吨，中国产量为1 761.75万吨，占到19.45%。因此，中国海洋捕捞安全也事关全球海洋捕捞行业安全生产整体水平，做好这项工作，从国内和国际看，都具有重要意义。

俗话说，“世上有三苦，撑船、打铁、做豆腐”，反映了这三个行业在生产力不发达的年代受制于技术水平的限制，劳动者需要付出更多艰辛。从事海洋捕捞，不仅工作环境相对艰苦，而且风险大，在生产技术和管理不发达的年代更是如此。例如，1959 年 4 月 10 日，江苏吕泗洋渔场遭到 9～10 级大风袭击，集中在吕泗洋渔场生产的有福建、浙江、江苏、辽宁、上海 5 个省(市)5 246 艘渔船来不及避风，损失严重。这次风灾共沉没、严重损坏渔船 286 艘，死亡渔民 1 477 人。

从业人员素质不高，对海洋捕捞风险形成了推波助澜的作用。传统捕捞渔民多来自本乡本土，他们自小耳濡目染，熟悉海洋捕捞的工作环境，能够较好驾驭海洋捕捞的风险。随着经济发展和劳动力的流动，沿海渔民凭借先富起来的资本优势更多成为船东，不愿意再从事艰辛的生产劳动，而广大内地农民由于经济发展相对滞后，愿意从事比一般农业收入高的捕捞工作。在 2017 年的一次大连渔港实地调查中发现，来自辽宁省内的捕捞从业人员占总数的 48.9%，来自河南省、山东省、吉林省，黑龙江省等其他省份的捕捞从业人员占比过半。在被调查者的受教育程度方面，最高为大学，最低为小学或未上学，其中未上学或小学文化程度的有 34 人，占总数的 37.0%；初中文化程度的有 49 人，占总数的 53.3%；高中或中专文化程度的有 8 人，占总数的 8.7%；大学或大专文化程度的有 1 人，占总数的 1.1%。由此可以看出，捕捞渔民的素质并不高，尤其是非传统捕捞渔民的大量加入，潜伏着巨大安全生产隐患。由于捕捞从业人员更多来自非传统渔民，素质参差不齐，安全生产意识淡薄，存在侥幸心理，违规违章作业，致使海洋捕捞安全生产事故常年居高不下。从业人员素质和能力不高，安全生产意识比较单薄，成为海洋捕捞安全生产事故的首要原因。

渔港是“三渔”发展最重要的基础设施。渔村越发展，渔港越重要。渔港是渔船最重要的避风场所和渔民生产生活最主要的后方基地，也是渔船停泊、补给、渔货交易及加工的场所，还是海上养殖、游钓、休闲渔业等现代渔业的依托。但部分渔港港池面积偏小、标准偏低，建设和维护资金不足，被非渔产业侵占问题突出，多头使用和管理，使得渔港整体功能未能有效发挥。今后需要进一步完善渔港运行机制，把渔港的各项功能发挥好，更好地支撑和保障海洋捕捞的安全生产。

3. 理论依据与分析

海洋捕捞风险大，风险成因纷繁复杂，风险管理的难度大。渔业生产已是比煤矿生产还要危险的高危行业，安全生产状况仍不容乐观，主要表现为：一是船舶、船员证书未按规定随船携带；二是救生消防设备达不到要求，灭火器过期失效，救生圈不按规定位置摆放等问题比较普遍；三是船名标识不规范，个别渔船存在随意涂写船名现象；四是职务船员配备不齐，无证上岗现象时有发生；五是渔船电子装备安装使用不规范，违法擅自拆卸 RFID，不能正确使用北斗、AIS 等现代化通导设备的情形依旧存在。从全国来看，目前渔船安全管理的根本性问题还未得到全面解决，渔业生产的安全隐患还未彻底消除，安全监管工作还有一定差距。加之极端和灾害性天气的突发性、不确定性，增加了渔业水上各类事故发生的不确定性，加大了安全管理工作难度。

渔船发生的事故种类主要包括碰撞、触损、触礁、风灾、搁浅、火灾等。从中国渔业互保协会的数据来看，风灾是造成渔船发生全损事故的最主要因素。浙江省海洋与渔业局渔业船舶水上重大交通事故的统计数据显示，海上大风浪造成的死亡人数和直接经济损失十分惨重。

海洋捕捞安全生产的风险管理，是在风险管理的成本与收益之间进行权衡，渔船经营者据此做出相应的对策。海洋捕捞关乎粮食安全、海洋权益、外交战略，“渔权即海权，海权即主权”。海洋捕捞业生产安全具有准公共品属性。安全生产是人命关天的大事，是不能踩的“红线”。财产安全，主要依靠市场提供保障，但也会出现市场失灵；生命安全则是人命关天，现代社会的政府更是对此高度负责，个体和社会也要承担相应责任。

海洋捕捞业安全生产的影响因素包括三个方面，即人、渔船、环境（硬环境、软环境）。敢冒风险是渔民的首要特征。在实地调查中，不少渔民反映风险不大，这说明渔民敢闯敢做，但如果风险超出其承受能力，则说明其风险意识较差。另外，渔民具有坚忍不拔、团结协作、带有迷信色彩等特征。渔船具有“三农”特性。渔业船舶与交通船舶不同，其经营主体主要是千家万户的渔民、农民，渔船个体小，数量大，停泊分散，组织化程度低，这就决定了其管理方式与交通船舶不同，要从国家“三农”政策出发，以农村工作的方式方法做好渔船管理工作。我国已发展成为世界渔船第一大国，2014 年我国海洋捕捞渔船 189 484 艘，1 200 多万马力。据国际海事组织（IMO）统计，世界上船长大于 24 米的渔船总数 4 万多艘，而我国就拥有 2.8 万艘，占世界同类型渔船数量的 60%多。

我国自 1987 年开始实施海洋捕捞渔船数量和功率总量控制制度。但在一段时间内，治理效果并不明显。2009 年，海洋捕捞能力超过资源可承受能力 30%以上。2010年，在全国受检的海洋渔船中，钢质渔船和玻璃钢渔船分别占到12.6%和7.9%，占海洋渔船79.5%的部分则是木质渔船。再从船型大小来看，2013年我国海洋机动渔船总数为283 321艘，船长12米以下的小型渔船占比高达68.16%。

我国90%以上的海难事故发生于小型渔船。2016年辽宁省渔港监督局圆满完成两个阶段辖区渤海海域渔业安全生产海上巡航检查，通过巡检发现，两阶段共查出存在安全隐患的渔船76艘，占所查渔船总数122艘的62.3%。另外，跨界非法捕捞、转港作业渔船管理难，也易引发捕捞安全生产事故。

另外，捕捞过度已成为一个国际性问题，我国近海渔场资源呈现加速衰竭趋势。我国的海洋捕捞制度尚不完备。渔业管理制度需要完善。省以下地区对所辖海域没有海洋、渔业管理权，只有责任。捕捞没有像日本、台湾地区那样承认历史遗留的法定捕捞权，捕鱼是对所有公民开放的。《渔业捕捞许可管理规定》第二条规定："中华人民共和国的公民、法人和其他组织从事渔业捕捞活动，以及外国人在中华人民共和国管辖海域从事渔业捕捞活动，应当遵守本规定。"这表示，所有公民都有资格从事捕捞业，虽然看似公平，但实际上却让少数人占有了有限的捕捞资源，损害了公平性。

目前，我国海洋捕捞的投入管理制度比较完善，包括伏季休渔、渔船与功率的"双控"、最小网目管理；但从投入环节控制捕捞努力量的方式来看，效果不算好。同时，缺乏产出管理手段，捕捞产能利用率高，缺乏配额管理的手段。国务院1983年批转的农牧渔业部《关于发展海洋渔业若干问题的报告》中指出，今后要积极创造条件，尽快实行配额捕捞。2000年修订的《渔业法》明确提出实施捕捞限额管理，从捕捞产出的角度限制捕捞量。但目前为止因为监管困难、从业者众多、资源禀赋条件差异性大等原因尚未实行。

4. 思考和讨论题

(1) 影响海洋捕捞安全生产的因素有哪些？

(2) 中小渔船的安全事故为什么高发？

(3) 如何进一步提高海洋捕捞安全生产的水平？

案例二十三：水产养殖质量如何更安全

（一）案例介绍

向鱼塘泼洒孔雀石绿等违禁药，水产养殖户获刑一年九个月

为了提高鱼苗成活率，广州番禺区沙湾镇52岁的水产养殖户梁某益，法律意识淡薄，多次向其经营承包的鱼塘泼洒孔雀石绿等国家明令禁止给家畜喂食的违禁兽药，危害渔产品源头的食用安全。2012年11月，番禺区法院以生产有毒、有害食品罪判处梁某益有期徒刑一年九个月，并处罚金1万元。4月份起，番禺沙湾渔农梁某益在其承包经营的沙湾镇新洲村"黄猄围"中的鱼塘放养了一批鱼苗，由于有寄生虫患，导致该批鱼苗成活率低，为治疗鱼病以减少经济损失，梁某益不顾渔产品的食用安全，根据多年前用过孔雀石绿治疗过鱼病效果好的经验，于5月4日上午10时许驾驶木船向该鱼塘泼洒孔雀石绿、呋喃唑酮粉和福尔马林稀释液等违禁兽药。其间，梁某益被广东省渔政总队番禺大队执法人员当场查获，现场缴获搅拌后的深蓝色药水270公斤、黄色粉末3公斤，并查封了该鱼塘。同月8日，执法人员在梁某益的鱼塘中提取鳜鱼、鲢鱼及鱼塘底泥样品进行检验，显示缴获的深蓝色药水检出孔雀石绿成分、黄色粉末检出呋喃唑酮成分；提取的鳜鱼、鲢鱼均检出孔雀石绿和呋喃唑酮成分，足以构成对人体健康的严重危害。梁某益供述，其知道孔雀石绿是违禁药，但见鱼病治来治去都治不好，一时心急，也想鱼苗到成鱼有一年时间，药性可能会分解。梁某益表示由于文化程度低，不知道洒药行为构成犯罪，没有想到会有今天这样的结果，如果想到的话，绝对不会用孔雀石绿。番禺区法院审理后认为，被告人梁某益的行为已构成生产有毒、有害食品罪，该罪是行为犯，依法应当对其适用"处以五年以下有期徒刑"的量刑幅度予以处罚。因其生产的有毒、有害鱼产品及时被查处，尚未流入市场，社会危害性相对较小，判处有期徒刑一年九个月，并处罚金1万元。

海南三亚：水产企业使用违禁药品将被吊销养殖许可证

2014年将完善全市各养殖场日常生产记录，加强管理，对违规使用违禁药品

的企业吊销养殖许可证，不得享受各种政府补偿。三亚市海洋与渔业局相关负责人表示，水产品质量安全监管工作中，仍存在养殖场规模小、分布广，企业水产品质量安全意识不强，水产养殖长期养殖品种单一以及违规使用氯霉素、抗生素、磺胺类、呋喃类德等药物现象时有发生等问题。“将不定期对各片区水产养殖户进行复查和水产品抽样检测工作，争取日常监管率达到100%，抽检覆盖率达到100%。”该负责人说，同时，支持名优品牌创建、标准化示范区建设、无公害水产品生产基地建设，完善各养殖场日常生产记录，加强管理，对违规使用违禁药品的企业吊销养殖许可证，不得享受各种政府补偿，如救灾款的发放等。

央视曝大连抗生素养海参，近海物种几乎灭绝

辽宁大连普兰店皮口镇，是大连周边海域养殖海参最大的一片区域，由于养殖户大量添加抗生素等药物，导致近海物种几乎灭绝。皮口镇面积有93平方公里，密密麻麻分布着大量的海参养殖圈。一般海参圈每5年要进行一次清理，即把水放完把海参捡走，然后重新清理圈内淤泥，再用生石灰杀菌，平均每亩要撒七八十公斤生石灰。随后，潮水会把养殖圈里的生石灰和清理出的废物排放到近海，完成整个清理过程。

2014年9月，记者调查发现，每当海参圈放水的时候，周边就会有死鱼，对于近海的候鸟来说充满威胁。据一位海参养殖场老板介绍，他们清理海参粪便或污渍，使用的都是次氯酸钠和医用双氧水。次氯酸钠的成分实际上是漂白剂，具有腐蚀性，是化工业中经常使用的化学用品，与医用双氧水一起一般用于物体表面消毒。最终，这些养殖废水都将排到海里。曾有研究结果表明，漂白剂过量会对鱼有毒性和潜在致癌性，如果大量使用漂白剂和石灰类化工原料，直接排放可以导致海岸浮游生物死亡。

为了提高海参幼苗成活率，防止生病，养殖户会在参苗池里大量添加抗生素等药物。“撒青霉素，消炎的，杀菌的。”一位大连长兴岛的海参养殖户这样告诉记者，“隔个三天四天换一次水，那有一根管子，放下来，水就排走了。”海参养殖添加大量的药物，已不是秘密，除了抗生素还要投药杀死海参圈里的其他生物，以便其他生物不会与海参争营养，所以海参圈周边水质较差。在一家海参育苗车间的门口，记者发现有很多化工圆筒，车间大门内还能看到很多溶剂的搅拌器。这些桶里面到底装的是什么，可以从海参育苗厂的门外垃圾堆里找到一些线索。在车间外的垃圾堆里，散落着很多小瓶子，标签上写的是注射用头孢曲松钠，这是一种抗生素。此外，垃圾堆里还有一些专门给海参用的药品，部分上面写的是“强力参康1号水

产专用”。头孢曲松钠，第三代头孢菌素类抗生素，用于敏感致病菌所致的下呼吸道、尿路、胆道感染等疾病。除了头孢，记者还发现了盐酸诺氟沙星、六抗底安、聚维酮碘溶液、海参解毒安、酵母细胞壁多糖等多种药物，甚至还有带有一种菊酯类的杀虫剂灭扫利。

乌鱼、对虾已灭绝。记者走访附近渔村了解到，面对经济利益，近几年海参围海养殖兴起迅速。有渔民表示，在这片海里，像乌鱼、对虾等其他生物现在都已经“灭根了”。不仅仅是大连庄河，整个渤海湾的辽东半岛至山东半岛一带，海参圈比比皆是，有的甚至几万公顷连成一片。在盘锦海参圈已经深入到斑海豹的国家级自然保护区。近海养殖产业密集对近海海域造成污染，渤海湾生态系统现在已经处于亚健康状态，水体呈严重富营养化，氮磷比重已严重失衡。

（二）案例解析

1. 教学目的与用途

通过本案例的教学，使学生较全面地了解水产养殖风险的基础理论和基本知识；熟悉风险的由来和特征，能够把握水产养殖风险的特有规律以及政府干预的必要性和适当方式。在教学过程中，注重理论联系实际，运用所学理论知识和方法分析现实问题，及时跟踪学术发展前沿；注重培养学生主动获取知识的能力，加强专题研讨、案例研究和团队项目的内容训练，为学生将来从事相关理论和实际工作打下坚实基础。

2. 背景信息

改革开放以来，我国逐步确立了养殖业在水产中的主导地位。一方面，资源衰退日益严重，沿海面临着无鱼可打的局面。另一方面，市场取向的改革，使得效益考量更加重要，捕捞业的亏损促使经营者转型。还有，养殖技术的突破、制度的完善打开了养殖业发展的新局面。1988 年全国水产品总产量(原标准)1 060.97 万吨，比上年增长 11.1%，仅次于日本、苏联，居世界第三位。其中养殖产量 532.14 万吨，在我国历史上首次超过捕捞产量。目前我国是世界第一水产养殖大国，养殖产量占世界养殖产量和我国水产总产量的 70%左右，成为世界上唯一养殖产量超过捕捞产量的国家。

水产品安全依然处于进一步巩固的阶段。2016 年 11 月，由于北京市食品药品监管局开展水产品专项检查，引起“活鱼下架”，多家超市停售淡水活鱼引发猜测。坊间传闻，水质污染几乎不可避免，活鱼被检验通过概率较低，遭遇检查受处罚的可能性高，商家心里没有底。所以，虽说从未统一下达停止销售淡水活鱼的通知，但部分超市自主决定停售淡水活鱼，以规避被处罚的风险。可见，水产品安全形势不容乐观。2017 年 1 月，农业部副部长于康震在全国渔业渔政工作会议上指出，水产品质量还存在不少安全隐患，鳜鱼、乌鳢市场监测合格率偏低，孔雀石绿、硝基呋喃残留超标还比较突出。

养鱼先养水。1999 年 12 月，国家环境保护总局发布的《近岸海域环境功能区管理办法》，指出近岸海域环境功能区分为四类，其中一类近岸海域环境功能区包括海洋渔业水域、海上自然保护区、珍稀濒危海洋生物保护区等，二类近岸海域环境功能区包括水产养殖区、与人类食用直接有关的工业用水区等，还对近岸海域环境功能区的划定和管理作了规定。2003 年 7 月，农业部发布《水产养殖质量安全管理规定》，指出水产养殖用水应当符合农业部《无公害食品海水养殖用水水质》（NY5052－2001）或《无公害食品淡水养殖用水水质》（NY5051－2001）等标准，禁止将不符合水质标准的水源用于水产养殖。《海洋环境保护法》专列一章“防治陆源污染物对海洋环境的污染损害”，内容包括入海排污口位置选择、申报、严格控制工业废水、生活污水排放、沿海农田合理使用农药、化肥、禁止转移危险废物等。

实行水产品健康养殖方式，提高水产品质量安全水平。2003 年 7 月，农业部发布《水产养殖质量安全管理规定》，指出健康养殖是指通过采用投放无疫病苗种、投喂全价饲料及人为控制养殖环境条件等技术措施，使养殖生物保持最适宜生长和发育的状态，实现减少养殖病害发生、提高产品质量的一种养殖方式。生态养殖是指根据不同养殖生物间的共生互补原理，利用自然界物质循环系统，在一定的养殖空间和区域内，通过相应的技术和管理措施，使不同生物在同一环境中共同生长，实现保持生态平衡、提高养殖效益的一种养殖方式。《海洋环境保护法》指出，国家鼓励发展生态渔业建设，推广多种生态渔业生产方式，改善海水养殖状况。2013 年颁布的《国务院关于促进海洋渔业持续健康发展的若干意见》指出，加强投入品管理，减少养殖污染，加大水产养殖池塘标准化改造力度，推进近海养殖网箱标准化改造，大力推广生态健康养殖模式。2009 年 1 号文件指出扩大水产健康养殖示范区（场）建设。2013 年 2 月份印发《农业部办公厅关于开展 2013 年农业部水产健康养殖示范场创建活动的通知》，各地养殖企业和农民专业合作社等单位踊跃参与，1 131 家创建单位获得农业部水产健康养殖示范场。

3. 理论依据与分析

食品质量安全状况是一个国家经济发展水平和人民生活质量的重要标志。中国政府坚持以人为本，高度重视食品安全，一直把加强食品质量安全摆在重要的位置。必须强调农业的绿色发展，推行绿色的生产方式，这种考虑既是提高农产品质量本身的需要，也是在还多年欠下的历史旧账，同时也是在为我们的子孙后代留生存和发展的空间。由于我国人多地少的特殊国情和所处的历史发展阶段，现在食品安全的形势依然复杂严峻，食品安全工作与人民群众的期盼仍然有很大的差距。比如农药兽药残留超标的风险，环境污染造成食品中重金属超标的风险，粮食收购储存运输中霉菌污染的风险，还有非法添加非食用物质、食品添加剂的超范围、超限量使用的风险。另外，制假、掺假、售假违法案件仍然时有发生。一方面，因为还是大量的小生产，规模比重还不够高，风险隐患比较多。另一方面，我们的执法还要进一步完善和加大力度。

农产品质量安全一个是要"产出来"，一个是要"管出来"。在监管工作中，在食品安全的标准、监管、处罚、问责等方面也有很多差距，基层监管力量薄弱，专业技术人员缺乏，有些设施设备落后。这些都与监管工作的需要不适应。存在的差距就是我们努力的方向，食品安全没有"零风险"，但是对食品安全的违法犯罪必须"零容忍"。按照"严"字当头的要求，严管、严防、严控食品安全风险，下大力气整治人民群众普遍关心的突出问题，认真落实地方属地管理责任，严把从农田到餐桌的每一道防线，确实维护人民群众"舌尖上的安全"。实现农产品的可追溯，建立可追溯制度，确保农产品全产业链条的质量可靠。

加强对食品小作坊的专项整治力度。我们的食品安全方面还是存在着不少的问题，突出表现在我们的一些食品小企业、小作坊，量大面广，生产条件差，他们的产品是不稳定的。中国存在的地区差异、城乡差异等决定了对食品生产加工小作坊的监管是一项长期、艰巨的工作。采取抓大管小的原则，就是对规模比较大的企业，我们把它抓好，他们在我们国家食品生产企业当中是主流，他们生产的产品大约占我们全部市场的90%，就是我们绝大部分的产品应该是安全有保障的。对于这些小企业生产的产品，占有市场份额大约10%，我们将加大整治力度，特别是对小企业加大整治力度，对不合格的、长期生产不符合标准的甚至制假售假的小企业，我们坚决彻底地把它关闭掉，不允许它再生产。2007年，全国共有食品生产加工企业44.8万家。其中规模以上企业2.6万家，产品市场占有率为72%，产量和销售收入占主导地位；规模以下、10人以上企业6.9万家，产品市场占有率为18.7%；10人以下小企业、小作坊35.3万家，产品市场占有率为9.3%。10人以下的食品生产加工小作坊是食品质量安全监管的重点和难点。对从事传统、低风险食品加工的小作坊，中国坚持"监管、规范、引导、便民"的工作原则，一方面通过关停并转等方式，让小作坊尽快达到市场准入条件；另一方面强化监管措施，防止食品安全事故发生。近年来对小企业、小作坊重点实施了四个方面的监管：一是基本条件改造，达不到要求的不得生产；二是限制销售范围，小作坊生产加工的食品销售范围不得超出乡镇行政区域，不准进入商场、超市销售；三是严格限制预包装，小作坊生产的食品在获得市场准入资格之前不得使用相应包装，防止其乔装打扮混入市场；四是公开承诺，小作坊必须向社会公开承诺不使用非食品原料，不滥用添加剂，不使用回收食品作原料，产品不进入商场、超市销售，不超出承诺区域销售，确保食品达到最基本的安全卫生要求。

水产品安全受制于人员、环境、政策等多方面因素。需要发挥市场和政府两个方面的积极性。针对从业人员文化素质低、水产品安全生产意识淡薄的问题，需要加强龙头企业带动、合作社引领、协会指导等措施，提高水产养殖的组织化水平，同时提高产品质量和产业的竞争力。对于水域污染、过密化养殖等问题，需要充分发挥协会的行业约束和自律作用，同时辅之以必要的监管，严格遵守环保底线要求，让绿水青山变为金山银山。在政策方面，由于水产养殖事关国家粮食安全，水产品绿色发展、质量安全关系到行业的长远发展，因此，政府要多出台鼓励政策，积极承担环保成本和监管成本，使水产品质量安全内化于心、外化于行。

4. 思考和讨论题

(1) 就养殖环节而言，影响水产品质量安全的因素有哪些？

(2) 目前的水产养殖环节监管，存在哪些不足之处？

(3) 如何进一步落实水产养殖户的质量安全主体责任？

案例二十四：农渔业专业合作社发展的机遇和挑战

（一）案例介绍

一个合作社带活一个村

2016 年 9 月 22 日，“拉线、开畦、挖窝、种菜……”在秋日阳光的照射下，海拔近 1 000 米的重庆彭水县保家镇大堂村连片蔬菜基地，40 多名村民忙得不亦乐乎，成为大山之中一幅美丽的“秋景图”。“在蔬菜基地务工，每天有 70 块钱收入，安逸！”村民田维成乐呵呵地说，“真心感谢金润绿色蔬菜种植股份合作社，让我们既照顾了家庭，又能在家门口挣钱，一举几得。”“合作社＋基地＋农户”模式，说起金润绿色蔬菜种植股份合作社，就必须得说理事长谭润华。进入不惑之年的谭润华，曾在保家集镇做蔬菜生意，赚取微薄的利润养家糊口。经过多年的打拼，谭润华摸索到了一些套路。2013 年初，她来到海拔近 1 000 米的大堂村租赁了 300 亩土地，尝试种植西红柿、辣椒、茄子、豇豆、苦瓜等高山反季节无公害蔬菜。“当时的想法挺简单，就是自产自销，走科学种植、绿色种植之路。”谭润华说。勤劳、善良的谭润华，用诚实、守信拿到“订单”，她种植的蔬菜直销重百彭水商场。“每年，在蔬菜基地常年打工的村民有 100 多人。”很快，谭润华成为当地的“种菜明星”，还成为村民脱贫致富的领路人。“我一人富了不算富，乡亲们都富了才算富。”后来，在镇里的支持帮助下，谭润华组建了金润绿色蔬菜种植股份合作社，采取“合作社＋基地＋农户”模式，吸引了当地近 200 名村民入股种植蔬菜。

大堂村村民田维胜把家里的 5 亩土地流转给金润绿色蔬菜种植股份合作社，每年坐收 900 元的“土地租金”。“我常年在合作社打工，每年收入 8 000 多元呢！”田维胜很是兴奋地说：“我一家人能够过上如今的好生活，全靠村里这个合作社。”大堂村支书吴小松称，合作社给村里带来了两大变化。一是改变了种植结构。过去村里种植模式单一，大多种植玉米、洋芋等传统品种。如今，一年分成三季：第一季，种植黄瓜、四季豆、糯玉米；第二季，种植小白菜；第三季，种植越冬白菜。这样，充分发挥了土地效益。二是改变了村民生活方式。村里外出务工人员多，许多土地成为“撂荒地”。农闲时，留在家的老人和妇女闲着没事做。现在，村里组建了金润绿色蔬菜种植股份合作社，村民可以到蔬菜基地打工，挣钱顾家两不误。“合作社免费提供种子、技术，碰上市场波动，合作社还负责销售。”为了扩大村民增收渠道，合作社把村里的老人、妇女全都安置到合作社蔬菜基地务工，老人岁数“上不封顶”，年纪最大的有70多岁。“目前，村民们正在种植小白菜。”谭润华说，第一季种植的黄瓜、四季豆、糯玉米喜获丰收。如今，合作社根据大堂村的气候、土壤，因地制宜，科学引导村民种植小白菜，让村民都发“菜”财。

合作社团结互助养“大鱼”

防城港市防城区扶隆乡点灯村那龙头组村民张上成今年发财了，他在村合作社里和乡亲们一起“折腾”清水鱼养殖，今年收入可达4万多元。2015年8月，沿着村口的水泥路走进扶隆乡点灯村那龙头组，发现鱼塘比比皆是。走在水泥路面上时，笔者碰到龙头清水鱼养殖专业合作社理事长张书东。“池子里养什么鱼啊？”“草鱼、罗非鱼。”“村里鱼塘那么多，得吃多少饲料？”“不用饲料，喂的都是草和芭蕉叶。”“那你的鱼都销往哪里？”“南宁、钦州、柳州等地，合作社现在正在逐步打开上思市场。”张书东说，最初，村民们靠种植玉桂、八角，一年收入也就几千元钱，在外打工的村民一年也挣不到一万元。后来他和村民们寻思养鱼，但响应的人不超过10个，村里鱼塘规模小，更别谈什么价格优势。当时村里的养鱼“大户”屈指可数，最大一户养了500公斤左右，年收入不足5 000元。“当时没什么人养鱼，而且没钱没技术。”张书东说。2014年，乡政府开始组织村民成立养鱼合作社，不仅给合作社争取到5万元的扶持资金，还帮助村民扩大鱼塘规模，组织养殖户去参加学习和培训。

2012年以来，为加快农业产业结构调整步伐，不断拓宽农民增收渠道，扶隆乡整合多方资源，加大对点灯村那龙头组的产业扶持力度，免费帮助群众开挖鱼塘60多亩，全乡累计420亩。发放草鱼等鱼苗1万多尾，全乡累计约12万尾。2014年6月，扶隆乡龙头清水鱼养殖专业合作社成立，政府为合作社提供资金、鱼苗、技术等支持，15户村民加入合作社。“进来的必须是养鱼户，而且塘水水质要好。”加入合作社的条件并不宽松，张东书和村民们更看重“质”，他们深知产品质量是招牌。“鱼卖不出怎么办？”没成立合作社之前，这是社员张上梁和每个养殖户都担心的问题。合作社成立后，扶隆乡政府向他们提供市场价格营销信息、代购代销等服务，从此打开了销路，产品销往南宁、钦州、柳州、防城港等地。随着资金、技术、销路等问题逐步得到解决，社员们尝到甜头。合作社目前养殖近10万公斤鱼，养殖量最少的一户也达到2 000公斤左右。张书东告诉记者，他家每年能销售1万～1.5万公斤鱼，今年估计能有3万元收入。在合作社里，社员们不仅可共享养殖技术，还可解决销售问题，这种团结互助机制和氛围坚定了大家的信念。目前，全社共有清水鱼养殖基地63亩，合作社成员从最初的15户，发展到现在的23户，年产清水鱼15万公斤。

人数、资金水分过大，农民专业合作社成“唐僧肉”

农民专业合作社严重“虚胖”，入社社员数量、注册资金额度“水分”较大，“假合作社”“死合作社”“空壳合作社”泛滥。2013年2月，相关人士建议，今后合作社发展应以“提质增效”为主，而不能再盲目扩张数量。根据国家工商总局的数据，截至2012年年底，全国共注册农民专业合作社68.9万家，出资总额1.1万亿元。

“假合作社”现象普遍。自《农民专业合作社法》出台以来，各地合作社发展犹如井喷。东部某省农业厅经管总站工作人员介绍，这些年合作社数量增加很快，全省每年要新增1.3万家左右，但其中1/3都没有发挥作用，根本没有开展任何合作，是“假合作社”，徒有虚名。记者在江苏、江西、安徽等省份采访时也发现，这种“假合作社”现象比较普遍。虽然各省合作社数量都在迅猛增加，但真正能够把农民组织起来合作共赢的很少。江西省南昌县农业局农经站站长樊小平说，农民专业合作社普遍存在不规范的问题，良莠不齐，鱼龙混杂，目前全县700多家合作社中比较规范的最多只有20%。有些合作社成员数量存在不真实的问题，拿着别人的户口本复印一下，就去登记成立合作社，工商部门在登记注册时把关不严。国务院发展研究中心副主任韩俊在一次研讨会上说，合作社现在总注册资金五六千亿元，平均每家都是100万元，基本上里面有90%的水分，工商部门不进行任何的验资提示，也不需要出具验资报告。业内人士认为，农民专业合作社进入门槛太低，凑够5个成员、上网下载一个章程、起一个名字就可以登记。至于这些成员是不是真想合作，有没有相关产业等等，一概不管。现在全国60万家合作社，量已经足够了，今后面临的是如何提质增效的问题。有必要对现有合作社进行一次梳理，淘汰那些虚假合作社，并提高合作社的进入门槛，确保成立一家显效一家。

农民专业合作社被指成空架子，“大跃进”藏隐忧

2013年10月，在沪、鲁、豫、陕、赣、渝等地，当前各地农民专业合作社已进入高速发展期，对推动农业组织化、社会化发挥了不可替代的作用，但其爆发式增长背后所隐含的小、弱、假、散情况仍未改观，合作社发展面临先天不足、发育乏力等

问题。专家和基层干部建议，合作社发展亟须量质并举、固本强基。

合作社成了空架子，近年来各地合作社发展普遍进入高速增长期。数据显示，2008年以来，上海市合作社以每年近千家的速度突飞猛进，到2012年年底，在工商登记的合作社超过6 000家。同期陕西合作社登记数量达1.89万家，覆盖到60%以上的行政村和15.8%的农户。但与此同时，合作社所面临的“量高质低、实力偏弱、组织松散”的困境也日益显现，甚至一些合作社成为徒有虚名的“空壳合作社”。上海市农业产业化办公室副主任金尧说，全市6 000家合作社中，在农业部、上海市农委能够查得到，可以提供各方面信息的只有3 200家，而且二者之间的数字鸿沟越拉越大。很多合作社规模过小，“由10个成员组成的小合作社占了大多数，在市场竞争中基本没什么优势。”陕西省杨凌示范区杨陵区大寨镇西小寨村村民李振华拥有2个标准化温室大棚，谈及自己所在的合作社，李振华颇有些无奈，“日常生产靠自己，销售也得自己跑，合作社基本就是个空架子，理事长连自家大棚都顾不过来，哪里还顾得上我们。”山东省济南市历城区港沟街道办党工委副书记曾现权说，合作社门槛很低，5个人拿身份证复印件就可以办理，不需要验资，没人去查经营管理情况，也不需要年检，很多地方合作社都是“一哄而上，上而不动”。记者在赣、陕、渝等地了解到，“合作不全面、运作不规范、市场竞争力弱、带动作用不明显”，成为各地合作社发展中普遍存在的“幼稚病”。陕西省渭南市农经局局长刘红武说，渭南多数合作社仍以信息技术服务和卖农产品为主，只是对产品简单包装或向市场提供初级原材料，达到产供加销全方位合作的只能占到10%左右。“注册标准、资金门槛都没有明确界定，出资额度的‘水分’很大，理事长报多少就是多少，许多徒有其表的合作社完全没有实际作用！”山东省一家合作社理事长感慨地说。

广西钦州恒达海水养殖合作社抱团发展再“弄潮”

2013年7月，站在广西钦州龙门港码头上，远远望去，绵延数十海里的海面上漂浮着一座座海上木屋和一排排错落有致呈方块状的木质渔排，颇为壮观。“前面大部分都是龙门恒达海水养殖专业合作社社员的养殖场。”码头上的渔民指着前方说道。乘船来到社员包培珠的养殖场，只见整个养殖场宽20米、长50米，分为100多个养殖池，“每个养殖池只有16米，但是养殖量可不小，光是鲈鱼就超过10万斤，还有金枪鱼和大蚝等，几百万元都‘存’在这里呢！”他略带自豪地说。包培珠是龙门港镇南村的养殖户，从事海上养殖已经有12年。“像我这样的养殖户在我们龙门港有很多，以前大家都是各顾各的，零散养殖，销售上也是单打独斗，风险其实还是蛮大的，有时候一亏就亏上百万。”谈起没有加入合作社之前的情况，包培珠颇有感触。

龙门港是广西三大渔港之一，盛产四大“名产”：大蚝、青蟹、明（对）虾和石斑鱼。自从2012年底龙门港镇第一家水产品公司成立，恒达海水养殖专业合作社便与公司携手共进，当地海水养殖业形成“抱团扩张、延伸发展”之势。“我们现在有组织了，大家一起‘抱团’销售，售价比较好，应对市场的风险能力也强多了。”今年年初刚刚加入合作社的小李说，“合作社还组织专家和有经验的养殖户来给大家集中讲解养殖技术，而且社员在养殖的过程中还可以相互帮助，大家共谋发展嘛！”合作社理事长陈毅辉指着远处的大片红树林，“下一步，我们打算统一规划，在2 000亩的红树林下养殖螃蟹和鲻鱼；此外，我们龙门港作为‘中国大蚝之乡’的主产区，发展大蚝养殖条件得天独厚，我们计划开发2 000亩发展海底大蚝养殖。”谈到合作社未来的发展，陈毅辉显得特别激动。恒达海水养殖专业合作社发挥有经验养殖技术骨干的作用，在生产上互相帮助，实现了渔业生产力量的有效整合，为渔农搞好海洋捕捞、水产养殖、良种供应、疫病防治、物资服务、产品购销等系列化服务，解决了一家一户办不了、办不好的实际问题，确保合作社成员的切身利益，促进了渔业增效、渔农增收。

此外，合作社还认真做好后勤物资组织供应、产品保鲜加工，为当地渔民和合作社成员解决生产后顾之忧。合作社采用了“公司＋基地＋农户”的模式，由广西兴桂农业发展有限公司龙门港水产分公司控股投资建设的5 000吨海产品保鲜加工项目正在建设之中，下个月将完成一期建设并投入使用。项目的完成，极大地方便了当地8 000多名渔民，他们再也不用将暂时无法出售的海产品拉到近百公里以外的地方冷冻，龙门港从此将告别镇上没有海产品保鲜加工的历史。合作社的成立，重新整合了龙门港的资源，社员“抱团”闯市场。“我们相信在公司的带动和社员的齐心协力之下，昔日声名在外的龙门‘四大名产’的口碑一定会越叫越响亮！”陈毅辉信心满满地说道。

（二）案例解析

1. 教学目的与用途

通过本案例的教学，使学生较全面地了解农民专业合作社的基础理论和基本知识；熟悉农民专业合作社的由来和特征，能够把握农民专业合作社发展的规律以及政府支持的必要性和适当方式。在教学过程中，注重理论联系实际，运用所学理论知识和方法分析现实问题，及时跟踪学术发展前沿；注重培养学生主动获取知识的能力,加强专题研讨、案例研究和团队项目的内容训练,为学生将来从事相关理论和实际工作打下坚实基础。

2. 背景分析

在漫长的历史进程中,小农经济林立,几乎没有合作,特别是现代意义上的合作。计划经济时期强推的合作化运动,造成了一定的后遗症。在社会主义市场经济阶段,迫切需要构建完善的农民合作社制度。农民专业合作经济组织是农村实行家庭承包经营体制后出现的一种农业生产经营组织,从其组织特征看,既不同于以公司为代表的企业法人,也不同于社会团体法人,也不是个人合伙或者合伙企业,是一种全新的经济组织形态。

20 世纪 80 年代,我国农村确立了以家庭承包经营为基础、统分结合的双层经营体制,农民获得了生产经营自主权,成为独立的财产主体和市场主体,极大地解放了农村生产力。随着经济社会快速发展、市场竞争日趋激烈,小规模家庭经营的弱点也逐渐显现。如何提高家庭经营抗御自然风险和市场风险的能力,将小规模的分散经营与国内、国际大市场对接,是我国加快农业与农村经济发展的重要问题。广大农民群众在家庭承包经营的基础上,创办了多种形式的农民专业合作经济组织,并使其成为农业产业化经营的重要组织载体。

农民专业合作社是在农村家庭承包经营基础上,同类农产品的生产经营者或者同类农业生产经营服务的提供者、利用者,自愿联合、民主管理的互助性经济组织。农民专业合作社的基本特征主要有,以农民为主体,自愿组织起来的新型组织;以为社员服务为目标,在市场上从事营利性经营活动;很强的专业性;互助性质;以尊重农民意愿为核心,坚持“民办、民管、民受益”,充分尊重农民的经营主体地位。农民专业合作社是农民自我兴办、自我管理、自我受益的互助性的经济组织,它涉及的产业是弱势的农业,成员又是弱势群体,就是农民。提高农民组织化程度是我们国家现代农业建设非常重要的内容,农民专业合作社就是提高农民组织化程度、生产专业化程度的重要的举措。

党和国家从农民专业合作经济组织一出现,就为其发展提供了宽松的政策环境,各级党委、政府也为支持其发展,组织各有关部门和单位做了大量的指导、扶持、服务工作。《中华人民共和国农业法》提出,国家鼓励农民在家庭承包经营的基础上自愿组成各类专业合作经济组织。农民专业合作经济组织应当坚持为成员服务的宗旨,按照加入自愿、退出自由、民主管理、盈余返还的原则,依法在其章程规定的范围内开展农业生产经营和服务活动。农民专业合作经济组织可以有多种形式，依法成立、依法登记。任何组织和个人不得侵犯农民专业合作经济组织的财产和经营自主权。十八届三中全会提出，鼓励农村发展合作经济，扶持发展规模化、专业化、现代化经营，允许财政项目资金直接投向符合条件的合作社，允许财政补助形成的资产转交合作社持有和管护，允许合作社开展信用合作。

农民专业合作社作为重要的新型农业经营主体，既涉及农民的经济利益，又关系到农业现代化建设、农村经济发展和社会稳定。农民专业合作社是带动农户进入市场的基本主体，是创新农村社会管理的有效载体。农民专业合作社蓬勃发展，已成为现代农业建设的中坚力量。截至2017年4月底，全国依法登记农民专业合作社188.8万家，是2007年底《农民专业合作社法》颁布施行初期的73倍，平均每个行政村有近3家合作社。入社农户占全国农户总数的46.1%，社均成员60户。产业分布广泛，涵盖粮棉油、肉蛋奶、果蔬茶等主要农产品生产，并扩展到农机、植保、民间工艺、旅游休闲农业、电子商务等多领域多业态。服务领域拓宽，在专业合作的基础上探索出股份合作、信用合作、专业合作社再联合等。农民专业合作社在农业农村经济社会发展中发挥了重要作用。同时，我们也应清醒地看到，一些专业合作社存在管理不民主、财务制度不健全、功能不全、服务单一、规模小等问题，甚至出现许多“空壳社”“挂牌社”“家庭社”，影响和制约了合作社的健康发展。积极发展生产、供销、信用这“三位一体”的综合合作，在很大程度上能够解决这些问题。

3. 理论依据与分析

农民专业合作社是市场经济条件下发展到一定阶段的必然产物。小生产和大市场的不匹配，使得合作成为必然。但我国地少人多的国情，又使得需要稳妥推进。处于起步阶段的农民专业合作社，还有很多不规范和不适应的方面，亟须在发展中不断完善。

农民合作社快速发展。2006年国家颁布了《农民专业合作社法》，标志着我国农民专业合作社发展步入法制化轨道。党的十八大和2013年中央一号文件又进一步提出鼓励农民兴办专业合作、股份合作等多元化、多类型合作社。截至2013年6月底，全国依法登记的农民专业合作社达到82.8万家，实有成员6 540多万户，占农户总数的25.2%；其中种植业合作社约占45.9%，养殖业占27.7%，服务业占18.6%。从部分西方发达国家政府与合作社关系的演变中，可以发现：在合作运动起步阶段，合作社自主独立，国家被迫承认其合法性；在合作运动全面兴起时期，政府开始扶持合作社，合作社保持自治；20世纪后期以来，政府减少对合作社的直接扶持，转向提供服务，合作社自主经营。政府与合作社关系演变的背后，主要反映的是政府职能定位的变迁：从自由经济时代的无为之手，到国家干预经济时代的扶持之手，再到经济全球化、政府放松管制时代的服务之手。从中得到的启示是，在政府职能总体转向服务为主的今天，政府扶持农民专业合作组织的重点是为其独立、自主发展建立公共服务平台，营造良好的市场竞争环境，而不是使用行政手段发动运动、下指标，直接干预农民专业合作组织的内部经营（苑鹏，2009）。农民合作社在一国经济发展第三阶段的历史作用是，通过将传统农业家庭经营提升到农业产业化水平的方式，“拿”回农产品加工和流通的大部分利润，并以此将广大农民的收入水平提升到社会平均水平。为此，农民合作社只能实行“普惠制”，对内实行利益分享、有限积累、限制股金分红、限制大股东和一人一票的民主管理制度，这使得农民合作社缺乏“效率”，无法与同行业普通工商企业竞争，因此需要政府和社会等外部经济力量的支持（李尚勇，2011）。农民专业合作社成员在参与合作中普遍缺乏投资入股、稳定惠顾和扩大产品生产规模的强烈意愿，中国农民专业合作社尚未形成稳定发展和持续成长的内在机制。成员的合作认知水平、获得的合作收益及其满足程度、对管理层的信任程度、合作社盈余返还分配制度和社员股金制度是否健全以及成员在合作社中的某些角色差别，是影响成员合作意愿的主要因素；此外，合作社实行自由退出制度、家庭经营产品的价格波动幅度大对成员扩大经营规模的意愿具有显著的负向影响（孙亚范　等，2012）。所以，要增强农民专业合作社的稳定性，必须进一步夯实制度基础。

干部型组织者在农产品的生产过程中能与政府建立并维持双向依赖关系，从而获取体制内的资源，在农产品的销售过程中能利用政府的庇护关系和与同行的合作关系积极拓宽销售渠道，从而促进合作社的发展壮大；而能人型组织者与政府之间的关系强度较弱，对政府是单向的依赖关系，与同行之间是相互竞争关系，最终导致合作社名存实亡（杨灿君，2014）。渔民专业合作社的发展，同样需要政府的积极介入。渔民参与专业合作组织行为产生的机理是，合作态度主要通过合作意愿的中介作用对参与行为产生正向影响，示范性规范、自我效能和控制力通过合作意愿的部分中介作用对参与行为产生正向影响，指令性规范对合作意愿无影响但可以直接正向作用于参与行为，政府支持在合作意愿向参与行为转换中起重要正向调节作用（张高亮　等，2015）。由此可见，在当前有中国特色的人情社会中，组织者的关系运作对合作社获取外部资源的多寡有重要影响，如何规范和引导合作社的组织者进行关系运作，使其能充分有效地利用外部资源，并促进合作社实现规范化发展，是值得进一步探讨的问题。在动机理论视角下，有效的村民自治具有激发和协调人的内在动机、将组织面临内外部刺激时产生的需求转化为组织集体行动的作用(陈于,2015)。因此,在农户力量均匀且弱小、有内在需求和内聚力的村庄,有效的村民自治具有促进现代农业产业化背景下农业规模化组织——农民合作社产生的动力机制。合作社的决策绝不仅是单纯的经济行为。一个合作社要提高生存和成功的概率,必须顺应产业发展规律,结合政府偏好,重视合作社领导人企业家才能的培养,主动调整治理结构,并深度融入当地的社区文化和政治环境(郑军南,2017)。农民专业合作社既是资本的结合,更是人的结合,需要激活人的因素。

农民的社会阶层不同,利益诉求不同,对发展农民专业合作社的态度也有不同。家庭联产承包责任制实施以来农村社会阶层分化现象越来越明显。当前的农民可以划分为五个不同的社会阶层:脱农阶层、亦工亦农阶层、在村兼业阶层、规模化经营大户阶层以及一般农业经营者阶层,其中在村兼业阶层和大户阶层农民既有可能是合作社发展中核心社员的主要来源,也有可能成为合作社里的边缘社员,而亦工亦农阶层和一般农业经营者阶层的农民则是合作社中普通社员的基本来源。只有深入理解农村社会阶层分化的特征及其对发展农民专业合作社的影响机制,才能更好地认识合作社发展的复杂现实。从农村社会阶层分化的视角出发,农村制度变革需要"顶层设计",既要照顾到"大农"的利益,也不能忽视"小农"利益诉求的合理性(赵晓峰　等,2012)。农村社会阶层分化是农民合作社制度异化现象出现的根本原因,当前合作社发展中出现的兼业小农利益被剥削的现象是农民自发合作的必然结果,具有阶段的合理性,而派系竞争则是制约村域合作社发展壮大的内生性关键变量。政府应从增进各派系村民的共同利益、提高合作社骨干社员同质化程度等方面着手,做好合作社的政策扶持与规范发展工作(赵晓峰　等,2013)。变异已经成为中国农民合作社发展初级阶段的突出特征。合作社的主流形态呈现所有者和业务相关者同一的特征,成员关系从具有共同信仰、联合行动的有机体走向非零和博弈的业务相关者的联盟。相应地,合作社内部治理也由民主控制走向大股东控制;合作社领办人则由自利的农村精英取代具有合作精神的企业家;合作文化由互助走向互惠(苑鹏,2013)。合作社是为了实现潜在的规模经济而产生的。合作社要实现自己相对于公司及"公司农户"的独特优势,就必须实行独特的组织方式,这一组织方式就是合作社的本质规定:"所有者与惠顾者同一"。现实中,中国绝大部分合作社都不具备合作社的本质规定,其本质仍旧是公司或"公司农户"等其他类型的组织(邓衡山　等,2014)。造成这一现象的原因在于农户间的异质性和现行的政策环境。

自《农民专业合作社法》出台以来，中国农民专业合作社数量突飞猛进。但是，现实中的合作社本质上多为其他生产经营模式的“组织”，真正意义上的合作社凤毛麟角。在中国现阶段，由于农产品质量监管不完善、农户经营规模小且农户间异质性强和制度建构外部支持缺失，合作社降低交易成本、获取规模经济的优势难以发挥，而组织成本高昂的劣势却更加突出，这是真正意义的合作社在中国难寻的根本原因（邓衡山　等，2016）。农户特征的差异性、制度环境、市场环境和政策环境都会影响农民合作的潜在利润，进而决定农民合作能否实现及以何种形式实现。日本农协有成功实现“弱者联合”的经验，中国现在实现“弱者联合”的诸条件发生了根本变化，要想在中国实现有效的“弱者联合”变得异常艰难（周应恒　等，2016）。中国现实中的合作社普遍不符合《农民专业合作社法》的规定。现实中的合作社几乎都不具备“所有者与惠顾者同一”的本质规定，多是实质为公司、“市场模式”等的“组织”（邓衡山　等，2016）。农民专业合作社的可持续发展，取决于是否按照合作制的原则办好合作社。

合作社内部人控制、功能虚置与异化本身是一个世界性问题。农民专业合作社行为扭曲具有多重逻辑。合作社行为扭曲现象发生并持续存在的根源在于现有制度环境和组织安排为合作社各方参与者提供了不良激励。合作社行为扭曲发生在合作社成立、运行及利益分配等多个环节，并呈现逐渐蔓延之势。具有完全势力的政府介入是合作社行为扭曲的起点，农民专业合作社的运行效果大打折扣。农民专业合作社特殊的组织结构与安排为行为扭曲的演化提供土壤，运行实践与制度文本相背离，正式组织解构并且再结构化，非正式结构成为主导力量。各方参与者的持续互动又对扭曲行为予以强化，组织制度化下的监督厌恶、组织同形和路径依赖使得农民专业合作社行为扭曲现象常态化（李云新　等，2017）。这需要结合中国国情，探索出一条中国农民合作的现实道路。

4. 思考和讨论题

(1) 农业专业合作社发展的动力是什么？

(2) 阻碍农业专业合作社发展的因素有哪些？

(3) 如何发展海洋捕捞专业合作社？

参考文献

白描，田维明，2011. 加入 WTO 对中国粮食安全的影响[J]. 中国农村观察(4)：35 - 44.

宝希吉日，根锁，乌日根巴雅尔，2012. 牧户草场经营行为的实证分析——基于内蒙古锡林郭勒盟三个旗(市)的牧户调查数据[J]. 中国农村经济(9)：26 - 36.

蔡国栋，史晓婧，2016. 烟台市大樱桃产业发展模式优化分析[J]. 中国农业信息(11)：144.

蔡键，唐忠，朱勇，2017. 要素相对价格、土地资源条件与农户农业机械服务外包需求[J]. 中国农村经济(8)：18 - 28.

蔡晶晶，柯毅，2015. 农户灌溉合作意愿及其影响因素的地区比较——基于全国 15 省 430 户农户的实证分析[J]. 中国农村观察(5)：62 - 72.

蔡晶晶，2012. 乡村水利合作困境的制度分析——以福建省吉龙村农民用水户协会为例[J]. 农业经济问题(12)：44 - 52.

陈灿，罗必良，黄灿，2010. 差序格局、地域拓展与治理行为：东进农牧公司案例研究[J]. 中国农村观察(4)：44 - 53.

陈超，李寅秋，廖西元，2012. 水稻生产环节外包的生产率效应分析——基于江苏省三县的面板数据[J]. 中国农村经济(2)：86 - 96.

陈海磊，史清华，顾海英，2014. 农户土地流转是有效率的吗？——以山西为例[J]. 中国农村经济(7)：61 - 71，96.

陈辉，朱静辉，2012. 村庄水利合作的逻辑困境——以安徽长丰县薛村、李庄为个案[J]. 中国农村观察(5)：80 - 86.

陈君，1999. 试论我国海洋渔业发展方向的转变[J]. 中国农村经济(12)：32 - 36.

陈秋红，2011. 社区主导型草地共管模式：成效与机制——基于社会资本视角的分析[J]. 中国农村经济(5)：61 - 71.

陈全功，李忠斌，2009. 少数民族地区农户持续性贫困探究[J]. 中国农村观察(5)：39－48，55.

陈霄，2012. 农民宅基地退出意愿的影响因素——基于重庆市"两翼"地区1012 户农户的实证分析[J]. 中国农村观察(3)：26－36.

陈晓华，2014. 大力培育新型农业经营主体——在中国农业经济学会年会上的致辞[J]. 农业经济问题(1)：4－7.

陈荫山，2011. 把加快发展节水农业作为建设现代农业的重大战略举措[J]. 农业经济问题(2)：4－7.

陈于，2015. 动机理论视角下农民合作社产生机制探析——以广西上寨屯为例[J]. 农业经济问题(7)：73－79.

程国强，2016. 我国粮价政策改革的逻辑与思路[J]. 农业经济问题(2)：4－9.

仇焕广，栾昊，李瑾，等，2014. 风险规避对农户化肥过量施用行为的影响[J]. 中国农村经济(3)：85－96.

仇焕广，莫海霞，白军飞，等，2012. 中国农村畜禽粪便处理方式及其影响因素——基于五省调查数据的实证分析[J]. 中国农村经济(3)：78－87.

储德银，赵飞，2013. 财政分权与农村贫困——基于中国数据的实证检验[J]. 中国农村经济(4)：79－91.

储英奂，2003. 发挥比较优势，进一步发展中国海洋渔业[J]. 中国农村经济(11)：44－49.

邓衡山，王文烂，2014. 合作社的本质规定与现实检视——中国到底有没有真正的农民合作社？[J]. 中国农村经济(7)：15－26，38.

邓衡山，徐志刚，应瑞瑶，等，2016. 真正的农民专业合作社为何在中国难寻？—个框架性解释与经验事实[J]. 中国农村观察(4)：70－83.

邓衡山，徐志刚，2016.《农民专业合作社法》需要大改吗？——兼论名实之辩的意义与是否需要发展中国特色合作社理论[J]. 农业经济问题(11)：78－85.

董文燕，郭旭，2017. 舟山渔农家乐旅游发展研究[J]. 管理观察(5)：184－187.

董晓霞，2015. 中国生猪价格与猪肉价格非对称传导效应及其原因分析——基于近 20 年的时间序列数据[J]. 中国农村观察(4)：26－38.

段培，王礼力，罗剑朝，2017. 种植业技术密集环节外包的个体响应及影响因素研究——以河南和山西 631 户小麦种植户为例[J]. 中国农村经济(8)：29－44.

方福平，李凤博，2010. 稻谷价格波动与农民种稻行为动态关系的实证分析

[J]. 中国农村经济(12):46-54.

方志权,2014. 农村集体经济组织产权制度改革若干问题[J]. 中国农村经济(7):4-14.

房风文,孔祥智,2012. 蔬菜资本投入与经济效益调查分析报告——以寿光大棚蔬菜为例[J]. 调研世界(6):21-24.

冯双生,张桂文,2013. 宅基地置换中农民权益受损问题及对策研究[J]. 农业经济问题(12):31-39.

高健,刘亚娜,2007. 海洋渔业经济组织制度演进路径的研究[J]. 农业经济问题(11):74-79.

高新伟,赵文娟,余磊,2011. 建立稳定的产销体系 促进蔬菜产业健康发展——基于对寿光菜农种植经验的调查研究[J]. 价格理论与实践(11):19-20.

高圆圆,左停,2011. 村委会在提供社会保障类公共品方面的作用[J]. 农业经济问题(3):60-67.

郜亮亮,李栋,刘玉满,等,2015. 中国奶牛不同养殖模式效率的随机前沿分析——来自 7 省 50 县监测数据的证据[J]. 中国农村观察(3):64-73.

葛继红,周曙东,2011. 农业面源污染的经济影响因素分析——基于 1978—2009 年的江苏省数据[J]. 中国农村经济(5):72-81.

葛继红,周曙东,2012. 要素市场扭曲是否激发了农业面源污染——以化肥为例[J]. 农业经济问题(3):92-98.

龚宏龄,2017. 农户宅基地退出意愿研究——基于宅基地不同持有情况的实证研究[J]. 农业经济问题(11):89-99.

巩前文,穆向丽,田志宏,2010. 农户过量施肥风险认知及规避能力的影响因素分析——基于江汉平原 284 个农户的问卷调查[J]. 中国农村经济(10):66-76.

关景灵,2007. 广西柑橘加工业存在的问题及对策[J]. 农产品加工·学刊(11):72-75.

郭君平,吴国宝,2013. 社区综合发展减贫方式的农户收入效应评价——以亚洲开发银行贵州纳雍社区扶贫示范项目为例[J]. 中国农村观察(6):22-30.

郭熙保,冯玲玲,2015. 家庭农场规模的决定因素分析:理论与实证[J]. 中国农村经济(5):82-95.

郭晓鸣,廖祖君,张鸣鸣,2011. 现代农业循环经济发展的基本态势及对策建议[J]. 农业经济问题(12):10-14.

海力且木·斯依提，朱美玲，蒋志清，2012. 草地禁牧政策实施中存在的问题与对策建议——以新疆为例[J]. 农业经济问题(3)：105－109.

韩立民，李大海，王波，2015a. "蓝色基本农田"：粮食安全保障与制度构想[J]. 中国农村经济(10)：34－41.

韩立民，李大海，2015b. "蓝色粮仓"：国家粮食安全的战略保障[J]. 农业经济问题(1)：24－29.

韩一杰，刘秀丽，2011. 中国猪肉价格波动对其他部门产品价格及CPI的影响测算[J]. 中国农村经济(5)：12－20.

何劲，祁春节，2010. 中外柑橘产业发展模式的比较与借鉴[J]. 经济纵横(2)：110－113.

何可，张俊飚，2013. 基于农户WTA的农业废弃物资源化补偿标准研究——以湖北省为例[J]. 中国农村观察(5)：46－54.

何文剑，张红霄，汪海燕，2014. 林权改革、林权结构与农户采伐行为——基于南方集体林区7个重点林业县(市)林改政策及415户农户调查数据[J]. 中国农村经济(7)：81－96.

何秀荣，2016. 关于我国农业经营规模的思考[J]. 农业经济问题(9)：4－15.

贺雪峰，2009. 村治的逻辑：农民行动单位的视角[M]. 北京：中国社会科学出版社.

洪名勇，2009. 开发扶贫瞄准机制的调整与完善[J]. 农业经济问题(5)：68－71.

洪仁彪，张忠明，2013. 农民职业化的国际经验与启示[J]. 农业经济问题(5)：88－92.

胡建，2015. 农村宅基地使用权有限抵押法律制度的构建与配套[J]. 农业经济问题(4)：38－43.

胡求光，王秀娟，曹玲玲，2015. 中国蓝色牧场发展潜力的省际时空差异分析[J]. 中国农村经济(5)：70－81.

胡向东，王明利，石自忠，2015. 基于市场模型的中国猪肉供需分析[J]. 中国农村经济(4)：14－28.

胡振通，孔德帅，焦金寿，等，2014. 草场流转的生态环境效率——基于内蒙古甘肃两省份的实证研究[J]. 农业经济问题(6)：90－97.

胡振通，孔德帅，靳乐山，2016. 草原生态补偿：弱监管下的博弈分析[J]. 农业经济问题(1):95-102.

黄海平,龚新蜀,黄宝连,2010.基于专业化分工的农业产业集群竞争优势研究——以寿光蔬菜产业集群为例[J].农业经济问题(4):64-69.

黄季焜,王丹,胡继亮,2015.对实施农产品目标价格政策的思考——基于新疆棉花目标价格改革试点的分析[J].中国农村经济(5):10-18.

黄武,黄宏伟,朱文家,2012.农户秸秆处理行为的实证分析——以江苏省为例[J].中国农村观察(4):37-43,69.

黄武,2010.农户对有偿技术服务的需求意愿及其影响因素分析——以江苏省种植业为例[J].中国农村观察(2):54-62.

黄忠怀,邱佳敏,2016.政府干预土地集中流转:条件、策略与风险[J].中国农村观察(2):34-44.

黄祖辉,王建英,陈志钢,2014.非农就业、土地流转与土地细碎化对稻农技术效率的影响[J].中国农村经济(11):4-16.

吉登艳,马贤磊,石晓平,2015.林地产权对农户林地投资行为的影响研究:基于产权完整性与安全性——以江西省遂川县与丰城市为例[J].农业经济问题(3):54-61.

冀县卿,黄季焜,2013.改革三十年农地使用权演变:国家政策与实际执行的对比分析[J].农业经济问题,(5):27-32.

姜东晖,靳雪,胡继连,2011.农用水权的市场化流转及其应用策略研究[J].农业经济问题(12):42-47.

金书秦,沈贵银,魏珣,等,2013.论农业面源污染的产生和应对[J].农业经济问题(11):97-102.

晋洪涛,史清华,2011.农村土地权属:农民的"非集体化"认知与根源——基于河南的调查[J].农业经济问题(1):7-12.

靳乐山,胡振通,2013.谁在超载?不同规模牧户的差异分析[J].中国农村观察(2):37-43.

柯水发,李周,赵铁珍,2011.农户林地使用权流转的成本收益分析及流转策略[J].农业经济问题(5):71-77.

课题组(黄延信等),2014.对农村集体产权制度改革若干问题的思考[J].农业经济问题(4):8-14.

孔德帅,胡振通,靳乐山,2016.牧民草原畜牧业经营代际传递意愿及其影响因素分析——基于内蒙古自治区 34 个嘎查的调查[J]. 中国农村观察(1):75-85,93.

孔凡斌,廖文梅,郑云青,2011a. 集体林权流转理论和政策研究述评与展望[J]. 农业经济问题(11):100-105.

孔凡斌,廖文梅,2011b. 基于收入结构差异化的农户林地流转行为分析——以江西省为例[J]. 中国农村经济(8):89-96.

孔凡斌,廖文梅,2013. 中国林业市场化进程的林业经济增长效应[J]. 中国农村经济(9):87-96.

孔凡斌,2010. 主成分分析法的中国林业市场化水平评价——基于中国 15 省(区)2002—2006 年相关统计数据[J]. 中国农村经济(10):43-56.

孔令英,郑涛,刘追,2017. 集中连片民族特困地区精准扶贫项目实践困境与原因阐释——基于南疆地区 S 县 W 村的项目案例[J]. 农业经济问题(10):35-43.

黎洁,李亚莉,邰秀军,等,2009. 可持续生计分析框架下西部贫困退耕山区农户生计状况分析[J]. 中国农村观察(5):29-38.

黎霆,赵阳,辛贤,2009. 当前农地流转的基本特征及影响因素分析[J]. 中国农村经济(10):4-11.

李崇光,宋长鸣,2016. 蔬菜水果产品价格波动与调控政策[J]. 农业经济问题(2):17-24.

李崇光,肖小勇,张有望,2015. 蔬菜流通不同模式及其价格形成的比较——山东寿光至北京的蔬菜流通跟踪考察[J]. 中国农村经济(8):53-66.

李翠霞,葛娅男,2012. 我国原料乳生产模式演化路径研究——基于利益主体关系视角[J]. 农业经济问题(7):33-38.

李翠霞,姜冰,2015. 情景与品质视角下的乳制品质量安全信任评价——基于 12 个省份消费者乳制品消费调研数据[J]. 农业经济问题(3):75-82.

李道和,康小兰,2010. 江西省柑橘产业竞争力实证分析[J]. 江西农业大学学报(社会科学版)(9):53-55,99.

李飞,杜云素,2013. "弃地"进城到"带地"进城:农民城镇化的思考[J]. 中国农村观察(6):13-21.

李桂芹,王丽丽,2012. 蔬菜全产业链价格传递机制研究[J]. 农业经济问题(11):30-36.

李国祥,2011. 2003 年以来中国农产品价格上涨分析[J]. 中国农村经济(2):

11 - 21.

李昊，李世平，南灵，2017. 农药施用技术培训减少农药过量施用了吗？[J]. 中国农村经济(10)：80 - 96.

李劼，2014. 新一轮林改后村级林权制度安排变化和差异的实证分析——基于8省257个村的调查[J]. 中国农村经济(4)：74 - 83.

李君，吕火明，梁康康，等，2011. 基于乡镇管理者视角的农村环境综合整治政策实践分析——来自全国部分省(区、市)195个乡镇的调查数据[J]. 中国农村经济(2)：74 - 82.

李明，杨军，徐志刚，2012. 生猪饲养模式对猪肉市场价格波动的影响研究——对中国、美国和日本的比较研究[J]. 农业经济问题(12)：73 - 78.

李明贤，樊英，2013. 粮食主产区农民素质及其种粮意愿分析——基于6个粮食主产省457户农户的调查[J]. 中国农村经济(6)：27 - 37.

李容容，罗小锋，薛龙飞，2015. 种植大户对农业社会化服务组织的选择：营利性组织还是非营利性组织？[J]. 中国农村观察(5)：73 - 84.

李尚勇，2011. 农民合作社的制度逻辑——兼谈其发展存在的问题[J]. 农业经济问题(7)：73 - 81.

李世杰，朱雪兰，洪潇伟，等，2013. 农户认知、农药补贴与农户安全农产品生产用药意愿——基于对海南省冬季瓜菜种植农户的问卷调查[J]. 中国农村观察(5)：55 - 69.

李首涵，何秀荣，杨树果，2015. 中国粮食生产比较效益低吗？[J]. 中国农村经济(5)：36 - 43，57.

李文明，2014. 中国农民发展的现实困境与改革路径[J]. 农业经济问题(6)：10 - 15.

李小云，于乐荣，齐顾波，2010. 2000—2008年中国经济增长对贫困减少的作用：一个全国和分区域的实证分析[J]. 中国农村经济(4)：4 - 11.

李秀娟，2009. 西部地区农村长期性贫困成因及对策[J]. 农业经济问题(4)：33 - 37.

李宴，2014. 乡镇集体建设用地制度异化与法律反思[J]. 农业经济问题(5)：68 - 75.

李怡，高岚，2012. 集体林权制度改革之广东实践的效率评价——基于"结构—行为—绩效"的分析框架[J]. 农业经济问题(5)：88 - 94.

李玉红，2015. 农村工业源重金属污染：现状、动因与对策——来自企业层面的证据[J]. 农业经济问题(1)：59－65.

李云新，王晓璇，2017. 农民专业合作社行为扭曲现象及其解释[J]. 农业经济问题(4)：14－22.

廖西元，李凤博，徐春春，等，2011. 粮食安全的国家战略[J]. 农业经济问题(4)：9－16.

廖祖君，2009. 要素价格变化、技术进步与草地产权制度变迁[J]. 农业经济问题(4)：64－69.

刘广东，郑世忠，于涛，等，2017. 现代渔业公共政策理论与实践[M]. 南京：东南大学出版社.

刘明兴，孙昕，徐志刚，等，2009. 村民自治背景下的"两委"分工问题分析[J]. 中国农村观察(5)：71－81，94.

刘天军，范英，2012. 中国苹果主产区生产布局变迁及影响因素分析[J]. 农业经济问题(10)：36－42.

刘现明，1997. 大连湾小孤山养殖海域富营养评价及牡蛎死因分析[J]. 海岸工程(3)：41－46.

刘笑天，马丽卿，2013. "渔家乐"与社会主义新农村建设一体化研究——以舟山为例[J]. 农村经济与科技(5)：130－132.

刘行玉，2011. 村委会行为倾向考察与分析——以鲁东南夏村为例[J]. 农业经济问题(2)：51－58.

刘艺卓，2010. 汇率变动对中国农产品价格的传递效应[J]. 中国农村经济(1)：19－27.

刘兆征，2009. 当前农村环境问题分析[J]. 农业经济问题(3)：70－74.

刘中会，刘力臻，2008. 寿光蔬菜产业集群发展的现状、问题及对策[J]. 东岳论丛(11)：84－88.

柳正，2006. 加强水域、滩涂渔业使用权益法律保护，促进渔业持续稳定健康发展[M]//中国渔业年鉴. 北京：中国农业出版社.

龙贺兴，林素娇，刘金龙，2017. 成立社区林业股份合作组织的集体行动何以可能？——基于福建省沙县X村股份林场的案例[J]. 中国农村经济(8)：2－17.

卢凌宵，刘慧，秦富，等，2015. 我国农产品目标价格补贴试点研究[J]. 农业经济问题(7)：46－51.

陆汉文，李文君，2016. 信息不对称条件下贫困户识别偏离的过程与逻辑——以豫西一个建档立卡贫困村为例[J]. 中国农村经济(7)：15-22.

栾敬东，施海波，2014. 发达国家牛奶生产配额政策及其启示[J]. 农业经济问题(9)：103-109.

罗万纯，2013. 中国农民职业技能培训状况分析[J]. 中国农村观察(2)：21-28.

罗玉辉，林龙飞，侯亚景，2016. 集体所有制下中国农村土地流转模式的新设想[J]. 中国农村观察(4)：84-93.

马发旺，董凤丽，杨欣，等，2017. 辽宁省农家乐发展中的政府管理创新[J]. 农业经济(5)：54-56.

马铃，刘晓昀，2013. 投入低还是效率低——贫困农户畜牧业收入低的原因剖析[J]. 农业经济问题(12)：102-106.

马晓河，黄蓓，2012. 当今我国利用了多少世界农业资源[J]. 农业经济问题(12)：4-10.

满明俊，周民良，李同昇，2010. 农户采用不同属性技术行为的差异分析——基于陕西、甘肃、宁夏的调查[J]. 中国农村经济(2)：68-78.

孟祥磊，王依欣，陈志海，2011. 嵊泗县"渔家乐"发展现状及对策研究——以田岙村为例[J]. 现代渔业信息(6)：20-22.

米建伟，黄季焜，陈瑞剑，等，2012. 风险规避与中国棉农的农药施用行为[J]. 中国农村经济(7)：60-71，83.

"农村集体产权制度改革和政策问题研究"课题组，2014. 农村集体产权制度改革中的股权设置与管理分析——基于北京、上海、广东的调研[J]. 农业经济问题(8)：40-44.

农业部农村经济体制与经营管理司调研组，2013. 浙江省农村集体产权制度改革调研报告[J]. 农业经济问题(10)：4-9.

潘丹，孔凡斌，2015. 养殖户环境友好型畜禽粪便处理方式选择行为分析——以生猪养殖为例[J]. 中国农村经济(9)：17-29.

潘丹，2016. 基于农户偏好的牲畜粪便污染治理政策选择——以生猪养殖为例[J]. 中国农村观察(2)：68-83.

潘方卉，李翠霞，2016. 生猪产销市场整合、决定因素与地理距离——基于省级数据的面板门槛模型[J]. 中国农村经济(8)：28-41.

潘勇辉，张宁宁，2011. 种业跨国公司进入与菜农种子购买及使用模式调查——来自山东寿光的经验证据[J]. 农业经济问题(8)：10-18.

彭长生，2013. 农民宅基地产权认知状况对其宅基地退出意愿的影响——基于安徽省6个县1413户农户问卷调查的实证分析[J]. 中国农村观察(1)：21-33.

彭玉珊，孙世民，陈会英，2011. 养猪场(户)健康养殖实施意愿的影响因素分析——基于山东省等9省(区、市)的调查[J]. 中国农村观察(2)：16-25.

钱贵霞，张一品，吴迪，2013. 液态奶产业链利润分配研究——以内蒙古呼和浩特为例[J]. 农业经济问题(7)：41-47.

钱克明，彭廷军，2013. 关于现代农业经营主体的调研报告[J]. 农业经济问题(6)：4-7.

乔娟，季柯辛，2017. 我国生猪良种繁育体系：运行机理、发展困境与路径选择[J]. 农业经济问题(2)：64-74.

青平，胡武阳，冯娇娇，等，2013. 产品伤害危机事件后补救策略效果分析——以乳制品为例[J]. 农业经济问题(12)：94-101.

卿树涛，胡新良，2011. 农药残留对消费者意愿支付价格的影响——以西红柿为例[J]. 中国农村经济(12)：79-91.

[日]清光照夫，岩崎寿男，1996. 水产经济学[M]. 王强华，李艺民，译. 北京：海洋出版社.

曲玮，涂勤，牛叔文，等，2012. 自然地理环境的贫困效应检验——自然地理条件对农村贫困影响的实证分析[J]. 中国农村经济(2)：21-34.

屈小博，2013. 培训对农民工人力资本收益贡献的净效应——基于平均处理效应的估计[J]. 中国农村经济(8)：55-64.

饶静，2017. 当前农村基层治理现代化面临的问题与挑战[J]. 人民论坛·学术前沿(22)：64-71.

饶静，许翔宇，纪晓婷，2011. 我国农业面源污染现状、发生机制和对策研究[J]. 农业经济问题(8)：81-87.

任节红，2017. 崇明柑橘产业现状和发展思路[J]. 上海农业科技(5)：13-15.

申红芳，陈超，廖西元，等，2015. 稻农生产环节外包行为分析——基于7省21县的调查[J]. 中国农村经济(5)：44-57.

申红芳，廖西元，王志刚，等，2010. 基层农技推广人员的收入分配与推广绩效——基于全国14省(区、市)44县数据的实证[J]. 中国农村经济(2)：57-67，78.

施清，2014. 福建柑橘产业现状与发展方向[J]. 东南园艺(5)：36 - 38.

史焱文，李二玲，李小建，2016. 地理邻近、关系邻近对农业产业集群创新影响——基于山东省寿光蔬菜产业集群实证研究[J]. 地理科学(5)：751 - 759.

宋金田，祁春节，2011. 交易成本对农户农产品销售方式选择的影响——基于对柑橘种植农户的调查[J]. 中国农村观察(5)：33 - 44.

宋金田，祁春节，2013. 农户农业技术需求影响因素分析——基于契约视角[J]. 中国农村观察(6)：52 - 59.

宋维明，印中华，2009. 关于中国林业产业规模化发展的若干思考——基于规模经济贸易理论的研究[J]. 农业经济问题(1)：70 - 76.

宋言奇，2010. 发达地区农民环境意识调查分析——以苏州市 714 个样本为例[J]. 中国农村经济(1)：53 - 62，73.

孙顶强，卢宇桐，田旭，2016. 生产性服务对中国水稻生产技术效率的影响——基于吉、浙、湘、川 4 省微观调查数据的实证分析[J]. 中国农村经济(8)：70 - 81.

孙世民，李娟，张健如，2011. 优质猪肉供应链中养猪场户的质量安全认知与行为分析——基于 9 省份 653 家养猪场户的问卷调查[J]. 农业经济问题(3)：76 - 81.

孙亚范，余海鹏，2012. 农民专业合作社成员合作意愿及影响因素分析[J]. 中国农村经济(6)：48 - 58，71.

谭砚文，杨重玉，陈丁薇，等，2014. 中国粮食市场调控政策的实施绩效与评价[J]. 农业经济问题(5)：87 - 98.

谭莹，2011. 我国猪肉供给的驱动因素及补贴政策分析[J]. 农业经济问题(9)：52 - 57.

檀学文，李成贵，2010. 贫困的经济脆弱性与减贫战略述评[J]. 中国农村观察(5)：85 - 96.

汤路昀，曾光，2016. 中国柑橘产业空间集聚与农民收入的关系[J]. 江苏农业科学，44(4)：535 - 539.

唐学玉，张海鹏，李世平，2012. 农业面源污染防控的经济价值——基于安全农产品生产户视角的支付意愿分析[J]. 中国农村经济(3)：53 - 67.

童列春，2014. 论中国农地集体所有权[J]. 农业经济问题(10)：17 - 25.

万广华，刘飞，章元，2014. 资产视角下的贫困脆弱性分解：基于中国农户面板数据的经验分析[J]. 中国农村经济(4)：4 - 19.

万俊毅,欧晓明,2010.产业链整合、专用性投资与合作剩余分配:来自温氏模式的例证[J].中国农村经济(5):28-42.

王川,赵友森,2011.基于风险价值法的蔬菜市场风险度量与评估——以北京蔬菜批发市场为例[J].中国农村观察(5):45-54,77.

王东阳,程广燕,肖红波,等,2009.对转变生猪业发展和调控方式的若干思考及建议[J].农业经济问题(7):9-12.

王芳,陈俊安,2009.中国养猪业价格波动的传导机制分析[J].中国农村经济(7):31-41.

王惠卿,林长青,孙国炜,1987.大连湾海域赤潮的生物学调查及探讨[J].环境保护科学(1):29-36.

王建,2017.正规教育与技能培训:何种人力资本更有利于农民工正规就业?[J].中国农村观察(1):113-126.

王建华,刘茁,浦徐进,2016.政策认知对生猪养殖户病死猪不当处理行为风险的影响分析[J].中国农村经济(5):84-95.

王建明,李光泗,张蕾,2011.基层农业技术推广制度对农技员技术推广行为影响的实证分析[J].中国农村经济(3):4-14,25.

王静,霍学喜,2014.交易成本对农户要素稀缺诱致性技术选择行为影响分析——基于全国七个苹果主产省的调查数据[J].中国农村经济(2):20-32,55.

王静,霍学喜,2015.农户技术选择对其生产经营收入影响的空间溢出效应分析——基于全国七个苹果主产省的调查数据[J].中国农村经济(1):31-43.

王娟,张克中,2012.公共支出结构与农村减贫——基于省级面板数据的证据[J].中国农村经济(1):31-42.

王俊能,许振成,杨剑,2012.我国畜牧业的规模发展模式研究——从环保的角度[J].农业经济问题(8):13-18.

王丽佳,霍学喜,2013.合作社成员与非成员交易成本比较分析——以陕西苹果种植户为例[J].中国农村观察(3):54-64,71.

王明利,肖洪波,2012.我国生猪生产波动的成因分析[J].农业经济问题(12):28-32.

王蔷,2015.四川柑橘产业发展面临的主要挑战与发展选择[J].农村经济(8):38-41.

王胜雄,2012.促进我国乳业发展转型问题研究[J].农业经济问题

(8):19-25.

王世表,闫彩萍,李平,等,2009. 水产养殖企业安全生产行为的实证分析——以广东省为例[J]. 农业经济问题(3):21-27.

王树进,陈宇峰,2013. 我国休闲农业发展的空间相关性及影响因素研究[J]. 农业经济问题(9):38-45.

王田利,2014. 中国大樱桃产业的发展历史、现状及前景[J]. 山西果树(3):45-47.

王文有,陈波,那永峰,2011. 大连市大樱桃产业发展调研[J]. 现代农业科技(10):146,148.

王晓毅,2009. 从承包到"再集中"——中国北方草原环境保护政策分析[J]. 中国农村观察(3):36-46.

王秀娟,胡求光,2013. 中国海水养殖与海洋生态环境协调度分析[J]. 中国农村经济(11):86-96.

王学真,刘中会,周涛,2005. 蔬菜从山东寿光生产者到北京最终消费者流通费用的调查与思考[J]. 中国农村经济(4):66-72.

王依欣,2008. 山东省日照市整合"渔家乐"产业初探[J]. 中国渔业经济(5):91-95.

王雨林,刘国强,李后建,等,2015. 农户继续从事生猪散养行为的影响因素分析——基于四川省 25 个县(市、区)的调查[J]. 中国农村观察(5):85-96.

王增文,2012. 就业培训策略对农村受助家庭成员再就业行为影响研究——内在逻辑与中国的实际[J]. 农业经济问题(8):43-49.

王兆林,杨庆媛,张佰林,等,2011. 户籍制度改革中农户土地退出意愿及其影响因素分析[J]. 中国农村经济(11):49-61.

王志刚,申红芳,廖西元,2011. 农业规模经营:从生产环节外包开始——以水稻为例[J]. 中国农村经济(9):4-12.

吴林海,侯博,高申荣,2011. 基于结构方程模型的分散农户农药残留认知与主要影响因素分析[J]. 中国农村经济(3):35-48.

吴林海,秦沙沙,朱淀,等,2015. 可追溯猪肉原产地属性与可追溯信息属性的消费者偏好分析[J]. 中国农村经济(6):47-62,73.

吴秋菊,林辉煌,2017. 重复博弈、社区能力与农田水利合作[J]. 中国农村观察(6):86-99.

吴伟光，刘强，朱臻，2014. 考虑碳汇收益情境下毛竹林与杉木林经营的经济学分析[J]. 中国农村经济(9)：57－70.

吴文智，张薇，庄志民，2015. 利益驱动下的村落式农家乐集群经营模式研究——以苏州明月湾古村落为例[J]. 农业经济问题(6)：44－51.

吴远来，梅雨，2014. 宅基地置换实践中政府行为偏差分析[J]. 农业经济问题(11)：104－108.

夏玉莲，匡远配，2017. 农地流转的多维减贫效应分析——基于5省1218户农户的调查数据[J]. 中国农村经济(9)：44－61.

肖俊彦，2012. 警惕我国粮食安全保障能力下降[J]. 农业经济问题(6)：9－13.

邢希洁，2011. 对寿光市蔬菜产业化经营情况的调查[J]. 吉林农业(5)：42－43.

徐辉，2016. 新常态下新型职业农民培育机理：一个理论分析框架[J]. 农业经济问题(8)：9－15.

徐丽华，王慧，2014. 区域农业产业集群特征与形成机制研究——以山东省寿光市蔬菜产业集群为例[J]. 农业经济问题(11)：26－32.

许彪，施亮，刘洋，2014. 我国生猪价格预测及实证研究[J]. 农业经济问题(8)：25－32.

许彪，施亮，刘洋，2015. 我国生猪养殖行业规模化演变模式研究[J]. 农业经济问题(2)：21－26.

许文文，2017. 整体性扶贫：中国农村开发扶贫运行机制研究[J]. 农业经济问题(5)：65－71.

薛彩霞，姚顺波，于金娜，2013. 基于潜类别随机前沿模型的退耕还林农户林地生产技术效率分析——来自四川省雅安市农户调查数据[J]. 中国农村经济(5)：12－23.

薛彩霞，姚顺波，2016. 地理标志使用对农户生产行为影响分析：来自黄果柑种植农户的调查[J]. 中国农村经济(7)：23－35.

鄢贞，周洁红，2015. 现代农业经营主体实施水产品自检行为研究[J]. 农业技术经济(5)：59－67.

闫玉科，2013. 南海海洋捕捞渔民增收问题研究[J]. 农业经济问题(12)：88－93.

严杰，2011. 台湾农家乐经验及对浙江农家乐提升发展的启示[J]. 新农村(4)：

5-7.

严金海,2011.农村宅基地整治中的土地利益冲突与产权制度创新研究——基于福建省厦门市的调查[J].农业经济问题(7):46-53.

颜廷武,张童朝,何可,等,2017.作物秸秆还田利用的农民决策行为研究——基于皖鲁等七省的调查[J].农业经济问题(4):39-48.

燕志雄,费方域,苏春江,2014.生猪周期、政策多样性与政府干预[J].农业经济问题(8):16-24.

杨灿君,2014.关系运作对合作社获取外部资源的影响分析——基于对浙江省27家合作社的调查[J].中国农村观察(2):9-17.

杨浩然,刘悦,2016.中国小麦和苹果生产的成本效率分析[J].农业经济问题(1):16-25.

杨惠芳,2013.生猪面源污染现状及防治对策研究——以浙江省嘉兴市为例[J].农业经济问题(7):25-29.

杨继瑞,杨博维,马永坤,2013.回归农民职业属性的探析与思考[J].中国农村经济(1):40-45,66.

杨锦秀,2005.中国蔬菜产业发展的经济学分析[M].北京:中国农业出版社.

杨理,2011.基于市场经济的草权制度改革研究[J].农业经济问题(10):102-109.

杨林,苏昕,2010.产业生态学视角下海洋渔业产业结构优化升级的目标与实施路径研究[J].农业经济问题(10):99-105.

杨守玉,王厚俊,2009."三农"视角下的土地流转制度创新[J].农业经济问题(2):73-76.

杨卫忠,2015.农村土地经营权流转中的农户羊群行为——来自浙江省嘉兴市农户的调查数据[J].中国农村经济(2):38-51,82.

姚季伦,陈守斌,谢淑芳,等,2015.湖南省柑橘产业发展战略之管见[J].湖南农业科学(2):70-73.

印子,2014.农村宅基地地权实践及其制度变革反思——基于社会产权视角的分析[J].中国农村观察(4):52-62,83.

应瑞瑶,徐斌,2014.农户采纳农业社会化服务的示范效应分析——以病虫害统防统治为例[J].中国农村经济(8):30-41.

于国合,张新民,曲美玲,等,2003.大樱桃——一个大有希望的产业[J].中国果菜(3):31-32.

于冷,吕新业,2012.大宗农产品价格调控的目标与措施研究[J].农业经济问题(9):32-36.

于冷,吕新业,2009.上海科技服务新农村建设的现状、问题和方向[J].农业经济问题(3):43-47.

于立,于左,徐斌,2009."三牧"问题的成因与出路———兼论中国草场的资源整合[J].农业经济问题(5):78-88.

于少东,2012.北京市猪肉价格波动周期分析[J].农业经济问题(2):75-78.

余航,2011.公共财政支持中国农业可持续发展——以山东寿光大棚蔬菜产业为例[J].兰州学刊(9):111-115.

余露,汪兰溪,2011.探索牧区草场流转发展之路——以宁夏盐池牧区为例[J].农业经济问题(4):105-109.

虞锡君,刘晓红,胡勇,2011.长三角地区农用土壤污染防治的制度创新探讨[J].农业经济问题(3):21-26.

虞祎,张晖,胡浩,2011.环境规制对中国生猪生产布局的影响分析[J].中国农村经济(8):81-88.

苑鹏,2009.部分西方发达国家政府与合作社关系的历史演变及其对中国的启示[J].中国农村经济(8):89-96.

苑鹏,2013.中国特色的农民合作社制度的变异现象研究[J].中国农村观察(3):40-46.

曾福生,2015.建立农地流转保障粮食安全的激励与约束机制[J].农业经济问题(1):15-23.

翟雪玲,徐雪高,谭智心,等,2013.农产品金融化概念、形成机理及对农产品价格的影响[J].中国农村经济(2):83-95.

詹琳,蒋和平,2015.粮食目标价格制度改革的困局与突破[J].农业经济问题(2):14-20.

张爱桥,2012.打造寿光蔬菜品牌与推进寿光蔬菜产业发展的战略研究[J].中国农业信息(9):16-17.

张兵,孟德锋,刘文俊,等,2009.农户参与灌溉管理意愿的影响因素分析——基于苏北地区农户的实证研究[J].农业经济问题(2):66-72.

张复宏,胡继连,2013.基于计划行为理论的果农无公害种植行为的作用机理分析——来自山东省 16 个地市(区)苹果种植户的调查[J]. 农业经济问题(7):48-55.

张复宏,宋晓丽,霍明,2017. 果农对过量施肥的认知与测土配方施肥技术采纳行为的影响因素分析——基于山东省 9 个县(区、市)苹果种植户的调查[J]. 中国农村观察(3):117-130.

张复宏,2014. 无公害优质苹果质量链关键链接点的选择分析——基于山东省 16 个地市的调查[J]. 农业经济问题(5):27-35.

张高亮,张璐璐,邱威,等,2015. 基于计划行为理论的渔民参与专业合作组织行为的产生机理[J]. 农业经济问题(8):97-104.

张洪霞,2016. 浅谈福山大樱桃产业现状及发展对策[J]. 中国农业信息(10):145.

张蕙杰,郭永田,周俊玲,等,2012. 近年绿豆价格波动的成因分析[J]. 农业经济问题(4):30-34.

张立中,潘建伟,陈建成,2012. 不同草原类型区畜牧业适度经营规模测度[J]. 农业经济问题(4):90-97.

张宁,张建平,董宏纪,等,2016. 农村水利市场化管理困境中的利益相关者与组织激励——基于浙江省农村微观数据的实证检验[J]. 中国农村观察(5):65-76.

张伟宾,汪三贵,2013. 扶贫政策、收入分配与中国农村减贫[J]. 农业经济问题(2):66-75.

张校,1988. 海带人工养殖与海滨环境污染——大连市星海公园海带污染事故调查[J]. 环境保护科学,14(3):55-60,67.

张秀智,丁锐,2009. 经济欠发达与偏远农村地区宅基地退出机制分析:案例研究[J]. 中国农村观察(6):23-30.

张玉梅,陈志钢,2015. 惠农政策对贫困地区农村居民收入流动的影响——基于贵州 3 个行政村农户的追踪调查分析[J]. 中国农村经济(7):70-81.

张悦,刘文勇,2016. 家庭农场的生产效率与风险分析[J]. 农业经济问题(5):16-21.

张忠明,钱文荣,2014. 不同兼业程度下的农户土地流转意愿研究——基于浙江的调查与实证[J]. 农业经济问题(3):19-24.

赵家如,2014. 集体资产股权的形成、内涵及产权建设——以北京市农村社区股份合作制改革为例[J]. 农业经济问题(4):15-20.

赵晓峰,何慧丽,2012. 农村社会阶层分化对农民专业合作社发展的影响机制分析[J]. 农业经济问题(12):38-43.

赵晓峰,王艺璇,2013. 阶层分化、派系竞争与村域合作社发展——基于河南省先锋村新型农民合作社发展实践的调查[J]. 中国农村观察(3):72-79.

赵晓峰,邢成举,2016. 农民合作社与精准扶贫协同发展机制构建:理论逻辑与实践路径[J]. 农业经济问题(4):23-29.

郑广琯,2016. 村委会选举公正程度、村干部行为与农村干群关系——基于对辽宁省8市1205个村民的问卷调查[J]. 中国农村观察(5):37-50.

郑军南,2017. 社会嵌入视角下的合作社发展——基于一个典型案例的分析[J]. 农业经济问题(10):69-77.

郑有贵,2012. 农村社区集体经济组织法人地位研究[J]. 农业经济问题(5):22-28.

中国社会科学院农村发展研究所"农村集体产权制度改革研究"课题组,2015. 关于农村集体产权制度改革的几个理论与政策问题[J]. 中国农村经济(2):4-12,37.

钟甫宁,2009. 世界粮食危机引发的思考[J]. 农业经济问题(4):4-9.

周家明,刘祖云,2014. 村规民约的内在作用机制研究——基于要素—作用机制的分析框架[J]. 农业经济问题(4):21-27.

周建华,杨海余,贺正楚,2012. 资源节约型与环境友好型技术的农户采纳限定因素分析[J]. 中国农村观察(2):37-43.

周锦,孙杭生,2009. 江苏省农民的环境意识调查与分析[J]. 中国农村观察(3):47-52.

周晶,陈玉萍,丁士军,2015. "一揽子"补贴政策对中国生猪养殖规模化进程的影响——基于双重差分方法的估计[J]. 中国农村经济(4):29-43.

周力,2011. 产业集聚、环境规制与畜禽养殖半点源污染[J]. 中国农村经济(2):60-73.

周利平,翁贞林,2017. 农民用水协会功能实现程度及其影响因素——基于江西的实证[J]. 农业经济问题(3):23-29.

周应恒,胡凌啸,2016. 中国农民专业合作社还能否实现"弱者的联合"?——基于中日实践的对比分析[J]. 中国农村经济(6):30-38.

周应恒，吕超，周德，2012. 我国蔬菜主产地形成的影响因素——以山东寿光为例[J]. 地理研究(4)：687 - 700.

周振亚，李建平，张晴，等，2012. 我国蔬菜价格问题及其成因分析[J]. 农业经济问题(7)：91 - 95.

朱淀，孔霞，顾建平，2014. 农户过量施用农药的非理性均衡：来自中国苏南地区农户的证据[J]. 中国农村经济(8)：17 - 29，41.

朱金贺，赵瑞莹，2014. 基于经营特征的养猪场(户)市场风险预控能力比较分析——基于山东省 17 个地市的调查[J]. 农业经济问题(2)：34 - 40.

朱哲毅，邓衡山，应瑞瑶，2016. 价格谈判、质量控制与农民专业合作社农资购买服务[J]. 中国农村经济(7)：48 - 58.

庄丽娟，贺梅英，张杰，2011. 农业生产性服务需求意愿及影响因素分析——以广东省 450 户荔枝生产者的调查为例[J]. 中国农村经济(3)：70 - 78.

庄天慧，张军，2012. 民族地区扶贫开发研究——基于致贫因子与孕灾环境契合的视角[J]. 农业经济问题(8)：50 - 55.

卓铜勋，古定球，吴琼辉，2006. 广东柑橘产业可持续发展的探讨[J]. 经济林研究，24(3)：92 - 94.